ABITUR 2014

Prüfungsaufgaben
mit Lösungen

Mathematik

Gymnasium
Bayern
2011–2013

mit CD-ROM

STARK

ISBN 978-3-8490-0623-5

© 2013 by Stark Verlagsgesellschaft mbH & Co. KG
4. neu bearbeitete und ergänzte Auflage
www.stark-verlag.de

Das Werk und alle seine Bestandteile sind urheberrechtlich geschützt. Jede vollständige oder
teilweise Vervielfältigung, Verbreitung und Veröffentlichung bedarf der ausdrücklichen Genehmigung
des Verlages.

Inhalt

Vorwort
Stichwortverzeichnis

Hinweise und Tipps zum Abitur

1 Ablauf der Prüfung I

2 Leistungsanforderungen und Bewertung III

3 Methodische Hinweise und allgemeine Tipps zur schriftlichen Prüfung IV

4 Hinweise zum CAS VI

Übungsaufgaben im Stil des neuen Abiturs

Übungsaufgabe 1

Prüfungsteil A – ohne Hilfsmittel 1

Prüfungsteil B – Analysis 12

Prüfungsteil B – Stochastik 22

Prüfungsteil B – Geometrie 27

Übungsaufgabe 2

Prüfungsteil A – ohne Hilfsmittel 36

Prüfungsteil B – Analysis 47

Prüfungsteil B – Stochastik 57

Prüfungsteil B – Geometrie 62

Abiturprüfung 2011

Analysis I 2011-1

Analysis II 2011-15

Stochastik I 2011-26

Stochastik II 2011-32

Geometrie I 2011-39

Geometrie II 2011-48

Abiturprüfung 2012

Analysis I 2012-1
Analysis II 2012-19
Stochastik I 2012-35
Stochastik II 2012-43
Geometrie I 2012-51
Geometrie II 2012-60

Abiturprüfung 2013

Analysis I 2013-1
Analysis II 2013-20
Stochastik I 2013-38
Stochastik II 2013-47
Geometrie I 2013-56
Geometrie II 2013-66

 CD-ROM

Abiturprüfungen mit CAS
Jahrgang 2012 (Analysis) 1
Jahrgang 2013 (Analysis, Stochastik, Geometrie) 32

Sitzen alle mathematischen Begriffe? Unter www.stark-verlag.de/mathematik-glossar/ finden Sie ein **kostenloses Glossar** zum schnellen Nachschlagen aller wichtigen Definitionen mitsamt hilfreicher Abbildungen und Erläuterungen.

Jeweils zu Beginn des neuen Schuljahres erscheinen die neuen Ausgaben der Abiturprüfungsaufgaben mit Lösungen.

Autoren:
Sybille Reimann   (Buch)
Dr. Ewald Bichler (CD)

Vorwort

Liebe Schülerin, lieber Schüler,

für Sie ist Mathematik verbindlich als schriftliches Abiturfach vorgegeben. Ein Fach, auf das man sich durch konsequentes Üben optimal vorbereiten kann, wobei Sie dieser Band hervorragend unterstützt.

Im **Schuljahr 2013/2014** gliedert sich die Abiturprüfung Mathematik **erstmalig** in die beiden **Prüfungsteile A und B**. Der Prüfungsteil A muss **ohne Hilfsmittel**, also ohne Merkhilfe, ohne Taschenrechner und ohne stochastische Tabelle bearbeitet werden. Erst im Prüfungsteil B sind diese Hilfsmittel dann wieder erlaubt. Alle Einzelheiten des Aufbaus der neuen Abiturprüfung können Sie in den nachfolgenden Hinweisen nachlesen.

Das vorliegende Buch enthält:
- 2 Aufgaben im Stil der **neuen Abiturprüfung mit hilfsmittelfreiem Teil**
- alle Aufgaben der **Abiturjahrgänge 2011 bis 2013**

Die CD enthält:
- **Analysisaufgaben I und II der CAS-Abiturprüfung 2012**
- **CAS-Abiturprüfung 2013**

Hinweis für alle Nutzer eines CAS: Die Stochastik- und Geometrieaufgaben (Sto I, II, Geo I, II) der CAS-Abiturprüfung 2012 und der „normalen" Abiturprüfung 2012 sind exakt dieselben. Da ein Einsatz eines CAS bei diesen Aufgaben nur bedingt möglich ist, finden Sie als CAS-Nutzer die entsprechenden Aufgaben im Buch. In den Lösungen auf der CD sind jeweils mehrere Screenshots des **TI-Nspire CX CAS** abgebildet (in den Analysisaufgaben des Jahrgangs 2012 zusätzlich Screenshots des ClassPad 330 von CASIO).

Anhand dieser Fülle von Aufgaben können Sie mit eigenverantwortlichem Üben die nötige Sicherheit erlangen und somit die „Schrecksekunden" am Prüfungstag minimieren.

Zu allen Aufgaben gibt es umfassende und **ausführliche Lösungen.**

Sie finden bei allen Aufgaben zunächst die Aufgabenstellung, die Sie versuchen sollten, allein und in der vorgegebenen Zeit zu lösen (siehe hierzu auch den Abschnitt „Hinweise und Tipps zum Zentralabitur"). Sollten Sie sich bei einer Teilaufgabe nicht sicher sein, was sich hinter der Aufgabenstellung verbirgt, oder aber den Einstieg in die Bearbeitung nicht finden, so können Sie die ✓ **Tipps und Hinweise** unmittelbar hinter der Angabe im Buch aufschlagen. Hier werden Sie an Dinge erinnert, die in dieser Teilaufgabe wichtig sind, und Sie werden auf rechnerische Schritte aufmerksam gemacht, die Sie zur Lösung benötigen. Sie sollten immer nur den obersten Tipp lesen, es dann wieder allein versuchen und nur im Bedarfsfall auf die weiteren Tipps – möglichst immer nur einen als Anregung zum Weiterdenken – zurückgreifen. Auf diese Weise gelingt es Ihnen, die Aufgabe weitgehend selbstständig zu bearbeiten und erst anschließend Ihre Lösung mit der vorgegebenen Lösung zu vergleichen.

In den Lösungstipps und in den Lösungen selbst finden Sie oft einen Hinweis auf die Merkhilfe, wenn sich auf dieser eine passende Formel befindet. Diese Hinweise beziehen sich allesamt auf die **neue Merkhilfe**, die jetzt (und auch im Abitur 2014) bereits eingesetzt werden darf und ab dem Schuljahr 2014/2015 verpflichtend ist. Sie können sich diese Merkhilfe unter http://www.isb.bayern.de/gymnasium/materialien/ merkhilfe-mathematik-leistungsnachweise/ herunterladen.

Sollten nach Erscheinen dieses Bandes noch wichtige Änderungen in der Abitur-Prüfung 2014 vom Kultusministerium bekannt gegeben werden, finden Sie aktuelle Informationen dazu im Internet unter:
www.stark-verlag.de/info.asp?zentrale-pruefung-aktuell

So vorbereitet kann Ihr Abitur in Mathematik nur ein Erfolg werden!

Sybille Reimann

Dr. Ewald Bichler

Stichwortverzeichnis

Das Verzeichnis gliedert sich in die drei Themenbereiche Analysis, Stochastik und Geometrie.
Folgende Abkürzungen wurden zur Kennzeichnung der einzelnen Aufgaben gewählt:

Ü1 A 1b	Übungsaufgabe **1**, Prüfungsteil **A**, Aufgabe **1b**
12 I T2 2a	Abiturprüfung 20**12**, Aufgabengruppe **I**, Teil **2**, Aufgabe **2a**

Analysis

Ableitung	Ü1 A 1b, B 1c, 2c; Ü2 A 2, B 1bcd, 2a; 11 I T1 1, 2, T2 2a; 11 II T1 3c, T2 1a; 12 I T1 1, T2 1c; 12 II T1 2a, T2 1bd, 2c; 13 I T1 1b, T2 1b; 13 II T1 2, T2 1b
• Kettenregel	Ü1 B 1c; Ü2 A 2; 11 II T2 1a; 12 I T1 1a; 12 II T1 2a; 13 I T1 1b, T2 1b
• Produktregel	11 I T1 2; 12 II T1 2a; 13 I T2 1b; 13 II T1 2
• Quotientenregel	Ü1 A 1b, B 1c; Ü2 B 1bcd, 2a; 11 I T1 1; 11 II T1 3c; 12 I T1 1b, T2 1c; 13 II T2 1b
Ablesen aus gegebenem Graphen	11 I T2 2a; 12 II T2 2abc; 13 I T1 4, T2 3ac; 13 II T2 3c
Änderungsrate	12 II T2 2c; 13 I T2 1c
Annäherung	Ü1 B 3c; Ü2 B 3; 12 I T2 2d
Asymptote	
• schiefe / schräge	11 I T2 2; 11 II T2 1b; 13 II T2 1a
• senkrechte	13 II T2 1a
• waagerechte	Ü1 B 1a; 11 I T2 2a; 11 II T1 4
Begründung von Eigenschaften	Ü2 A 1; 11 I T2 2b; 11 II T2 1b; 13 I T2 2c, 3b
Beispiel wählen	13 I T1 2, T2 2b
Berührung	
• Graph mit x-Achse	Ü2 A 1b
Beschreibung eines Graphen	13 II T2 3b
Beschreibung eines Lösungswegs	12 II T2 1f; 13 I T2 3c
Definitionsbereich	Ü1 A 1a; Ü2 A 4ac, B 2b; 11 I T1 1, T2 1a, 2c; 11 II T1 2, 4; 12 I T1 1, T2 1f; 12 II T1 1; 13 I T1 1a; 13 II T1 1

Deutung einer Eigenschaft	11 II T2 2b
Deutung eines Ergebnisses	11 II T2 2c; 12 II T2 2abc; 13 I T2 1d;
	13 II T2 3ab
Deutung eines Graphen	13 I T2 3b
Differenzierbarkeit	12 I T1 2b
Differenz von Funktionswerten	Ü1 B 3b
Entfernung zweier Punkte	11 I T2 1b
Extrempunkte/-stellen	Ü1 A 2; 11 II T2 1a; 12 I T1 2a, 4;
	12 II T2 1b, 2a; 13 I T2 1b, 2a; 13 II T2 1b
Extremwertaufgabe	11 I T2 1c; 12 II T2 1d; 13 I T2 3c
Flächenbilanz	11 I T1 4; 12 I T1 3b; 13 I T1 4; 13 II T2 2b
Flächeninhalt	
• abschätzen	12 II T2 2b; 13 I T1 4
• berechnen	Ü1 B 1f; 11 I T2 1e; 11 II T1 1, T2 2c;
	12 I T1 3b, T2 1e; 12 II T1 4b, T2 1ef;
	13 I T2 1de, 2c; 13 II T2 2b
Funktion	
• Betrag	12 I T1 2b
• cos	Ü2 A 4
• exponential	Ü1 A 3, B 1, 2; 11 I T1 3; 11 II T2; 12 I T2;
	12 II T1 2; 13 I T2; 13 II T1 3
• gebrochen	Ü1 B 1, 2
• gebrochen-rational	Ü1 A 1, 4; Ü2 B 1, 2; 11 I T1 1, T2 2;
	11 II T1 4; 12 I T1 1b; 12 II T1 1; 13 II T2
• Logarithmus	Ü2 A 4; 11 I T1 2, T2 2c; 12 I T1 1a;
	12 II T1 3a; 13 II T1 1
• Polynom	Ü2 A 1, B 3; 11 II T1 1; 12 I T1 2a; 12 II T2 1
• sin	Ü2 A 2; 11 I T1 4; 11 II T1 3; 12 I T1 3;
	13 II T1 2
• Wurzel	11 I T2 1; 11 II T1 2; 13 I T1 1
Funktionenschar	Ü2 B 2; 11 II T2 3
Funktionsterm	
• aus Eigenschaften ermitteln	11 I T1 2, 3, T2 2b; 11 II T1 4;
	12 I T1 2, T2 2e; 12 II T1 4b, T2 1a
• aus Grafik ermitteln	Ü2 A 1; 12 II T2 1ac
Funktionswerte (pos/neg)	Ü1 A 1b, B 1de, 2c; Ü2 A 3, B 1f; 12 I T2 2ab;
	12 II T1 2a, 3b, T2 1bc; 13 II T1 4, T2 3a
Gemeinsame Punkte bei Scharen	11 II T2 3a
Gerade	12 I T2 2d; 13 I T2 1e
Gleichung lösen/umformen/	
verifizieren	Ü1 A 3; Ü2 A 3, 4, B 1e, 2b; 12 I T2 2b;
	13 I T1 3, T2 1de; 13 II T2 2b

grafische Darstellung	Ü1 B 1e, 2b, 3b; Ü2 B 1g; 11 I T1 4a, T2 2a; 11 II T2 1c; 12 I T1 4, T2 1f; 13 I T1 4, T2 2c, 3a; 13 II T1 3, 4, T2 1a, 2b
grafische Lösung	12 I T2 2b; 12 II T2 2c; 13 I T1 4
Grenzwert für	
• $x \rightarrow a$	Ü2 B 2b; 11 I T2 2c; 12 I T1 4; 12 II T2 2c; 13 II T1 1
• $x \rightarrow \pm \infty$	Ü1 B 1a; Ü2 B 2b; 11 I T2 2ac; 11 II T1 3b, T2 1b, 2b, 3a; 12 I T2 1b; 12 II T1 2b; 13 I T2 1ad, 2a; 13 II T1 1
Integral	
• bestimmtes	Ü1 B 1f; 11 I T1 4, T2 1e; 11 II T1 1, T2 2c; 12 I T1 3b, T2 1e; 12 II T2 1e, 2b; 13 I T2 1de; 13 II T2 2b
Integralfunktion	12 II T1 4; 13 I T1 4; 13 II T1 4
Integration	Ü1 A 4; 11 I T1 1e; 11 II T1 1, 2, T2 2c; 12 I T1 3b, T2 1e; 12 II T1 4b, T2 1e
• von $\frac{f'(x)}{f(x)}$	Ü1 A 4, B 1f; 12 I T2 1e
• von $f(ax+b)$	11 I T1 1e; 11 II T1 2, T2 2c; 12 I T1 3b
Krümmungsverhalten	Ü2 B 1d; 11 II T2 1a; 13 II T1 2
Modellierung	Ü2 B 1; 11 II T2 2bc; 12 I T2 2; 12 II T2
Monotonieeigenschaften	Ü1 B 1c; Ü2 A 1c, B 1b, 2a; 11 II T2 1a, 2b, 3a; 12 I T2 1c; 13 I T2 1b, 3c; 13 II T2 1b
Näherungswert	12 I T1 4, T2 2cd; 12 II T2 1f, 2abc; 13 I T1 4, T2 3c; 13 II T1 3, T2 3c
Newton-Verfahren	Ü1 B 2c; 11 II T2 3b; 13 II T1 3
Normale	11 I T2 1d
Nullstellen	Ü1 A 2; Ü2 A 1a; 11 I T1 2, T2 2ac; 11 II T1 3a, T2 3b; 12 I T1 3a, 4; 12 II T1 1, 4; 13 I T1 1a, T2 2b
Parameter	
• Bestimmung von	Ü2 B 1ac, 3; 11 I T1 3, T2 2b; 12 I T2 2f
Polstelle	11 I T2 2; 11 II T1 4
prozentuale Abweichung	13 I T2 1c
Punkt auf Funktionsgraph	11 I T1 2, T2 1bc, 2a; 11 II T1 2
Schnittpunkte	
• m. d. Koordinatenachsen	11 II T2 3a; 12 I T2 1a, 2d; 13 II T1 1
• zweier Graphen/Kurven	Ü2 A 3, B 1e; 13 I T2 1e; 13 II T1 3, T2 1a
Spiegelung	
• an x-Achse	13 II T1 3
Stammfunktion	Ü1 A 2, 4, B 1f; 11 I T1 2, 4b; 11 II T1 2; 13 I T2 1d; 13 II T2 2b

Steigung	Ü1 B 3a; 11 I T2 1d, 2a; 12 I T1 4, T2 1d, 2cd; 12 II T1 3b, T2 2c
Symmetrie	
• bez. Ursprung	11 II T1 3b; 13 I T2 1a; 13 II T2 2a
• bez. y-Achse	12 II T2 1b
Tangente	Ü1 A 1b, B 1d; Ü2 A 2; 11 I T2 1d, 2a; 11 II T2 1c; 12 I T1 4, T2 1d; 12 II T1 3b; 13 I T1 1b
• waagrechte	12 II T1 2a
Umkehrfunktion	Ü2 A 4, B 2; 12 I T2 1f
Ungleichung	Ü1 B 1b; Ü2 B 1f; 11 II T2 1a; 13 II T2 3c
Verhältnis von Flächen	12 II T2 1f
Verschiebung/Streckung/ Spiegelung von Graphen	Ü1 A 2a; Ü2 A 4; 11 I T2 1; 11 II T1 1, T2 2a; 13 I T2 2, 3; 13 II T1 3, T2 2a
Wachstum	Ü1 B 3a; 12 I T2 2cd
• linear	Ü1 B 3c
Wachstumsrate	12 I T2 2c
Wendepunkt	12 II T2 2a
Wendetangente	Ü1 B 1d
Wertemenge	Ü1 B 1b; Ü2 A 4ac, B 2b; 12 I T2 1f; 13 I T1 2
Zuordnung Term–Graph	Ü1 A 2; Ü2 A 1
Zusammenhang von	
• Graphen	Ü1 B 2a; 11 I T2 1a; 11 II T1 1, T2 2a; 12 II T1 3a
• Funktion und Ableitungsfunktion	Ü2 A 1c; 11 I T2 2a; 12 I T1 4
• Funktion und Integralfunktion	13 I T1 4
• Funktionen	11 I T2 2c

Stochastik

Abhängigkeit/Unabhängigkeit	
• von Ereignissen	Ü1 A 1c; 11 II 1c
Ablehnungs-/Annahmebereich	Ü1 B 3; 11 I 4; 11 II 2a; 12 II 2
Ablesen von Werten	Ü2 A 1; 13 I 1abc
absolute Häufigkeit	Ü2 A 1b, B 2a; 11 I 1ab; 11 II 1c
Additionssatz	12 II 1b
Anzahl von Möglichkeiten	12 II 3
Baumdiagramm	Ü1 A 1a, B 1a; Ü2 B 2a; 12 I 1, 3e; 12 II 1a; 13 I 2b
Begründung v. Eigenschaft	Ü1 A 2; Ü2 A 1c; 11 I 1c; 11 II 2b; 13 II 2b

Bernoulli-Kette/Binomialverteilung
- mit genau k Treffern   Ü1 B 1c; 11 I 2b; 11 II 1b; 12 I 2a, 3c; 12 II 4ac; 13 I 1a; 13 II 1c
- mit höchstens k Treffern   Ü1 B 3; Ü2 B 1a, 3a; 11 I 4; 11 II 1a
- mit mehr als k Treffern   12 II 2, 4c; 13 I 1b; 13 II 2a
- mit mind. k Treffern   Ü1 B 2b; Ü2 B 1b, 3b; 11 II 1a, 2a
- mit unbekannter Länge n und mind. 1 Treffer   12 I 3d; 13 I 1c
- mit unbekannter Wahrscheinlichkeit und mind. 1 Treffer   11 I 3
- mit weniger als k Treffern   Ü1 B 2a

Beschreibung eines Ereignisses   11 II 3a; 12 II 1b, 4b; 13 I 2a

Bewertung von Termen   12 I 2a

Entscheidungsregel   siehe Ablehnungs-/Annahmebereich

Erwartungswert   Ü1 A 2; 11 I 2a; 12 I 3b; 12 II 4c; 13 I 2c, 3b; 13 II 3bc

Gegenereignis   Ü2 A 2; 11 I 3; 11 II 3c; 12 I 1; 12 II 1ab

Graph einer Binomialverteilung   Ü1 A 2

Interpretation stochastischer Zusammenhänge   Ü2 A 1c; 11 I 1c; 11 II 2b; 12 II 3; 13 I 2b; 13 II 1b

Nullhypothese   Ü1 B 3; 11 I 4; 11 II 2ab; 12 II 2; 13 II 2a

Parameterbestimmung   Ü1 B 1a

Produktregel   Ü1 B 1a; 12 I 1, 3abe; 12 II 1a; 13 I 2bc; 13 II 1a

Reingewinn   11 I 2a; 13 I 3

relative Häufigkeit   Ü2 A 1b, B 2a; 11 I 1a; 11 II 1c

Säulendiagramm   13 II 3

Signifikanztest   Ü1 B 3; 11 I 4; 11 II 2; 12 II 2; 13 II 2a

Simulation   12 II 4b

Standardabweichung   12 II 4c

Stellungnahme   Ü2 A 1c, B 2a

Summenregel   Ü1 B 1a, 3; Ü2 A 1a, 2; 12 I 3abe; 12 II 1a

Umformungen bei Mengen   11 II 3c; 13 I 2a

Varianz   12 II 4c; 13 II 3bc

Vierfeldertafel   Ü1 A 1a; Ü2 A 2, B 2a; 11 I 1a; 11 II 3ac; 12 I 1; 12 II 1a; 13 II 1a

Verteilungsfunktion   siehe Wahrscheinlichkeitsfunktion/-verteilung

Wahrscheinlichkeit
- bedingte   Ü1 B 1b; Ü2 A 1c, B 2ab; 11 I 1ab; 11 II 3b; 12 I 3f; 12 II 1a; 13 I 2b; 13 II 1ab

• Berechnung	Ü1 A 1bc B 1abc, 2ab; Ü2 A 1abc, B 1ab, 2b; 11 I 1ab, 2ab; 11 II 3b; 12 I 1, 2b, 3a; 12 II 1a, 4ac; 13 I 1ab, 2bc, 3a; 13 II 1ab, 3a
• Laplace Wahrscheinlichkeitsfunktion/ -verteilung	Ü2 A 1b; 11 I 1ab, 2b; 11 II 1c; 13 I 3a 11 I 2a; 12 I 3b; 13 II 3abc
Ziehen	
• mit Zurücklegen	siehe Bernoulli-Kette
• ohne Zurücklegen	12 I 2b; 13 I 3a; 13 II 3a

Geometrie

Ablesen	
• von Koordinaten	Ü1 B 1, 3; 13 I a; 13 II 1a
• von Längen	12 I f
Abstand	
• Ebene/Ebene	Ü2 A c
• Ebene/Gerade	11 I d; 12 I f; 12 II f
• Punkt/Ebene	Ü1 A d; Ü2 B 3; 11 I d; 12 I b; 12 II f; 13 II 1c
• Punkt/Gerade	11 I e; 11 II b; 12 I f
• windschiefer Geraden	Ü2 B 3
ähnliche Dreiecke	13 II 1c
Begründung einer geometrischen Eigenschaft	Ü2 B 4a; 11 II e; 12 II de
Berührung Gerade/Kugel	13 I h
Beschreibung eines Rechenweges	Ü2 B 4ab; 12 I f; 13 I h
Darstellung, räumlich	11 I bc; 12 II ad
Dreieck	
• gleichschenklig	Ü1 A a
• rechtwinklig	11 II ab; 13 II 1c
Ebenengleichung	
• Normalenform	Ü1 B 2a; Ü2 A b, B 1, 3; 11 I a; 11 II c; 12 I a; 12 II b; 13 I bd; 13 II 1b
• Parameterform	Ü2 B 1
Einheitsvektor	13 I g; 13 II 2c
Entfernung	11 I e; 13 II 2bc
Erläuterung einer Formel	13 I e
Extremwert	11 I e
Flächeninhalt	
• eines Dreiecks	Ü1 B 2c; 11 II b; 13 II 1d
• eines Rechtecks	11 I bc; 12 I c
Geradengleichung	Ü1 B 2d, 3; Ü2 A d, B 2, 3; 12 I d; 13 I g
Hesse'sche Normalenform	Ü2 B 3

Interpretation eines Ergebnisses	13 II 1e
Kegel, gerade	11 II f
Kongruenz	11 II b
Koordinatenebene	13 I c; 13 II 1ae
Kreis	11 II b
Kugel	12 II f; 13 I h
Lage	
• Ebene/Gerade	11 I d; 11 II e
• einer Ebene	Ü1 A c; 11 I a; 12 II a
• eines Punktes	Ü1 B 3; 11 I f; 12 I c; 12 II a
• von Geraden	Ü2 B 2, 3; 12 I cf
Länge	Ü1 B 2d; 11 I bcf; 11 II a; 12 I cef; 12 II af; 13 I ag
Lotfußpunkt	Ü1 B 2d
Lotgerade	Ü1 B 2d; 12 II f; 13 II 1c
Maßstab	12 I f; 13 I; 13 II 1
Mittelpunkt einer Strecke	Ü1 B 2b; Ü2 B 3; 11 II f; 12 I e; 12 II d; 13 I g; 13 II 1cd
Normalenvektor	11 I a; 11 II c; 12 I a; 12 II b; 13 I bd; 13 II 1b
Oberfläche	
• einer Pyramide	Ü1 B 2c
Orthogonalität	
• bei Vektor/Vektor	13 I a
Parallelität	
• von Ebenen	Ü2 A b; 13 I d
• von Geraden	12 II g
• von Vektoren	11 I f; 11 II f
Prisma	12 I; 12 II; 13 I
Projektion	
• einer Ebene	11 I c
• eines Punktes	11 I c; 13 II 1ac
Punkt	
• auf einer Geraden	12 I c; 13 I g; 13 II 2bc
• in einer Ebene	Ü2 A a; 11 I f
• im Koordinatensystem	12 II a; 13 I a; 13 II 1a
Pyramide	Ü2 B 4ab; 13 II 1
Pythagoras	Ü1 B 2c; 11 II b; 13 II 1cd
Quadrat	13 I a; 13 II 1a
Radius	12 II f
Raute	Ü1 A b
Rechteck	11 I b; 12 I c; 13 I e; 13 II 2c
Richtungsvektor	13 I b; 13 II 1bc
Rotation	11 II b

Schnitt
- von Gerade/Ebene   Ü1 B 3; Ü2 A e; 12 I df; 12 II f; 13 II 1c
- von Gerade/Gerade   13 II 2a

Schnittfiguren   12 II de
Skalarprodukt   Ü1 B 2d; 11 I bd; 11 II ad; 13 I a
Spat   13 I
Strahlensatz   13 II 1d

Teilkörper   Ü2 B 4; 12 II de
Thaleskreis   11 II f

Umkreis   11 II f; 13 II 2c
Umwandlung Spat in Quader   13 I e

Verhältnis von
- Volumina   11 II f

Vektorprodukt   Ü1 B 2a; Ü2 B 1, 3; 11 I a; 11 II cd; 12 I a;
12 II b; 13 I b; 13 II 1b

Volumen
- eines Kegels   11 II f
- eines Prismas   12 II a; 13 I e
- einer Pyramide   Ü2 B 4b; 11 II d; 12 II e; 13 II 1a
- eines Spats   13 I ef

Winkel
- zwischen Ebene/Ebene   Ü1 B 2b; 11 I a; 13 I c; 13 II 1e
- zwischen Gerade/Ebene   11 II d; 12 I d
- zwischen Gerade/Gerade   12 II c
- zwischen Vektor/Vektor   Ü1 B 2b; 12 II c

Hinweise und Tipps zum Zentralabitur

1 Ablauf der Prüfung

Die zentrale schriftliche Abiturprüfung

Die Aufgaben werden im Auftrag des Bayerischen Staatsministeriums für Unterricht und Kultus von einer Fachkommission zusammengestellt, die dabei Aufgaben verwendet, die von Fachlehrern erstellt wurden. Die verbindlichen curricularen Vorgaben (siehe auch www.isb.bayern.de), nach denen in den Jahrgangsstufen 11 und 12 der Qualifikationsphase unterrichtet wird, bestimmen Inhalte und Anforderungen der Abituraufgaben.

Prüfungsvarianten

Seit dem Schuljahr 2011/2012 wird in Bayern neben der „normalen" Abiturprüfung für alle Schulen auch eine CAS-Abiturprüfung angeboten. Jedes Gymnasium kann bereits jetzt entscheiden, ob es ab der Jahrgangsstufe 10 Klassen oder Kurse einrichtet, die mit CAS arbeiten. Selbst wenn Sie in einer CAS-Klasse sind, können Sie ein paar Monate vor der Abiturprüfung selbst entscheiden, ob Sie die „normale" Abiturprüfung oder die CAS-Abiturprüfung schreiben möchten.

Aufbau der Prüfungsaufgaben

Der Fachausschuss Ihrer Schule öffnet am Morgen des Prüfungstages noch vor Beginn Ihrer Prüfungszeit den versiegelten Umschlag mit den Prüfungsangaben. Diese Angabe umfasst je zwei Aufgabengruppen aus den drei Bereichen **Analysis**, **Stochastik** und **Geometrie** (gilt in gleicher Weise für die CAS-Abiturprüfung). Jeder Lehrer wählt für seine Klasse einheitlich aus den je zwei Aufgabengruppen jeweils eine aus. Sie bekommen also **aus jedem der drei Bereiche genau eine Aufgabengruppe** vorgelegt, die Sie zu bearbeiten haben.

Ab dem Schuljahr 2013/2014 gilt für den Aufbau der Prüfungsaufgaben:

Prüfungsteil A	Prüfungsteil B
Prüfungsteil **ohne** Hilfsmittel	Prüfungsteil **mit** Hilfsmittel
Analysis 20 BE	Analysis 40 BE
Stochastik 10 BE	Stochastik 20 BE
Geometrie 10 BE	Geometrie 20 BE

Wird als Prüfungsteil A in Analysis die Aufgabengruppe 2 ausgewählt, so bekommen Sie als Prüfungsteil B in Analysis ebenfalls Aufgabengruppe 2. Analog wird für die Bereiche Stochastik und Geometrie verfahren.

Es wird vom Kultusministerium ausdrücklich darauf hingewiesen, dass sich der Prüfungsteil A der CAS-Abiturprüfung vom Prüfungsteil A der „normalen" Abiturprüfung unterscheiden kann, wenn dies Prüfungsteil B erforderlich macht.

Da es vor dem Schuljahr 2013/2014 keine Prüfungsteile ohne Hilfsmittel gab, finden Sie in diesem Buch zwei Übungsaufgaben, die den Stil dieser neuen Abiturprüfung widerspiegeln. Beide Übungsaufgaben bestehen aus genau einer Aufgabengruppe. Denken Sie bei der Vorbereitung auf Ihre Prüfung daran, im Prüfungsteil A weder einen Taschenrechner noch die Merkhilfe noch das Stochastische Tafelwerk zu benutzen!

Die Jahrgänge 2011 bis 2013 wurden noch nach dem alten Prüfungsaufbau geschrieben, bei dem bei allen Aufgaben Hilfsmittel erlaubt waren und bei dem der Bereich Analysis aus zwei Aufgabenteilen bestand. Im Teil 1 gab es mehrere kürzere, voneinander unabhängige Aufgaben zum „Warmlaufen". Der Inhalt dieser Aufgaben musste nichts mit der zusammenhängende Aufgabe des zweiten Teils zu tun haben, konnte aber möglicherweise eine Teilaufgabe aus Teil 2 vorbereiten. Versuchen Sie, die Aufgaben aus Teil 1 ohne Hilfsmittel zu lösen, denn ähnliche Aufgaben werden Sie auch in Ihrer Prüfung erwarten. Die Punkteverteilung insgesamt war an sich dieselbe: Analysis 60 BE, Stochastik 30 BE, Geometrie 30 BE. D. h., Sie können sich auch mit dem Lösen der Abituraufgaben aus den letzten 3 Jahrgängen ideal auf Ihre Prüfung vorbereiten.

Dauer der Prüfung
Für die Bearbeitung des **Prüfungsteils A** stehen Ihnen **90 Minuten** zur Verfügung, für die Bearbeitung des **Prüfungsteils B 180 Minuten**. Endet die Arbeitszeit für Prüfungsteil A, wird die Prüfung für **maximal 20 Minuten unterbrochen**. Während dieser Pause werden die Aufgabenstellungen zum Prüfungsteil A sowie all Ihre Aufzeichnungen hierzu eingesammelt und die Aufgabenstellungen zu Prüfungsteil B ausgeteilt. Die Unterbrechung wird gleichzeitig dazu genutzt, Ihnen die zugelassenen Hilfsmittel für Prüfungsteil B zu geben.

Zugelassene Hilfsmittel
Für die schriftliche Abiturprüfung im Fach Mathematik sind im Prüfungsteil B zugelassen:
- Merkhilfe
- ein zugelassenes Stochastisches Tafelwerk
- für Mathematik übliche Schreib- und Zeichengeräte
- **entweder** ein nicht programmierbarer und nicht grafikfähiger Taschenrechner (für die „normale" Abiturprüfung) **oder** eines der CAS-Systeme TI-Nspire CAS, TI-Nspire CX CAS, CASIO ClassPad 330 (für die CAS-Abiturprüfung)

Die Merkhilfe steht auf http://www.isb.bayern.de/gymnasium/materialien/merkhilfe-mathematik-leistungsnachweise/ zum Download bereit.
Sämtliche Entwürfe und Aufzeichnungen gehören zur Abiturarbeit und dürfen nur auf Papier, das den Stempel der Schule trägt, angefertigt werden.

2 Leistungsanforderungen und Bewertung

Die Bewertung Ihrer Prüfungsarbeit erfolgt auf der Grundlage zweier Korrekturen: Die Erstkorrektur führt in der Regel der Mathematiklehrer durch, der Sie in der Jahrgangsstufe 12 unterrichtet hat. Die Zweitkorrektur erfolgt in der Regel durch einen anderen Mathematiklehrer Ihrer Schule. Beide Lehrer korrigieren Ihre Prüfungsarbeit unabhängig voneinander. Jede Korrektur ist an die bei jeder Aufgabe am linken Rand des Angabenblattes vermerkte, maximal erreichbare Zahl von Bewertungseinheiten (BE) gebunden. Auf der Grundlage dieser Punkteverteilung ermittelt jeder Korrektor die erreichte Gesamtpunktzahl für jede Aufgabe und damit auch die erzielte Gesamtsumme der Bewertungseinheiten. Diese werden nach folgender Tabelle in Notenpunkte umgesetzt.

Notenpunkte	Noten	Bewertungseinheiten	Intervalle in %
15	1+	120 ... 115	
14	1	114 ... 109	15
13	1–	108 ... 103	
12	2+	102 ... 97	
11	2	96 ... 91	15
10	2–	90 ... 85	
9	3+	84 ... 79	
8	3	78 ... 73	15
7	3–	72 ... 67	
6	4+	66 ... 61	
5	4	60 ... 55	15
4	4–	54 ... 49	
3	5+	48 ... 41	
2	5	40 ... 33	20
1	5–	32 ... 25	
0	6	24 ... 0	20

In die Bewertung geht vor allem die **fachliche Richtigkeit** und **Vollständigkeit** ein. Ein weiteres wichtiges Bewertungskriterium ist die **Darstellungsqualität**, in welche der richtige Einsatz der Fachsprache und die Strukturierung der Ausführungen einfließen. Sollten Sie in Ihrer Lösung unkonventionelle, aber richtige Wege gehen, so werden diese natürlich entsprechend gewürdigt. Auch die **Sprachrichtigkeit** (Rechtschreibung, Grammatik, Zeichensetzung) bei Erläuterungen, Beschreibungen etc. und die äußere Form gehen in die Bewertung ein.

III

3 Methodische Hinweise und allgemeine Tipps zur schriftlichen Prüfung

Vorbereitung

- Bereiten Sie sich **langfristig** auf die Abiturprüfung vor und fertigen Sie sich eine Übersicht über die von Ihnen bereits bearbeiteten Themen, Inhalte und Verfahren an. Teilen Sie die Inhalte in sinnvolle Teilbereiche ein und legen Sie fest, bis wann Sie welche Teilbereiche bearbeitet haben wollen.

- Es ist zweckmäßig, alle Ihre korrigierten und mit Anmerkungen (was bereitet Schwierigkeiten, was wird in der Angabe missverstanden, welche Berechnungsart ist noch zu wenig geübt, u. ä.) versehenen Bearbeitungen der Übungs- und Prüfungsaufgaben dieses Buches übersichtlich aufzubewahren, das erleichtert spätere Wiederholungen.

- Benutzen Sie zur Prüfungsvorbereitung neben diesem Übungsbuch Ihre **Unterrichtsaufzeichnungen** und das Lehrbuch.

- Verwenden Sie während der Prüfungsvorbereitung grundsätzlich die **Hilfsmittel**, die auch in der Prüfung zugelassen sind. Prägen Sie sich wichtige Stellen Ihrer Merkhilfe ein und nutzen Sie Ihren Taschenrechner mit allen Funktionen.

- Oft ist der Zeitfaktor ein großes Problem. Testen Sie, ob Sie die Aufgabe in der dafür vorgegebenen Zeit allein lösen können. **Simulieren Sie selbst eine Prüfungssituation.**

- Gehen Sie optimistisch in die Prüfung. Wer sich gut vorbereitet, braucht sich keine Sorgen zu machen.

Bearbeitung der Prüfung

- Bearbeiten Sie jedes Gebiet auf gesonderten Blättern! Das schafft Ordnung, falls Sie eine Aufgabe nicht durchgehend bearbeiten, und erleichtert Ihnen den „Wiedereinstieg".

- Lesen Sie die Aufgabenstellungen genau durch, bevor Sie mit der Lösung einer Aufgabe beginnen.

- Es ist hilfreich, wenn Sie bei der Analyse der Aufgabenstellungen wichtige Angaben oder Informationen (z. B. gegebene Größen, Lösungshinweise) **farblich markieren**.

- Um den Lösungsansatz zu einer Aufgabe zu finden oder die gegebene Problemstellung zu veranschaulichen, kann das **Anfertigen einer Skizze** nützlich sein.

- Beachten Sie, dass in manchen Aufgaben „Zwischenlösungen" angegeben sind, die Ihnen als Kontrolle dienen bzw. mit denen Sie unter allen Umständen weiterarbeiten sollten.

- Falls Sie bei einer Aufgabe gar nicht weiterkommen, so halten Sie sich nicht zu lange damit auf. Versuchen Sie, mit der nächsten Aufgabe oder mit einer Aufgabe aus einem anderen Gebiet weiterzumachen. Wenn Sie die anderen Aufgaben bearbeitet haben, kommen Sie nochmals auf die angefangene Aufgabe zurück und versuchen Sie in Ruhe, eine Lösung zu finden.

- Orientieren Sie sich **nicht** zu sehr an den angegebenen **Bewertungseinheiten**: Je nach dem, was Sie im Unterricht besonders geübt haben, fällt Ihnen vielleicht genau das leicht, was für andere eine Schwierigkeit darstellt.
- Achten Sie auf die **sprachliche Richtigkeit** und eine **saubere äußere Form** Ihrer Lösungen.

Lösungsplan

Aufgrund des Umfangs und der Komplexität von Aufgaben auf Abiturniveau empfiehlt es sich, beim Lösen systematisch zu arbeiten. Folgende Vorgehensweise hilft Ihnen dabei:

Schritt 1:
Nehmen Sie sich ausreichend Zeit zum **Analysieren** der Aufgabenstellung. Stellen Sie fest, zu welchem Themenbereich die Aufgabe gehört. Sammeln Sie alle Informationen, welche direkt gegeben sind, und achten Sie darauf, ob evtl. versteckte Informationen enthalten sind.

Schritt 2:
Markieren Sie die **Operatoren** (Arbeitsanweisungen) in der Aufgabenstellung. Diese geben an, was in der Aufgabe von Ihnen verlangt wird. Vergegenwärtigen Sie sich die Bedeutung der verwendeten Fachbegriffe.

Schritt 3:
Versuchen Sie, den Sachverhalt zu veranschaulichen. Beachten Sie alle vorherigen Ergebnisse. Besonders die Aufgaben, bei denen ein Zwischenergebnis angegeben ist, werden im Weiteren wieder benötigt. Fertigen Sie gegebenenfalls mithilfe der Angaben und Zwischenergebnisse aus vorherigen Aufgaben eine **Skizze** an.

Schritt 4:
Erarbeiten Sie nun schrittweise den **Lösungsplan**, um aus den gegebenen Informationen die gesuchte Größe zu erhalten. Notieren Sie sich, welche Einzel- bzw. Zwischenschritte auf dem Lösungsweg notwendig sind. Prinzipiell haben Sie zwei Möglichkeiten, oft hilft auch eine Kombination beider Vorgehensweisen:
- Sie gehen vom Gegebenen aus und versuchen, das Gesuchte zu erschließen.
- Sie gehen von dem Gesuchten aus und überlegen „rückwärts", wie Sie zur Ausgangssituation kommen.

Bei diesem Schritt wird dann sukzessive die **Lösung dargestellt**.

Schritt 5:
Suchen Sie nach geeigneten Möglichkeiten, das Ergebnis zu **kontrollieren**. Oftmals sind bereits Überschlagsrechnungen, Punktproben und Grobskizzen ausreichend.

4 Hinweise zum CAS

Das CAS ist ein Hilfsmittel zum Lernen (und auch zum Lehren) von Mathematik. In den vergangenen Jahren ist es Ihnen ein selbstverständlicher Begleiter beim Lösen von mathematischen Aufgabenstellungen geworden. Die folgenden Hinweise sollen die Vorbereitung auf die Abiturprüfung mit CAS unterstützen. Sie haben für alle CAS-Systeme Gültigkeit, sodass Sie die Hinweise auf das von Ihnen verwendete System übertragen können.

Vor der Prüfung

- Achten Sie vor Prüfungen (und insbesondere vor der Abiturprüfung) darauf, dass Sie den Akku Ihres Geräts geladen bzw. neue Batterien eingesetzt oder als Ersatz griffbereit haben.
- Vor Beginn der Prüfung sind die CAS-Geräte in einen einheitlichen Ausgangszustand zu versetzen. Ihre Schule hat dazu spezielle (systemabhängige) Anweisungen. Es kann sein, dass Ihr System in einen Prüfungsmodus versetzt wird – ebenso ist es denkbar, dass der Speicher vollständig gelöscht wird. Wenn Sie auf Ihrem System Dateien gespeichert haben, die Sie später wieder benötigen, sollten Sie vorher zu Hause ein Backup durchführen.
- Machen Sie sich rechtzeitig mit Bedienungshilfen Ihres Systems vertraut. So kann man z. B. den Kontrast oder die Bildschirmhelligkeit ändern (das kann bei bestimmten Lichtverhältnissen im Prüfungsraum nützlich sein). Bei manchen Systemen kann man auch Schriftgrößen ändern. Sie sollten auch wissen, wo Sie die Sprachlokalisation einstellen – wenn Sie in der Prüfung versehentlich Ihr System z. B. auf norwegische Sprache einstellen, sollten Sie wissen, wie Sie dies wieder ändern können.
- Machen Sie sich damit vertraut, wo Sie Grundeinstellungen Ihres Systems ändern können, z. B. die Anzahl angezeigter Dezimalstellen oder das Winkelmaß, in dem Ihr System in der Grundeinstellung rechnet.
- Machen Sie sich mit dem Variablenmanagement Ihres Geräts vertraut, sodass Sie Variablen löschen können oder überprüfen können, welche Variablen belegt sind. Das kann vermeintliche Fehlberechnungen (zustande gekommen durch belegte Variablen) verhindern. Manche CAS zeigen sogar bereits bei der Eingabe an, wenn eine Variable durch einen Wert belegt ist.
- Machen Sie sich mit dem Dokumentenmanagement Ihres Systems vertraut. Moderne CAS eröffnen die Möglichkeit, Berechnungen in Dokumenten zu speichern. Sie sollten wissen, wie Sie neue Dokumente erzeugen, abspeichern, editieren und später darauf zugreifen können.
- Ihr CAS besitzt eine „Rückgängig"-Funktion. Sie sollten wissen, wie Sie diese benutzen können.
- Machen Sie sich rechtzeitig mit Hilfesystemen Ihres Geräts vertraut. So gibt es z. B. die Möglichkeit, zu einzelnen Befehlen eine kleine Syntax-Erklärung anzeigen zu lassen. Das kann bei Unsicherheiten während der Prüfung hilfreich sein.

- Machen Sie sich mit dem Funktionsplotter Ihres Systems vertraut, sodass Sie Sicherheit im Einstellen des Anzeigebereichs gewinnen. Für verschiedene Bedürfnisse gibt es oftmals eigene Einstellungsmöglichkeiten (automatische Anpassung an vorher gewählten x-Bereich, trigonometrische Funktionen, Auswahl bestimmter Quadranten, u. ä.).
- CAS rechnen (nach Möglichkeit) exakt. Machen Sie sich damit vertraut, wie Sie bewusst Näherungslösungen erzwingen können.
- Entwickeln Sie eine eigene Systematik für die Vergabe von Variablen und Bezeichnungen. Beispiele:
  - „f(x)" für den Funktionsterm,
  - „fs(x)" für den Term der ersten Ableitung,
  - „fss(x)" für den Term der zweiten Ableitung
  - „va", „vb" für die Vektoren $\vec{a}$ und $\vec{b}$
  - „a" für den Ortsvektor des Punktes A
  - „gg(x)", „gh(x)" für die Gerade g bzw. die Gerade h
  - …

Während der Prüfung

- Wenn Ihr CAS ein Dokumentenmanagement besitzt, sollten Sie sich angewöhnen, für zumindest jede größere Aufgabenstellung ein eigenes Dokument zu verwenden. Das hat den Vorteil, dass in einem neuen Dokument der Variablenspeicher zurückgesetzt wird und Sie daher jeden Variablennamen im Dokument nutzen können. Zudem können Sie dadurch Fehler durch unwissentliches Übernehmen von Variablen, die bereits mit Werten belegt sind, vermeiden. Wenn Sie im weiteren Verlauf der Prüfung an einer anderen Aufgabe arbeiten, können Sie das zugehörige Dokument öffnen und müssen nicht alle Variablen und Funktionen neu definieren.
- Es ist zweckmäßig, Namen von Variablen und Funktionen so zu wählen, wie sie in der Aufgabenstellung vorgegeben werden. Achten Sie darauf, dass Sie den gleichen Namen nicht mehrfach vergeben und dadurch die definierten Werte oder Terme überschreiben.
- Sollte ein unerwartetes Ergebnis auftreten, überprüfen Sie immer Ihre Eingabe. So kann es sein, dass z. B. der Term „$ab - a \cdot b$" nicht vom CAS vereinfacht wird, weil Sie im ersten Teil vergessen haben, das Multiplikationszeichen einzugeben und das CAS nun dies als eigenständige Variable „ab" interpretiert.
- Machen Sie sich stets die vorliegende Situation klar und prüfen Sie die vom CAS erhaltenen Ergebnisse auf Plausibilität. Vertrauen Sie dem CAS nicht blind.
- Vergessen Sie nicht, dass Sie mit einem CAS schnell z. B. Funktionsgraphen erhalten. Das kann Überlegungen unterstützen, wie z. B. die Frage nach Vorzeichenbereichen oder Grenzwerten.
- Beachten Sie die Formulierung von Aufgabenstellungen. Manchmal werden dadurch Anforderungen an die Dokumentation von Lösungen gestellt (vgl. weiter unten).

Zur Dokumentation von Lösungen
* Dokumentieren Sie Ihre Lösungen nachvollziehbar.
* Wenn Sie ein CAS nutzen, machen Sie dies kenntlich.
  Beispiel: Sie lösen die Gleichung $3x^3 - 2x^2 + 2 = 1$ und dokumentieren:

$$3x^3 - 2x^2 + 2 = 1$$
$$\text{CAS: } x \approx -0,528$$

* Verzichten Sie in Ihren Lösungen auf Syntax.
* Beachten Sie Formulierungen in den Aufgabenstellungen.
  Folgende Beispiele veranschaulichen mögliche Aufgabenstellungen, stellen aber keinen verbindlichen Anforderungskatalog dar:

Geben Sie ... an.	Es ist keine Begründung nötig. (vgl. 2013 Analysis I Teil 1, 2)
Begründen Sie ...	Hier können Ausgaben des CAS zur Begründung herangezogen werden. (vgl. 2012 Analysis I Teil 2, 1e)
Begründen Sie anhand des Funktionsterms ...	Begründungen müssen von der Struktur und den Eigenschaften des Terms ausgehen. Nur mit Ausgaben des CAS allein zu argumentieren, reicht nicht aus. Das CAS kann zu Termumformungen und Rechnungen eingesetzt werden. (vgl. 2012 Analysis I Teil 1 Aufgabe 1)
Weisen Sie rechnerisch nach ...	Das CAS kann uneingeschränkt genutzt werden. (vgl. 2012 Analysis I Teil 2, 1c)
Berechnen Sie schrittweise und nachvollziehbar ...	Die Dokumentation muss so gestaltet sein, dass einzelne Schritte erkennbar sind. CAS kann zu Berechnungen genutzt werden. Eine schrittweise Lösung kann auch in einer schrittweisen numerischen Annäherung bestehen. (vgl. 2012 Analysis I Teil 2, 2b)
Zeigen Sie mithilfe des Funktionsterms schrittweise und nachvollziehbar ...	Zur Argumentation muss der Term (seine Struktur, seine Eigenschaften) verwendet werden. Die Dokumentation muss so gestaltet sein, dass einzelne Schritte erkennbar sind. Das CAS kann zu Umformungen eingesetzt werden. (vgl. 2012 Analysis II Teil 2, 1b)
Berechnen Sie ...	„Berechnen" kann auch mit CAS geschehen. (vgl. 2013 Analysis II Teil 2, 2a)

Bestimmen Sie näherungsweise mithilfe von Abbildung …	Die Abbildung muss verwendet werden (auch, wenn man die Aufgabenstellung rein rechnerisch durch CAS lösen könnte). (vgl. 2012 Analysis II Teil 2, 2b)
Begründen Sie mithilfe der Funktionsterme …	In der Argumentation der Begründung müssen die Eigenschaften der Terme herangezogen werden. Das CAS kann zu Umformungen eingesetzt werden.
Bestimmen Sie …	Die Überlegungen, die zur Bestimmung führen, müssen dokumentiert sein. CAS kann uneingeschränkt eingesetzt werden. (vgl. 2012 Analysis I Teil 2, 2c)
Ermitteln Sie …	Die Schritte der Überlegungen, die zur Bestimmung führen, müssen dokumentiert werden. CAS kann uneingeschränkt eingesetzt werden. (vgl. 2013 Analysis I Teil 1, 1b)
Machen Sie plausibel …	Es muss gezeigt werden, dass die Situation in den umgebenden Kontext passend eingeordnet werden kann. CAS kann dazu uneingeschränkt genutzt werden. (vgl. 2013 Geometrie I e)

Übungsaufgaben im Stil des neuen Abiturs

Abitur Mathematik (Bayern): Übungsaufgabe 1
Prüfungsteil A

Analysis

BE

1. Gegeben ist die Funktion

$$f(x) = \frac{x^2 - 2}{x^2 + x}$$

   a) Bestimmen Sie den Definitionsbereich $\mathbb{D}_f$. 2

   b) Geben Sie die Gleichung der Tangente an den Graphen von f an der Stelle $x = 1$ an. 4

2. Gegeben sind drei Graphen, die eine Funktion sowie ihre 1. und 2. Ableitung zeigen. Ordnen Sie die Graphen entsprechend zu und begründen Sie Ihre Wahl. 6

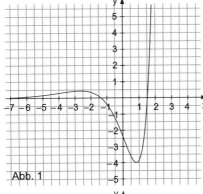

Abb. 1

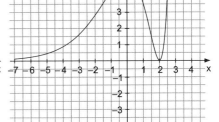

Abb. 2

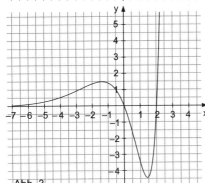

Abb. 3

3. Lösen Sie die Gleichung

   $e^x - 4e^{-x} = 0$.   4

4. Bestimmen Sie für die beiden Funktionen jeweils den Term einer Stammfunktion.

   $f(x) = 2\cos\left(\dfrac{1}{4}x\right) - \dfrac{1}{2}x^4$ $g(x) = \dfrac{2x+3}{x^2+3x-1}$ 4

       20

Stochastik

BE

1. Zum Semesterende steht an der Universität die Mathematikprüfung für Ingenieure an. 20 % aller Prüflinge studieren Maschinenbau. 15 % der Prüflinge bestehen die Prüfung nicht, 4 % der Prüflinge sind Maschinenbaustudenten, die die Prüfung nicht bestehen.

   a) Fertigen Sie eine Vierfeldertafel an.   3

   b) Berechnen Sie die Wahrscheinlichkeit, mit der ein Prüfling nicht Maschinenbau studiert und die Prüfung besteht.   1

   c) Prüfen Sie die Ereignisse „Maschinenbaustudent" und „Prüfung bestanden" auf stochastische Abhängigkeit.   3

2. In einer Schale befinden sich nur durch die Farbe zu unterscheidende Kugeln. 25 % sind rot, 20 % blau, 20 % weiß, 15 % gelb, 10 % grün und 10 % lila. Aus der Schale werden nacheinander mit Zurücklegen 50 Kugeln entnommen. Dafür wurden Funktionsgraphen angefertigt, die näherungsweise die Binomialverteilung B(50; p) darstellen, wobei p die Wahrscheinlichkeit für die jeweilige Farbe ist.
   Zu welcher Farbe gehört der abgebildete Graph? Begründen Sie Ihre Antwort.

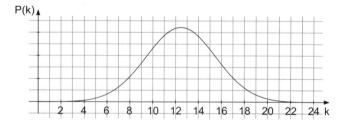

    3

    10

Geometrie

BE

Gegeben sind die Punkte A(1|2|3), B(0|–3|–1) und C(–1|2|–5).

a) Zeigen Sie, dass A, B und C ein gleichschenkliges Dreieck bilden. 3

b) Bestimmen Sie die Koordinaten des Punktes D so, dass das Viereck ABCD eine Raute ist. 2

c) Der Punkt A liegt in der Ebene E: $3x_1 - 4x_3 + 9 = 0$.
   Welche besondere Lage besitzt E im Koordinatensystem? 2

d) Welchen Abstand besitzt der Punkt P(3|7|2) von der Ebene E? 3

10

Tipps und Hinweise

Analysis

Aufgabe 1 a

- Der Nenner eines Bruches darf nicht null werden.

- Faktorisieren Sie den Nenner.

- Ein Produkt ist null, wenn einer der Faktoren null ist.

Aufgabe 1 b

- Wie heißen die Koordinaten des Punktes auf dem Funktionsgraphen, durch den die Tangente verlaufen soll?

- Jede Tangente hat als Gerade die Gleichung $y = m \cdot x + t$.

- Die Steigung der Tangente ergibt sich mithilfe der 1. Ableitung $f'(x)$ (siehe Merkhilfe).

- Wie nennt man einen Rechenausdruck, der die Form des Funktionsterms hat?

- Beachten Sie bei der Berechnung von $f'(x)$ die Quotientenregel (siehe Merkhilfe).

- Durch welche Zahl müssen Sie in $f'(x)$ das x ersetzen, um die gesuchte Tangentensteigung zu erhalten?

- Beachten Sie, dass die Tangente durch den Ihnen bekannten Punkt (mit $x = 1$) verläuft.

Aufgabe 2

- Aus „$f'(x)$ ist 1. Ableitung von $f(x)$" folgt „$f(x)$ ist Stammfunktion von $f'(x)$".

- Beachten Sie den HDI – Hauptsatz der Differenzial- und Integralrechnung. (siehe Merkhilfe)

- Was folgt aus $F'(x) = f(x)$ für die Extremstellen von $F(x)$?

- $F'(x) = 0$ liefert Extremstellen von $F(x)$.
  $f(x) = 0$ liefert Nullstellen von $f(x)$.

- Lesen Sie für jede Abbildung die Nullstellen und die Extremstellen aus der Zeichnung ab. Es geht dabei **nur** um die jeweiligen „Stellen", also **nur** um die x-Werte.

- Stimmen die Extremstellen einer Abbildung mit den Nullstellen einer anderen Abbildung überein? Was folgt daraus?

- Wie lassen sich die Abbildungen zu einer „Kette" hintereinander anordnen?

4

Aufgabe 3

- Wie lässt sich e^{-x} auch schreiben? Beachten Sie Ihre Merkhilfe.

- Multiplizieren Sie die Gleichung so, dass keine Potenz mit negativem Exponenten bzw. kein Bruch mehr auftritt.

- $e^x \cdot e^x = (e^x)^2$

- Sie erhalten für e^x zwei Lösungen.

- Aus $e^x = a$ folgt $x = \ln a$.

- Es gilt $e^x > 0$ für alle $x \in \mathbb{R}$.

  oder:

- Formen Sie die Gleichung so um, dass auf beiden Seiten eine Potenz von e steht.

- Logarithmieren Sie beide Seiten.

- $\ln x$ und e^x sind Funktion und Umkehrfunktion. Sie „heben sich auf".

- $\ln(e^x) = x$

- Beachten Sie die Rechenregeln für Logarithmen (siehe Merkhilfe).

- $\ln(uv) = \ln u + \ln v$ und $\ln u^z = z \ln u$

Aufgabe 4

- Beachten Sie Ihre Merkhilfe.

- Bei f(x) suchen Sie für jedes der beiden Glieder getrennt die Stammfunktion.

- In der Merkhilfe finden Sie: $\int \cos x \, dx = \sin x + C$

- Beachten Sie, dass das Argument bei der cos-Funktion nicht x, sondern $\frac{1}{4}x$ lautet.

- In der Merkhilfe finden Sie: $\int f(ax + b)\, dx = \frac{1}{a} F(ax + b) + C$

- Bei f(x) gilt $a = \frac{1}{4}$ und $b = 0$.

- Für das zweite Glied von f(x) gilt $\int x^r \, dx = \frac{1}{r+1} \cdot x^{r+1} + C$ (siehe Merkhilfe).

- Welche Eigenschaft hat der Zähler von g(x) bezüglich des Nenners?

- In der Merkhilfe finden Sie: $\int \frac{f'(x)}{f(x)}\, dx = \ln|f(x)| + C$

Stochastik

Aufgabe 1 a

- Die beiden Kriterien bei der Vierfeldertafel sind M (Maschinenbaustudent) bzw. $\overline{M}$ und bestanden bzw. nicht bestanden.

- Setzen Sie die gegebenen Werte (20 %; 15 %; 4 %) in die Tafel ein und berechnen Sie über Summenbildungen die fehlenden.

Aufgabe 1 b

- Die gesuchte Wahrscheinlichkeit lässt sich direkt aus der Vierfeldertafel ablesen.

Aufgabe 1 c

- Die entsprechende Formel findet sich in Ihrer Merkhilfe.

- Sie können die benötigten Wahrscheinlichkeiten aus der Vierfeldertafel ablesen.

- Stimmt der Wert von $P(M) \cdot P(b)$ mit dem Wert von $P(M \cap b)$ überein?

Aufgabe 2

- Es handelt sich nicht um ein Histogramm, da nur eine Näherung dargestellt ist.

- Wo nehmen die Histogramm-Darstellungen von Binomialverteilungen die größten Werte an?

- Das Maximum einer Binomialverteilung befindet sich stets in der (unmittelbaren) Umgebung des Erwartungswerts.

- Berechnen Sie die Erwartungswerte der verschiedenen Farben.

- Die Formel für den Erwartungswert finden Sie in Ihrer Merkhilfe.

- Beachten Sie, dass $n = 50$ gilt.

- Wo besitzt der abgebildete Graph sein Maximum?

- Für welche Farbe stimmt dieser abgelesene Wert am besten mit dem Erwartungswert überein?

Geometrie

Aufgabe a

- Welche Bedingung muss ein Dreieck erfüllen, damit es gleichschenklig ist?

- Berechnen Sie die Längen der Dreiecksseiten (siehe Merkhilfe).

- Vermerken Sie (z. B. in einer Skizze), bei welcher Seite es sich um die Basis handelt.

Aufgabe b

✓ Welche Eigenschaften hat eine Raute?

✓ Da eine Raute ein Parallelogramm mit gleich langen Seiten ist, gilt hier $\overrightarrow{AD} = \overrightarrow{BC}$ und $\overrightarrow{CD} = \overrightarrow{BA}$.

Aufgabe c

✓ Was fällt an der Normalenform der Ebene E auf?

✓ Sie wissen, dass der Punkt A(1|2|3) der Ebene angehört. Welche Koordinate von A können Sie beliebig verändern, sodass alle entstehenden Punkte auch der Ebene E angehören?

✓ Welche Eigenschaft hat die Gerade, auf der alle Punkte Q(1|a|3) mit $a \in \mathbb{R}$ liegen?

✓ Alle diese Punkte Q(1|a|3), $a \in \mathbb{R}$, liegen auch in der Ebene E. Welche besondere Lage muss E somit haben?

Aufgabe d

✓ Für die Berechnung des Abstands eines Punktes von einer Ebene gibt es eine Formel.

✓ Die Formel entsteht aus der Normalenform der Ebene. Diese wird durch die Länge des Normalenvektors dividiert (Hessesche Normalenform).

✓ In der Normalenform muss jedes x_i durch die entsprechende Koordinate des Punktes, dessen Abstand von der Ebene berechnet werden soll, ersetzt werden. Man dividiert den Absolutbetrag des sich ergebenden Werts durch die Länge des Normalenvektors.

✓ Verwenden Sie die Formel $d(P; E) = \dfrac{|n_1p_1 + n_2p_2 + n_3p_3 + n_0|}{|\vec{n}|}$.

Lösungen

Analysis

1. a) $f(x) = \dfrac{x^2-2}{x^2+x} = \dfrac{x^2-2}{x(x+1)}$ $\qquad \mathbb{D}_f = \mathbb{R} \setminus \{0; -1\}$

b) $f(1) = \dfrac{1^2-2}{1^2+1} = \dfrac{-1}{2} = -\dfrac{1}{2}$ $\qquad P\left(1 \,\middle|\, -\dfrac{1}{2}\right) = P(1\,|\,-0{,}5)$

$f'(x) = \dfrac{2x \cdot (x^2+x) - (x^2-2) \cdot (2x+1)}{(x^2+x)^2} = \dfrac{2x^3 + 2x^2 - 2x^3 - x^2 + 4x + 2}{(x^2+x)^2}$

$\qquad = \dfrac{x^2+4x+2}{(x^2+x)^2}$

$f'(1) = \dfrac{1+4+2}{(1+1)^2} = \dfrac{7}{4} = 1{,}75$

Tangente: $\qquad y = m \cdot x + t \qquad\qquad$ mit $m = f'(1) = 1{,}75$

$\qquad\qquad\qquad y = 1{,}75 \cdot x + t \qquad\qquad$ Einsetzen von $P(1\,|\,-0{,}5)$

$\qquad\qquad -0{,}5 = 1{,}75 \cdot 1 + t$

$\qquad\qquad\qquad t = -0{,}5 - 1{,}75 = -2{,}25$

$\Rightarrow \qquad y = 1{,}75x - 2{,}25$

2. **Lösung über den HDI:** $F'(x) = f(x)$

Jede Extremstelle von $F(x)$ – der Stammfunktion – muss also Nullstelle von $f(x)$ sein.

	Nullstellen	Extremstellen
Abbildung 1	$x = -1{,}5 \,/\, x = 1{,}5$	$x \approx -2{,}75 \,/\, x \approx 0{,}75$
Abbildung 2	$x = 2$ doppelt	$x = 0 \,/\, x = 2$
Abbildung 3	$x = 0 \,/\, x = 2$	$x = -1{,}5 \,/\, x = 1{,}5$

Somit zeigt Abbildung 3 eine Stammfunktion von Abbildung 1 und Abbildung 2 eine Stammfunktion von Abbildung 3.

Also $\left.\begin{array}{l} (\text{Abb. 3})' = \text{Abb. 1} \\ (\text{Abb. 2})' = \text{Abb. 3} \end{array}\right\} \Rightarrow (\text{Abb. 2})'' = (\text{Abb. 3})' = \text{Abb. 1}$

und somit

$\qquad (\text{Abb. 2})' = \text{Abb. 3}$

$\qquad (\text{Abb. 2})'' = \text{Abb. 1}$

Also stellen

Abb. 2 die ursprüngliche Funktion f(x),
Abb. 3 die 1. Ableitung f'(x),
Abb. 1 die 2. Ableitung f''(x)

dar.

3. $e^x - 4e^{-x} = 0$ $\qquad$ bzw. $e^x - \dfrac{4}{e^x} = 0$

$\qquad e^x = 4e^{-x}$ $\qquad$ bzw. $e^x = \dfrac{4}{e^x}$ $\qquad | \cdot e^x$

$\qquad (e^x)^2 = 4$

$\qquad e^x = \pm 2$

$e^x = 2 \implies x = \ln 2$

$e^x = -2 \;\text{\textbardbl}\; $ da $e^x > 0$ für alle $x \in \mathbb{R}$

$\mathbb{L} = \{\ln 2\}$

oder:

$e^x - 4e^{-x} = 0$

$\qquad e^x = 4e^{-x}$ $\qquad\qquad |\ln$

$\qquad x = \ln(4e^{-x})$

$\qquad x = \ln 4 + (-x)$

$\qquad 2x = \ln 4$

$\qquad x = \dfrac{1}{2}\ln 4 = \ln 4^{\frac{1}{2}} = \ln 2$

4. $f(x) = 2\cos\left(\dfrac{1}{4}x\right) - \dfrac{1}{2}x^4$

$F(x) = 2 \cdot \dfrac{1}{\frac{1}{4}} \cdot \sin\left(\dfrac{1}{4}x\right) - \dfrac{1}{2} \cdot \dfrac{1}{5}x^5 + C = 8\sin\left(\dfrac{1}{4}x\right) - \dfrac{1}{10}x^5 + C$

$g(x) = \dfrac{2x+3}{x^2+3x-1}$ $\qquad$ Es gilt: $(x^2+3x-1)' = 2x+3$

$g(x) = \dfrac{(x^2+3x-1)'}{x^2+3x-1}$

$G(x) = \ln|x^2+3x-1| + C$

9

Stochastik

1. a)

	M: Maschinen-baustudent	$\overline{M}$: kein Maschi-nenbaustudent	
b: bestanden	**16 %**	**69 %**	**85 %**
$\overline{b}$: nicht bestanden	4 %	**11 %**	15 %
	20 %	**80 %**	100 %

Die zu berechnenden Werte sind fett gedruckt.

b) $P(\overline{M} \cap b) = 0{,}69 = 69\,\%$ (siehe Vierfeldertafel)

c) $P(M) = 0{,}2$
$P(b) = 1 - 0{,}15 = 0{,}85$
$P(M) \cdot P(b) = 0{,}17$
$P(M \cap b) = 0{,}16 \neq P(M) \cdot P(b)$ stochastisch abhängig

2. Der Graph gehört zu $p = 0{,}25$, also rot.

Der Graph hat sein Maximum bei etwa $x = 12{,}5$.

Für den Erwartungswert $\mu = n \cdot p$ ergibt sich für

rot: 12,5   blau: 10   weiß: 10
gelb: 7,5   grün: 5   lila: 5

Da sich bei einer Binomialverteilung das Maximum stets in der Umgebung des Erwartungswerts befindet, kommt nur die Farbe rot in Betracht.

Geometrie

a) $\overline{AB} = |\overrightarrow{AB}| = \left| \begin{pmatrix} 0 \\ -3 \\ -1 \end{pmatrix} - \begin{pmatrix} 1 \\ 2 \\ 3 \end{pmatrix} \right| = \left| \begin{pmatrix} -1 \\ -5 \\ -4 \end{pmatrix} \right| = \sqrt{1 + 25 + 16} = \sqrt{42}$

$\overline{AC} = |\overrightarrow{AC}| = \left| \begin{pmatrix} -1 \\ 2 \\ -5 \end{pmatrix} - \begin{pmatrix} 1 \\ 2 \\ 3 \end{pmatrix} \right| = \left| \begin{pmatrix} -2 \\ 0 \\ -8 \end{pmatrix} \right| = \sqrt{4 + 0 + 64} = \sqrt{68}$

$\overline{BC} = |\overrightarrow{BC}| = \left| \begin{pmatrix} -1 \\ 2 \\ -5 \end{pmatrix} - \begin{pmatrix} 0 \\ -3 \\ -1 \end{pmatrix} \right| = \left| \begin{pmatrix} -1 \\ 5 \\ -4 \end{pmatrix} \right| = \sqrt{1 + 25 + 16} = \sqrt{42}$

$\Delta\,ABC$ ist gleichschenklig mit der Basis [AC].

b) $\vec{D} = \vec{A} + \overrightarrow{AD} = \vec{A} + \overrightarrow{BC}$

$= \begin{pmatrix} 1 \\ 2 \\ 3 \end{pmatrix} + \begin{pmatrix} -1 \\ 5 \\ -4 \end{pmatrix} = \begin{pmatrix} 0 \\ 7 \\ -1 \end{pmatrix}$

oder:

$\vec{D} = \vec{C} + \overrightarrow{CD} = \vec{C} + \overrightarrow{BA} = \begin{pmatrix} -1 \\ 2 \\ -5 \end{pmatrix} + \begin{pmatrix} 1 \\ 5 \\ 4 \end{pmatrix} = \begin{pmatrix} 0 \\ 7 \\ -1 \end{pmatrix}$

c) E verläuft parallel zur x_2-Achse, da mit dem Punkt A(1|2|3) alle Punkte (1|a|3), $a \in \mathbb{R}$, der Ebene E angehören.

d) Mit $|\vec{n}| = \sqrt{3^2 + (-4)^2} = \sqrt{25} = 5$ und der Formel $d(P; E) = \frac{|n_1 p_1 + n_2 p_2 + n_3 p_3 + n_0|}{|\vec{n}|}$ ergibt sich:

$d(P; E) = \frac{1}{5} \cdot |(3 \cdot 3 - 4 \cdot 2 + 9)| = \frac{1}{5} \cdot 10 = 2$

	BE

Abitur Mathematik (Bayern): Übungsaufgabe 1
Aufgabenteil B – Analysis

1. Gegeben ist die Funktion

$$f(x) = 5 \cdot \frac{e^{x-1}}{1+e^{x-1}} \text{ mit } \mathbb{D}_f = \mathbb{R}.$$

a) Bestimmen Sie den Grenzwert $x \to -\infty$.   1

b) Warum gilt $0 < \dfrac{e^{x-1}}{1+e^{x-1}} < 1$?

Was folgt für die Wertemenge der Funktion f(x)?   3

c) Untersuchen Sie das Monotonieverhalten der Funktion.   4

d) Für x = 1 besitzt der Graph der Funktion f(x) seinen einzigen Wendepunkt.
Geben Sie die Gleichung der Wendetangente an.   3

e) Berechnen Sie die Funktionswerte f(–2), f(0), f(2) und f(3) und skizzieren
Sie den Graphen G_f mithilfe aller bisher ermittelten Ergebnisse.   5

f) Berechnen Sie den Inhalt der Fläche, die von den Koordinatenachsen, dem
Funktionsgraphen und der Geraden x = –2 eingeschlossen wird.   3

2. a) Erläutern Sie, wie sich der Graph der Funktion g(x)

$$g(x) = 5 \cdot \frac{e^{x-2}}{1+e^{x-2}} - 3$$

schrittweise aus dem Graphen der Funktion f(x) entwickeln lässt.   3

b) Zeichnen Sie den Graphen der Funktion g(x) in das Koordinatensystem von
Aufgabe 1 e ein.   2

c) Die Funktion g(x) besitzt im Intervall [2; 3] genau eine Nullstelle a. Führen
Sie mit dem Startwert 3 den ersten Schritt des Newton-Verfahrens zur nä-
herungsweisen Berechnung von a durch und geben Sie die Näherung von a
auf zwei Dezimalen genau an.   5

3. Gegeben sind drei Graphen, die jeweils das Wachstum einer Baumart veranschaulichen.

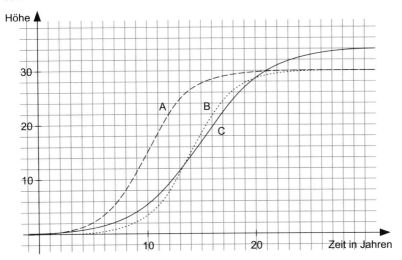

a) Beschreiben Sie das Wachstum (= Änderung der Wuchshöhe) der Baumart B. 4

b) Welche Baumart gewinnt zwischen dem 10. und dem 20. Jahr am meisten an Höhe? 4

c) Angeblich wächst die Baumart A in einem bestimmten Zeitraum annähernd linear. Nehmen Sie dazu Stellung. 3

40

Tipps und Hinweise

Aufgabe 1 a

✎ Mit $x \to -\infty$ strebt auch $x - 1 \to -\infty$.

✎ $\lim\limits_{x \to -\infty} e^x = 0^+$

✎ Ein Bruch, dessen Zähler null und dessen Nenner eine konstante Zahl ist, hat den Wert null.

Aufgabe 1 b

✎ $e^x > 0$ für alle $x \in \mathbb{R}$.

✎ Welches Vorzeichen hat der Zähler des Bruches? Welches Vorzeichen hat der Nenner?

✎ Ist der Wert des Bruches somit positiv oder negativ?

✎ Was lässt sich über den Wert des Zählers im Vergleich zum Wert des Nenners sagen?

✎ Was lässt sich über den Wert eines Bruches sagen, bei dem der Zähler kleiner ist als der Nenner?

✎ Welcher Zusammenhang besteht zwischen der gegebenen Ungleichung und dem Funktionsterm?

✎ Multiplizieren Sie die (gesamte!) Ungleichung mit 5.

✎ Zwischen welchen Werten ist der Funktionsterm eingeschlossen?

Aufgabe 1 c

✎ Das Monotonieverhalten lässt sich mit der 1. Ableitung bestimmen.

✎ Beim Differenzieren Quotientenregel beachten (siehe Merkhilfe)!

✎ Kettenregel (siehe Merkhilfe) gilt auch hier:
$(e^{x-1})' = e^{x-1} \cdot 1$
Führt aber – bei Vergessen – wegen des Faktors 1 nicht zu Fehlern.

✎ Das Vorzeichen von f'(x) entscheidet über die Art der Monotonie (siehe Merkhilfe).

✎ Welches Vorzeichen hat der Zähler des Bruches? Welches Vorzeichen hat der Nenner?

Aufgabe 1 d

✎ Jede Tangente hat als Gerade die Gleichung $y = mx + t$.

✎ Dass sich für $x = 1$ ein Wendepunkt ergibt, ist eine Information, die Sie **nicht** zu beweisen haben. Sie benötigen also **keine** 2. Ableitung.

- Berechnen Sie die y-Koordinate des Wendepunkts.

- Sie können die Steigung m der Tangente mithilfe der 1. Ableitung berechnen (siehe Merkhilfe).

- Setzen Sie zur Berechnung der Tangentensteigung in der 1. Ableitung für x den x-Wert des Wendepunkts (also x = 1) ein.

- Beachten Sie, dass die Tangente durch den Wendepunkt (1 | 2,5) verläuft. Damit können Sie t bestimmen.

Aufgabe 1 e

- Zeichnen Sie außer den geforderten Werten auch den Wendepunkt und die Wende-tangente ein.

- Beachten Sie, dass sich aus dem Wertebereich (Aufgabe 1 b) zwei waagrechte Asymptoten ergeben (x-Achse und y = 5).

- Beachten Sie die in Aufgabe 1 c bestimmte Monotonie.

Aufgabe 1 f

- Veranschaulichen Sie die Fläche in Ihrer Skizze in Aufgabe 1 e.

- Das Auffinden der Stammfunktion eines Bruches gelingt meist nur in speziellen Fäl-len (siehe Merkhilfe).

- Welche Eigenschaft hat der Zähler des Bruches bezüglich des Nenners?

- Beachten Sie auch Aufgabe 2 aus Teil 1.

- In der Merkhilfe finden Sie: $\int \dfrac{f'(x)}{f(x)}\,dx = \ln|f(x)| + C$

- Der Faktor 5 kann vor das Integralzeichen geschrieben werden.

Aufgabe 2 a

- Vergleichen Sie die beiden Funktionsterme.

- Als Veränderungen kommen infrage:
  $f(x) + d$ Verschiebung in y-Richtung um d.
  $f(x + c)$ Verschiebung in x-Richtung um $-c$.
  $f(bx)$ Dehnung/Stauchung in x-Richtung.
  $af(x)$ Dehnung/Stauchung in y-Richtung.

- Da weder der Faktor 5 geändert wurde noch sich vor x ein neuer Faktor befindet, wurde weder eine Dehnung noch eine Stauchung vorgenommen.

- Wie lässt sich die Änderung des Exponenten bei e so umschreiben, dass der „alte" Exponent $(x - 1)$ sichtbar bleibt?

$x - 2 = (x - 1) - 1$

Welche Veränderung des Graphen ergibt sich durch die Veränderung des Exponenten?

Welche Veränderung des Graphen ergibt sich durch das Anfügen von −3 an den Funktionsterm?

Aufgabe 2 b

Verschieben Sie die beiden Asymptoten um −3 in y-Richtung.

Verschieben Sie die einzelnen Punkte des Graphen von f(x) um 1 nach rechts und 3 nach unten.

Aufgabe 2 c

Sie finden die Formel für das Newton-Verfahren in Ihrer Merkhilfe.

Der Startwert $x_1 = 3$ ist vorgegeben. Es gilt also zunächst **n = 1**!

Sie suchen $x_2 = x_{1+1}$ (da n = 1; siehe oben).

Sie benötigen laut Formel $g(x_1)$ und $g'(x_1)$ mit $x_1 = 3$.

Berechnen Sie g(3).

Bestimmen Sie g'(x).

Beachten Sie die Quotientenregel (siehe Merkhilfe).

Beachten Sie die Ähnlichkeit mit der Differentiation von f(x).

Berechnen Sie g'(3).

Setzen Sie in die Formel des Newton-Verfahrens ein:

$$x_2 = x_1 - \frac{g(x_1)}{g'(x_1)} = 3 - \frac{g(3)}{g'(3)}$$

Da nur der erste Schritt des Newton-Verfahrens verlangt ist, muss die Iteration nicht fortgeführt werden.

Aufgabe 3 a

Die Ableitung einer Größe kann als Änderungsrate dieser Größe gedeutet werden.

Das Wachstum kann „schneller" oder „langsamer" erfolgen. Wie lässt sich dies an der Steigung ablesen?

In welchen Intervallen verläuft der Graph für die Baumart B flach, in welchen steil?

Der Wert der Ableitung ist umso größer, je steiler der Graph verläuft.

Wann ist das Wachstum somit gering/„langsam", wann groß/„schnell"?

Aufgabe 3 b

Zeichnen Sie die erreichten Höhen für A, B und C nach 10 Jahren ein.

Zeichnen Sie die erreichten Höhen für A, B und C nach 20 Jahren ein.

Bei welcher Baumart ist der Wert der Differenz
(Höhe nach 20 Jahren) – (Höhe nach 10 Jahren)
am größten?

Aufgabe 3 c

Lineares Wachstum stellt sich als Gerade dar.

Können Sie ein Teilstück des Graphen A durch eine Gerade annähern?

Schieben Sie Ihr Geodreieck entlang des Graphen A. Wo finden Sie eine Übereinstimmung?

Lösungen

1. a) $\lim\limits_{x \to -\infty} 5 \cdot \dfrac{e^{x-1}}{1+e^{x-1}} = \text{„}5 \cdot \dfrac{0^+}{1+0^+}\text{"} = \text{„}5 \cdot 0^+\text{"} = 0^+$

Der Funktionsgraph nähert sich also für $x \to -\infty$ der x-Achse von oben an.

b) Da $e^x > 0$ für alle $x \in \mathbb{R}$ gilt, ist sowohl der Zähler als auch der Nenner des Bruches stets positiv, also ist auch der Wert des Bruches positiv.

Da $e^x > 0$ für alle $x \in \mathbb{R}$ gilt, ist der Zähler des Bruches stets kleiner als der Nenner des Bruches („echter Bruch"), also ist der Wert des Bruches stets kleiner 1. 1 ist die kleinste obere Schranke, da der Bruch für $x \to \infty$ gegen 1 strebt.

Aus $0 < \dfrac{e^{x-1}}{1+e^{x-1}} < 1$ folgt $0 < 5 \cdot \dfrac{e^{x-1}}{1+e^{x-1}} < 5$, da der Grenzwert von

$f(x)$ für $x \to \infty$ 5 ist und 5 somit die kleinste obere Schranke ist.

Somit $\mathbb{W}_f = \,]0;\,5[$.

c) $f'(x) = 5 \cdot \dfrac{e^{x-1} \cdot (1+e^{x-1}) - e^{x-1} \cdot e^{x-1}}{(1+e^{x-1})^2} = 5 \cdot \dfrac{e^{x-1} + (e^{x-1})^2 - (e^{x-1})^2}{(1+e^{x-1})^2}$

$\qquad = 5 \cdot \dfrac{e^{x-1}}{(1+e^{x-1})^2}$

$f'(x) > 0$ für alle $x \in \mathbb{R}$, da $e^{x-1} > 0$ für alle $x \in \mathbb{R}$

(und im Nenner das Quadrat einer positiven Größe steht)

Der Graph der Funktion $f(x)$ ist also in $\mathbb{R}$ streng monoton steigend.

d) $f(1) = 5 \cdot \dfrac{e^0}{1+e^0} = 5 \cdot \dfrac{1}{2} = 2,5 \qquad\qquad P(1\,|\,2,5)$

Wendetangente: $\qquad y = mx + t \qquad\qquad$ mit $m = f'(1) = 5 \cdot \dfrac{e^0}{(1+e^0)^2} = \dfrac{5}{4}$

$\qquad\qquad\qquad\qquad y = \dfrac{5}{4}x + t \qquad\qquad$ Einsetzen von $P(1\,|\,2,5)$

$\qquad\qquad\qquad\qquad 2,5 = \dfrac{5}{4} \cdot 1 + t$

$\qquad\qquad\qquad\qquad t = 2,5 - \dfrac{5}{4} = \dfrac{5}{4}$

$\qquad \Rightarrow \qquad y = \dfrac{5}{4}x + \dfrac{5}{4}$

e) $f(-2) = 5 \cdot \dfrac{e^{-3}}{1+e^{-3}} \approx 0{,}24$ $\qquad f(0) = 5 \cdot \dfrac{e^{-1}}{1+e^{-1}} \approx 1{,}34$

$\;f(2) = 5 \cdot \dfrac{e}{1+e} \approx 3{,}66$ $\qquad f(3) = 5 \cdot \dfrac{e^{2}}{1+e^{2}} \approx 4{,}40$

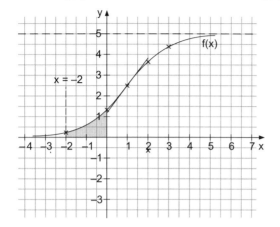

f) $A = \displaystyle\int_{-2}^{0} 5 \cdot \dfrac{e^{x-1}}{1+e^{x-1}}\, dx = 5 \cdot \int_{-2}^{0} \dfrac{e^{x-1}}{1+e^{x-1}}\, dx = \Big[5 \cdot \ln\big|1+e^{x-1}\big|\Big]_{-2}^{0}$

$\; = 5 \cdot \ln\big|1+e^{-1}\big| - 5 \cdot \ln\big|1+e^{-3}\big|$

$\; = 5 \cdot \ln\left|\dfrac{1+e^{-1}}{1+e^{-3}}\right| \approx 1{,}32$

da Nenner' = Zähler
$(1+e^{x-1})' = e^{x-1}$

2. a) $g(x) = 5 \cdot \dfrac{e^{(x-1)-1}}{1+e^{(x-1)-1}} - 3$

$\; f(x) = 5 \cdot \dfrac{e^{x-1}}{1+e^{x-1}}$ $\qquad$ Verschiebung des Funktionsgraphen von f(x) um 1 in positive x-Richtung

$\; y = 5 \cdot \dfrac{e^{(x-1)-1}}{1+e^{(x-1)-1}}$ $\qquad$ Verschiebung um 3 nach unten

$\; g(x) = 5 \cdot \dfrac{e^{(x-1)-1}}{1+e^{(x-1)-1}} - 3$

$\Rightarrow$ Verschiebt man den Graphen von f(x) um 1 nach rechts und um 3 nach unten, erhält man den Graphen von g(x).

b)

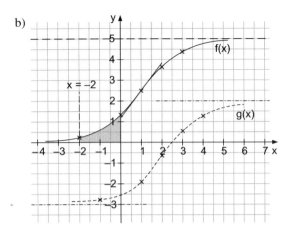

c) $x_1 = 3$ $g(3) = 5 \cdot \dfrac{e}{1+e} - 3 \approx 0{,}6553$

$$g'(x) = 5 \cdot \frac{e^{x-2}(1+e^{x-2}) - e^{x-2} \cdot e^{x-2}}{(1+e^{x-2})^2} = 5 \cdot \frac{e^{x-2}}{(1+e^{x-2})^2}$$

$$g'(3) = 5 \cdot \frac{e}{(1+e)^2} \approx 0{,}9831$$

$$x_2 = 3 - \frac{0{,}6553}{0{,}9831} \approx 2{,}33$$

3. a) Der Graph für die Baumart B verläuft in den ersten ca. 8 Jahren flach, wird dann steiler. Zwischen dem ca. 12. und dem ca. 16. Jahr ist der Graph am steilsten. Dann flacht er wieder ab und hat ab ca. dem 20. Jahr nur noch eine sehr geringe Steigung.

Für das Wachstum bedeutet das:
In den ersten acht Jahren nur ein geringes/„langsames" Wachstum, dann wird das Wachstum schneller. Zwischen dem ca. 12. und dem ca. 16. Jahr ist das Wachstum am größten/„schnellsten" und wird dann wieder geringer/„langsamer". Ab dem ca. 20. Jahr ist das Wachstum wieder sehr gering.

b)

Die Graphik zeigt, dass
B(20) − B(10) > C(20) − C(10) > A(20) − A(10).
Somit gewinnt Baumart B zwischen dem 10. und dem 20. Jahr am meisten an Höhe.

c)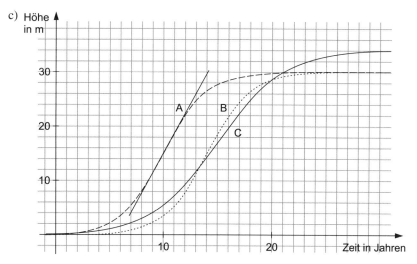

Die Behauptung ist wahr, da sich der Graph von A zwischen dem 8. und dem 12. Jahr durch die eingezeichnete Gerade annähern lässt.

Abitur Mathematik (Bayern): Übungsaufgabe 1
Aufgabenteil B – Stochastik

BE

Studenten in Europa haben die Möglichkeit, im Rahmen eines Austauschpro-
gramms (Erasmus-Programm) ein Semester an einer Universität im Ausland zu
studieren. Man nennt sie daher „Erasmus-Studenten".

1. Auch in diesem Sommersemester befinden sich wieder „Erasmus-Studenten"
   an der Universität von Florenz, die für ein Auslandssemester sehr beliebt ist.
   So sind in diesem Semester 26 % aller Studenten in Florenz über das Erasmus-
   Programm gekommen. Es sind 32 % aller weiblichen Studenten und 22 % aller
   männlichen Studenten Erasmus-Studenten.

   a) Bestimmen Sie den Anteil aller weiblichen Studenten an der Universität
      von Florenz.   5

   b) Ein zufällig ausgewählter Student ist ein Erasmus-Student.
      Berechnen Sie die Wahrscheinlichkeit, mit der er männlich ist.   3

   c) Berechnen Sie Wahrscheinlichkeit dafür, dass unter 50 zufällig ausgewähl-
      ten Studenten genau 26 % Erasmus-Studenten sind.   3

Unter den Erasmus-Studenten studieren 25 % Kunstgeschichte, 20 % Sprachen,
15 % Archäologie, 10 % Jura, 10 % Wirtschaftswissenschaften. Die restlichen
20 % verteilen sich auf sonstige Fakultäten.

2. Berechnen Sie die Wahrscheinlichkeit dafür, dss sich unter 50 zufällig ausgewählten Erasmus-Studenten

   a) weniger als 10 Jura-Studenten befinden.   2

   b) mindestens 10 Archäologie-Studenten befinden.   2

3. Jeden Mittwochabend treffen sich in der Kneipe „Kitsch" die Erasmus-Stu-
   denten, die Lust dazu haben. Angeblich sind die Kunstgeschichtler und die
   Archäologen an diesen Abenden immer besonders zahlreich vertreten.
   Prüfen Sie, ob sich diese Behauptung auf dem Signifikanzniveau von 5 % ab-
   lehnen lässt, wenn an einem Mittwochabend 33 der 100 anwesenden Erasmus-
   Studenten Kunstgeschichte bzw. Archäologie studieren.   5

                                                                              20

Tipps und Hinweise

Aufgabe 1 a

- Veranschaulichen Sie die Angaben anhand eines Baumdiagramms.
- Wenn Sie als erstes nach E (Erasmus-Student) und $\overline{E}$ aufteilen, können Sie die weiteren Angaben nicht mehr ins Baumdiagramm einfügen.

- Welches weitere Unterscheidungsmerkmal (außer E bzw. $\overline{E}$) findet sich noch in den Angaben?
- Die erste Teilung des Baumdiagramms muss nach weiblich/männlich erfolgen. Anschließend wird jeder der beiden Äste nach E und $\overline{E}$ aufgeteilt.
- Schreiben Sie die Ihnen bekannten Wahrscheinlichkeiten an die entsprechenden Äste.
- Gesucht ist P(♀). Nennen Sie diese gesuchte Wahrscheinlichkeit p.
- Wie groß ist P(♂), wenn P(♀) = p?
- Aus welchen Verzweigungen setzt sich P(E) zusammen?
- Formen Sie aus der Beziehung $P(E) = P(♀ \cap E) + P(♂ \cap E)$ durch Einsetzen der entsprechenden Wahrscheinlichkeiten eine Gleichung für p.
- Beachten Sie dabei die Pfadregeln.

Aufgabe 1 b

- Es handelt sich um eine bedingte Wahrscheinlichkeit.
- Die Bedingung lautet: „Ein zufällig ausgewählter Student ist ein Erasmus-Student."
- Beachten Sie die Formel für bedingte Wahrscheinlichkeiten (siehe Merkhilfe).
- Verwenden Sie das Ergebnis von Aufgabe 1 a und leiten Sie daraus P(♂) ab.
- Der Anteil der Erasmus-Studenten unter allen männlichen Studenten ist gegeben (siehe auch Baumdiagramm).

Aufgabe 1 c

- Wie viele der 50 Studenten müssen Erasmus-Studenten sein?
- Mit welcher Wahrscheinlichkeit sind genau 13 der 50 Studenten Erasmus-Studenten?
- Die Wahrscheinlichkeit 0,26 ist nicht tabellarisiert.
- Sie finden die entsprechende Formel zur Berechnung der gesuchten Wahrscheinlichkeit in Ihrer Merkhilfe.

Aufgabe 2 a

Was bedeutet „weniger als 10"?

Es liegt eine Bernoulli-Kette vor. Die Trefferwahrscheinlichkeit kann dem Text entnommen werden.

Achten Sie beim Tabellenablesen darauf, dass es sich um eine kumulative Verteilung handelt.

Aufgabe 2 b

Was bedeutet „mindestens 10"? Arbeiten Sie mit dem Gegenereignis.

Es liegt eine Bernoulli-Kette vor. Die Trefferwahrscheinlichkeit kann dem Text entnommen werden.

Aufgabe 3

Wie groß ist die Wahrscheinlichkeit, dass ein Erasmus-Student Kunstgeschichte oder Archäologie studiert?

Wie groß muss die Wahrscheinlichkeit für die Anwesenheit eines Erasmus-Studenten mit Studienfach Kunstgeschichte oder Archäologie sein, damit die Aussage „besonders zahlreich" erfüllt wird?

Diese Wahrscheinlichkeit ist Ihre Nullhypothese.

Sie müssen eine Entscheidungsregel für diese Nullhypothese so bestimmen, dass das Signifikanzniveau 5 % beträgt.

Zerlegen Sie die Menge $\{0; \ldots; 100\}$ in die beiden Teilmengen $\{0; \ldots; k\}$ und $\{k+1; \ldots; 100\}$.

$\{0; \ldots; k\}$ steht für „möglichst wenige".
$\{k+1; \ldots; 100\}$ steht für „möglichst viele".

Entscheidet man sich für die Nullhypothese ($p_0 > 0,4$), wenn möglichst wenige oder möglichst viele der 100 anwesenden Erasmus-Studenten Kunstgeschichte oder Archäologie studieren?

Die Wahrscheinlichkeit, sich irrtümlich gegen die Nullhypothese auszusprechen, soll höchstens 5 % betragen.

Verwenden Sie die kumulative Binomialverteilung mit der Trefferwahrscheinlichkeit $p = 0,4$.

Suchen Sie in der Tabelle bei $n = 100$ und $p = 0,4$ das größtmögliche k, für das der Tabellenwert kleiner als 0,05 ist.

Vergleichen Sie den Ablehnungsbereich mit der Anzahl der anwesenden Erasmus-Studenten, die Kunstgeschichte oder Archäologie studieren.

Gehört die Anzahl 33 dem Ablehnungsbereich an?

Lösungen

1. a) Es gibt unter den weiblichen (und auch unter den männlichen) Studenten auch solche, die über das Erasmus-Programm gekommen sind.
   $P(♀) = P(♀ \cap E) + P(♀ \cap \overline{E})$
   $P(♂) = P(♂ \cap E) + P(♂ \cap \overline{E})$

   Aus den Angaben ist zu entnehmen:
   $P(♀ \cap E) + P(♂ \cap E) = 26\%$

   Außerdem gilt:

   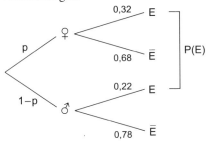

   Somit:
   $p \cdot 0{,}32 + (1-p) \cdot 0{,}22 = 0{,}26$
   $0{,}32p + 0{,}22 - 0{,}22p = 0{,}26$
   $0{,}1p = 0{,}04$
   $p = 0{,}4$

   40 % aller Studenten sind weiblich.

   b) $P_E(♂) = \dfrac{P(E \cap ♂)}{P(E)}$

   $P_E(♂) = \dfrac{0{,}6 \cdot 0{,}22}{0{,}26} = 0{,}50769 \approx 50{,}8\%$

   c) 26 % von 50 Studenten sind 13 Studenten.
   $P = B(50; 0{,}26; 13) = \binom{50}{13} \cdot 0{,}26^{13} \cdot (1-0{,}26)^{50-13}$
   $P = \binom{50}{13} \cdot 0{,}26^{13} \cdot 0{,}74^{37} \approx 0{,}12773 \approx 12{,}8\%$

2. a) $P(X < 10) = \sum_{i=0}^{9} B(50; 0{,}1; i) = F_{0{,}1}^{50}(9) \approx 0{,}97546 \approx 97{,}5\%$

b) $P(X \geq 10) = 1 - P(X \leq 9) = 1 - \sum\limits_{i=0}^{9} B(50; 0,15; i) = 1 - F_{0,15}^{50}(9) \approx 1 - 0,79109$

$\quad = 0,20891 \approx 20,9\,\%$

3. P(Kunstgeschichte oder Archäologie) $= 0,25 + 0,15 = 0,4$

Nullhypothese: P(anwesende Kunstgeschichtler oder Archäologen) $> 0,4$

	gegen p_0 $0 \dots k$	für p_0 $k+1 \dots 100$	anwesende Kunstgeschichtler oder Archäologen
$p_0 > 0,4$	$\left(\leq 0,05\right)$		

$$\sum\limits_{i=0}^{k} B(100; 0,4; i) \leq 0,05$$

$F_{0,4}^{100}(k) \leq 0,05$

Suchen in der Tabelle zeigt: $k \leq 31$

Ablehnung der Nullhypothese, falls maximal 31 der Anwesenden Kunstgeschichte oder Archäologie studieren.

Bei 33 anwesenden Erasmus-Studenten der Fächer Kunstgeschichte bzw. Archäologie kann die Nullhypothese $p_0 > 0,4$ **nicht** auf dem 5 %-Niveau abgelehnt werden.

Abitur Mathematik (Bayern): Übungsaufgabe 1
Aufgabenteil B – Geometrie

BE

Das Modell einer Kirche wird so in ein Koordinatensystem gestellt, wie es die folgenden Abbildungen zeigen.

Grundriss

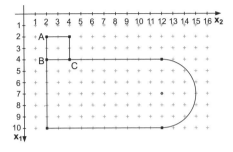

Abb. 1

Frontansicht

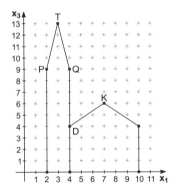

Abb. 2

Seitenansicht

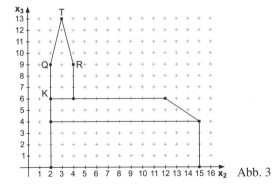

Abb. 3

1. Die Punkte A, B und C liegen in der x_1-x_2-Ebene; die Punkte P, Q und R jeweils senkrecht darüber. T ist die Turmspitze, K bildet den First des Kirchendaches in der Frontebene.

   Geben Sie die Raumkoordinaten der Punkte R, T und K an.

   [Zur Kontrolle: Q(4|2|9)]   3

2. Wir betrachten zunächst nur den Turm, der aus einem Quader mit aufgesetzter gerader vierseitiger Pyramide besteht.

   a) Geben Sie eine Normalengleichung der Ebene E an, in der sich die Deckfläche des Quaders befindet.   2

   b) Berechnen Sie den Neigungswinkel α der Turmdachfläche auf zwei Dezimalen genau.   4

   c) Berechnen Sie die Fläche des Turmdaches.   3

   d) Zur Verstärkung der Dachkonstruktion wird eine Strebe (ein Holzbalken) eingebaut, die vom Punkt R zur Kante [PT] reicht und auf dieser Kante [PT] senkrecht steht. Wie lang ist diese Strebe?   4

3. Im Dach des Kirchenschiffes befindet sich genau im Punkt K ein kleines Loch, das dringend repariert werden muss. Zum Glück scheint gerade die Sonne.

   Die Richtung der Sonnenstrahlen wird durch den Vektor $\begin{pmatrix} 1 \\ 4 \\ -2 \end{pmatrix}$ beschrieben.

   Untersuchen Sie, ob der durch das Loch im Punkt K eintretende Strahl auf dem Kirchenboden auftrifft. $\underline{4}$

                                                                               20

Tipps und Hinweise

Aufgabe 1

- Die Abbildungen zeigen jeweils **zwei** Koordinatenachsen.

- Welche Koordinaten lassen sich aus der obersten/der mittleren/der untersten Abbildung ablesen?

- Sie haben also für jede Koordinate **zwei** Ablese- (bzw. Kontroll-)Möglichkeiten.

- R liegt laut Angabe senkrecht über C.

- Die x_1- und die x_2-Koordinaten von R und C müssen also jeweils die gleichen sein.

- Abbildung 1 (Grundriss) liefert für C $(4\,|\,4\,|\,0)$.

- Abbildung 3 (Seitenansicht) zeigt, dass R die x_3-Koordinate 9 hat.

- T liegt als Spitze der geraden Pyramide senkrecht über dem Mittelpunkt der quadratischen Turmgrundfläche mit den Eckpunkten A, B, C (vierter Eckpunkt ist nicht benannt).

- Dieser Mittelpunkt hat (Abb. 1) die Koordinaten $(3\,|\,3\,|\,0)$. Die x_3-Koordinate von T ergibt sich aus Abb. 2 oder 3.

- x_1- und x_3-Koordinate von K ergeben sich aus Abb. 2, die x_2-Koordinate ergibt sich aus Abb. 3 (oder Abb. 1).

Aufgabe 2 a

- Die Ebene E verläuft parallel zur x_1-x_2-Ebene.

- Für alle Punkte in E muss der x_3-Wert stets gleich sein.

- Dieser x_3-Wert lässt sich aus Abb. 2 oder 3 ablesen.

oder:

- Die Ebene E verläuft durch die Punkte P, Q und R.

- Geben Sie E zunächst in Parameter- und dann in Normalenform an (siehe Merkhilfe).

Aufgabe 2 b

- Bei einer geraden Pyramide haben alle Dachflächen denselben Neigungswinkel.

- Welche Figur ergibt sich bei einem senkrechten Schnitt durch T parallel zu PQ?

- Wie lang ist die Basis dieses gleichschenkligen Dreiecks?

- Wie lang ist die Höhe auf die Basis dieses gleichschenkligen Dreiecks?

- Welche trigonometrische Funktion können Sie mithilfe dieser Längen für α aufstellen?

oder:

- Von welchen Vektoren wird α eingeschlossen?
- Wie lässt sich der Winkel zwischen zwei Vektoren berechnen (siehe Merkhilfe)?

Aufgabe 2 c

- Aus welchen Teilflächen setzt sich das Turmdach zusammen?
- Wie lässt sich die Fläche eines Dreiecks berechnen?
- Benutzen Sie Ihre Merkhilfe und das Vektorprodukt.

oder:

- Die Dreiecksfläche kann auch mithilfe der Formel $A_\Delta = \frac{1}{2}gh$ berechnet werden.
- Achten Sie darauf, dass die Höhe des Dachdreiecks **nicht** mit der Höhe der Pyramide übereinstimmt!
- Ähnlich wie in Aufgabe 2 b der Winkel α lässt sich die Höhe des Dreiecks PQT mit einem Hilfsdreieck bestimmen.

Aufgabe 2 d

- Die Strebe beginnt beim Punkt R und endet in einem Punkt S, der auf der Turmkante [PT] liegt.
- Die Länge der Strebe entspricht der Länge des Vektors $\overrightarrow{RS}$.
- Welche Eigenschaft besitzt der Punkt S?
- Wie lässt sich diese Eigenschaft vektoriell ausdrücken?
- Ein Punkt liegt genau dann auf einer Geraden, wenn er die Geradengleichung erfüllt.
- Was gilt somit für den Ortsvektor $\vec{S}$?
- Welche Eigenschaft hat der Vektor $\overrightarrow{RS}$?
- Wie lässt sich diese Eigenschaft vektoriell ausdrücken?
- Zwei Vektoren stehen genau dann aufeinander senkrecht, wenn ihr Skalarprodukt null ergibt (siehe Merkhilfe).

Aufgabe 3

- Der Sonnen„strahl" lässt sich als Gerade aufschreiben.
- Sie kennen den Aufpunkt K und den Richtungsvektor.
- Der Kirchenboden entspricht der x_1-x_2-Ebene.
- Welche Eigenschaften haben alle Punkte der x_1-x_2-Ebene? Wie lautet somit die Normalenform der x_1-x_2-Ebene?

- Der Schnittpunkt der Geraden mit der x_1-x_2-Ebene ergibt sich durch Einsetzen der Geraden in die Normalenform der Ebene.

- Lesen Sie in Abb. 1 ab, ob sich dieser Punkt innerhalb des Kirchenschiffs befindet.

  oder:

- Benutzen Sie die Abb. 2 und 3, um den Strahl einzuzeichnen.

- Beachten Sie, dass in Abb. 2 nur die x_1- und die x_3-Koordinate betrachtet werden. Hier lässt sich die x_1-Koordinate des Schnittpunkt-Strahls mit der x_1-x_2-Ebene ablesen.

- Beachten Sie, dass in Abb. 3 nur die x_2- und die x_3-Koordinate betrachtet werden. Hier lässt sich die x_2-Koordinate des Schnittpunkt-Strahls mit der x_1-x_2-Ebene ablesen.

- In Abb. 1 (hier werden nur x_1- und x_2-Koordinate betrachtet) lesen Sie ab, ob der Schnittpunkt innerhalb des Kirchenschiffs liegt. Zur Kontrolle können Sie auch nochmals den Strahl einzeichnen. Er muss durch den Schnittpunkt verlaufen.

Lösungen

1. R(4|4|9)   T(3|3|13)   K(7|2|6)

   Die Koordinatenangabe der folgenden Punkte ist **nicht** verlangt, sondern erfolgt hier lediglich aus Gründen der Vollständigkeit.
   A(2|2|0)   B(4|2|0)   C(4|4|0)
   P(2|2|9)   Q(4|2|9) siehe Angabe!
   D(4|2|4)

2. a) $E: x_3 = 9 \Rightarrow x_3 - 9 = 0$

   oder umständlich:

   $$E_{PQR}: \vec{X} = \begin{pmatrix} 2 \\ 2 \\ 9 \end{pmatrix} + \lambda \cdot \left[\begin{pmatrix} 4 \\ 2 \\ 9 \end{pmatrix} - \begin{pmatrix} 2 \\ 2 \\ 9 \end{pmatrix} \right] + \mu \cdot \left[\begin{pmatrix} 4 \\ 4 \\ 9 \end{pmatrix} - \begin{pmatrix} 2 \\ 2 \\ 9 \end{pmatrix} \right] \quad \lambda, \mu \in \mathbb{R}$$

   $$\vec{X} = \begin{pmatrix} 2 \\ 2 \\ 9 \end{pmatrix} + \lambda \cdot \begin{pmatrix} 2 \\ 0 \\ 0 \end{pmatrix} + \mu \cdot \begin{pmatrix} 2 \\ 2 \\ 0 \end{pmatrix} \quad \lambda, \mu \in \mathbb{R}$$

   $$\vec{n}_E = \begin{pmatrix} 2 \\ 0 \\ 0 \end{pmatrix} \times \begin{pmatrix} 2 \\ 2 \\ 0 \end{pmatrix} = \begin{pmatrix} 0-0 \\ 0-0 \\ 4-0 \end{pmatrix} = \begin{pmatrix} 0 \\ 0 \\ 4 \end{pmatrix} = 4 \cdot \begin{pmatrix} 0 \\ 0 \\ 1 \end{pmatrix}$$

   $E:$ $\begin{pmatrix} 0 \\ 0 \\ 1 \end{pmatrix} \circ \left[\vec{X} - \begin{pmatrix} 2 \\ 2 \\ 9 \end{pmatrix} \right] = 0 \Rightarrow x_3 - 9 = 0$

   b) *elementar-geometrisch:*

   $\tan \alpha = \dfrac{\overline{TM}}{\overline{M_{PV}M}} = \dfrac{4}{1}$

   $\Rightarrow \alpha = 75{,}96°$

   oder vektoriell:

   $\overrightarrow{M_{PV}M_{QR}} = \vec{PQ} = \begin{pmatrix} 4 \\ 2 \\ 9 \end{pmatrix} - \begin{pmatrix} 2 \\ 2 \\ 9 \end{pmatrix} = \begin{pmatrix} 2 \\ 0 \\ 0 \end{pmatrix}$

   $\overrightarrow{M_{PV}T} = \begin{pmatrix} 3 \\ 3 \\ 13 \end{pmatrix} - \begin{pmatrix} 2 \\ 3 \\ 9 \end{pmatrix} = \begin{pmatrix} 1 \\ 0 \\ 4 \end{pmatrix}$

   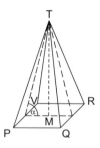

   V(2|4|9) ist der vierte Eckpunkt des Quadrats PQRV.

   $\cos \alpha = \dfrac{\begin{pmatrix} 2 \\ 0 \\ 0 \end{pmatrix} \circ \begin{pmatrix} 1 \\ 0 \\ 4 \end{pmatrix}}{\left| \begin{pmatrix} 2 \\ 0 \\ 0 \end{pmatrix} \right| \cdot \left| \begin{pmatrix} 1 \\ 0 \\ 4 \end{pmatrix} \right|} = \dfrac{2}{2 \cdot \sqrt{17}}$

   $\Rightarrow \alpha = 75{,}96°$

32

c) Die Turmdachfläche besteht aus vier kongruenten (gleichschenkligen) Dreiecken (z. B. $\triangle PQT$).

$$A_{\text{Turmdach}} = 4 \cdot \frac{1}{2} |\overrightarrow{PQ} \times \overrightarrow{PT}| = 2 \cdot \left| \begin{pmatrix} 2 \\ 0 \\ 0 \end{pmatrix} \times \begin{pmatrix} 1 \\ 1 \\ 4 \end{pmatrix} \right| = 2 \cdot \left| \begin{pmatrix} 0-0 \\ 0-8 \\ 2-0 \end{pmatrix} \right| = 2 \cdot \left| \begin{pmatrix} 0 \\ -8 \\ 2 \end{pmatrix} \right|$$

$$= 2\sqrt{68} = 2 \cdot 2\sqrt{17} \approx 16{,}49$$

oder:

Vorsicht! Die Höhe des Dreiecks PQT ist **un**gleich 4, da P, Q und T **nicht** in einer zur x_3-Achse parallelen Ebene liegen.

Die Höhe h des Dreiecks PQT kann jedoch berechnet werden.

$$h^2 = \overline{LM}^2 + \overline{MT}^2 = 1^2 + 4^2 \Rightarrow h = \sqrt{17}$$

oder

$h = |\overrightarrow{LT}|$ mit $L(3|2|9)$

$$h = \left| \begin{pmatrix} 3 \\ 3 \\ 13 \end{pmatrix} - \begin{pmatrix} 3 \\ 2 \\ 9 \end{pmatrix} \right| = \left| \begin{pmatrix} 0 \\ 1 \\ 4 \end{pmatrix} \right| = \sqrt{1^2 + 4^2} = \sqrt{17}$$

und somit:

$$A_{\text{Turmdach}} = 4 \cdot \frac{1}{2} \cdot |\overrightarrow{PQ}| \cdot h = 2 \cdot 2 \cdot \sqrt{17} \approx 16{,}49$$

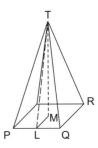

d) Der Endpunkt der Strebe heiße S.
Es muss gelten:
(1) $S \in [PT]$
(2) $\overrightarrow{RS} \perp \overrightarrow{PT}$

Wegen

$g_{PT}: \vec{X} = \begin{pmatrix} 2 \\ 2 \\ 9 \end{pmatrix} + \tau \cdot \left[\begin{pmatrix} 3 \\ 3 \\ 13 \end{pmatrix} - \begin{pmatrix} 2 \\ 2 \\ 9 \end{pmatrix} \right] \quad \tau \in \mathbb{R}$

$\vec{X} = \begin{pmatrix} 2 \\ 2 \\ 9 \end{pmatrix} + \tau \cdot \begin{pmatrix} 1 \\ 1 \\ 4 \end{pmatrix} \quad \tau \in \mathbb{R}$

folgt aus (1):

$\vec{S} = \begin{pmatrix} 2 \\ 2 \\ 9 \end{pmatrix} + \tau \cdot \begin{pmatrix} 1 \\ 1 \\ 4 \end{pmatrix} \quad \tau \in [0; 1]$

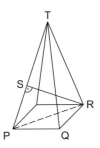

Aus (2) folgt:

$$\overrightarrow{RS} \circ \overrightarrow{PT} = 0$$

$$[\vec{S} - \vec{R}] \circ [\vec{T} - \vec{P}] = 0$$

$$\left[\begin{pmatrix} 2 \\ 2 \\ 9 \end{pmatrix} + \tau \cdot \begin{pmatrix} 1 \\ 1 \\ 4 \end{pmatrix} - \begin{pmatrix} 4 \\ 4 \\ 9 \end{pmatrix} \right] \circ \left[\begin{pmatrix} 3 \\ 3 \\ 13 \end{pmatrix} - \begin{pmatrix} 2 \\ 2 \\ 9 \end{pmatrix} \right] = 0$$

$$\begin{pmatrix} -2 + \tau \\ -2 + \tau \\ 4\tau \end{pmatrix} \circ \begin{pmatrix} 1 \\ 1 \\ 4 \end{pmatrix} = 0$$

$$-2 + \tau - 2 + \tau + 16\tau = 0$$

$$18\tau = 4$$

$$\tau = \frac{2}{9}$$

$$\vec{S} = \begin{pmatrix} 2 \\ 2 \\ 9 \end{pmatrix} + \frac{2}{9} \cdot \begin{pmatrix} 1 \\ 1 \\ 4 \end{pmatrix} = \begin{pmatrix} \frac{20}{9} \\ \frac{20}{9} \\ \frac{89}{9} \end{pmatrix} \quad \Rightarrow \quad S\left(\frac{20}{9} \,\middle|\, \frac{20}{9} \,\middle|\, \frac{89}{9} \right)$$

$$\overrightarrow{RS} = \begin{pmatrix} -\frac{16}{9} \\ -\frac{16}{9} \\ \frac{8}{9} \end{pmatrix}, \quad |\overrightarrow{RS}| = \sqrt{\frac{256}{81} + \frac{256}{81} + \frac{64}{81}} = \frac{24}{9} = \frac{8}{3}$$

3. Sonnenstrahl: $\overrightarrow{X} = \begin{pmatrix} 7 \\ 2 \\ 6 \end{pmatrix} + \xi \cdot \begin{pmatrix} 1 \\ 4 \\ -2 \end{pmatrix} \quad \xi \in \mathbb{R}$

x_1-x_2-Ebene $(x_3 = 0) \cap$ Sonnenstrahl:

$$6 - 2\xi = 0$$

$$\xi = 3 \quad \Rightarrow \quad \text{Schnittpunkt } \overrightarrow{S_2} = \begin{pmatrix} 7 \\ 2 \\ 6 \end{pmatrix} + 3 \begin{pmatrix} 1 \\ 4 \\ -2 \end{pmatrix}$$

Schnittpunkt S_2: $(10 | 14 | 0)$

Nein, da sich der Punkt $(10 | 14 | 0)$ nicht im Kircheninneren befindet (siehe Grundriss).

Anmerkung: Der Sonnenstrahl trifft in der Apsis (dem Halbzylinder) auf die Wand auf.

Auch eine zeichnerische Lösung ist mit entsprechenden Projektionen möglich.

Vektor $\begin{pmatrix} 1 \\ 0 \\ -2 \end{pmatrix}$

$\Rightarrow x_1 = 10$

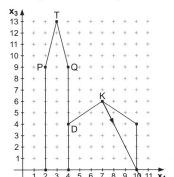

Vektor $\begin{pmatrix} 0 \\ 4 \\ -2 \end{pmatrix}$

$\Rightarrow x_2 = 14$

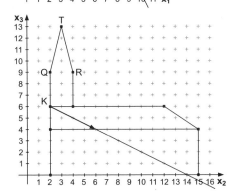

Kontrolle im Grundriss: (10|14|0) außerhalb des Kirchenschiffs

Vektor $\begin{pmatrix} 1 \\ 4 \\ 0 \end{pmatrix}$

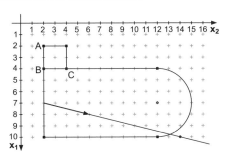

Abitur Mathematik (Bayern): Übungsaufgabe 2
Prüfungsteil A

Analysis

BE

1. Gegeben ist der Graph der Funktion f(x). Entscheiden Sie, ob die folgenden Aussagen richtig oder falsch sind, und begründen Sie Ihre Antworten.

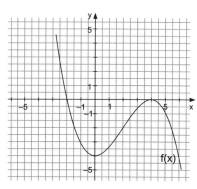

a) Die Funktion f(x) lässt sich in der Form $f(x) = a(x+b)(x+c)^2$ angeben.   2

b) Es gilt: $f''(4) = 0$ 2

c) Der Graph der Ableitungsfunktion f'(x) ist eine nach unten geöffnete Parabel.   2

2. Wo besitzt der Graph der Funktion
$$f(x) = 3\sin(4x+1) + 5$$
waagrechte Tangenten?   4

3. Berechnen Sie die Schnittpunkte der beiden Funktionen.
$$f(x) = \frac{3x}{x+1} \qquad g(x) = 8 - \frac{7x}{x-3}$$
   4

4. Gegeben ist die Funktion
$$f(x) = 2\ln(x+3).$$

a) Bestimmen Sie Definitions- und Wertebereich der Funktion.   2

b) Bestimmen Sie den Term der Umkehrfunktion $f^{-1}(x)$.   3

c) Geben Sie Definitions- und Wertemenge der Umkehrfunktion an.   1

   20

Stochastik

BE

1. Die folgende Tabelle zeigt Daten über die Schulabschlussarten, die das Statistische Bundesamt für das Jahr 2007 veröffentlicht hat.

Abschlussart	Absolventen/Abgänger insgesamt		darunter weiblich	
	absolut	anteilig*	absolut	anteilig*
ohne Hauptschulabschluss	70 547	7,3 %	26 299	5,5 %
mit Hauptschulabschluss	228 616	23,7 %	97 426	20,5 %
mit Realschulabschluss	392 637	40,7 %	197 207	41,6 %
mit Fachhochschulreife	14 068	1,5 %	7 506	1,6 %
mit allgemeiner Hochschulreife	259 176	26,8 %	145 856	30,7 %
insgesamt	965 044	100 %	474 294	100 %

© Statistisches Bundesamt, Wiesbaden 2009   * es handelt sich um gerundete Werte

a) Berechnen Sie die Wahrscheinlichkeit dafür, dass eine zufällig ausgewählte Schulabgängerin mindestens den Realschulabschluss erreicht hat.   2

b) Berechnen Sie die Wahrscheinlichkeit, dafür dass ein zufällig ausgewählter männlicher Schulabgänger die Schule ohne Hauptschulabschluss verlassen hat.   2

c) Es wird immer wieder behauptet, dass die Mädchen in der Schule erfolgreicher seien. Nehmen Sie auf der Grundlage der Zahlen für die Schulabgänger mit allgemeiner Hochschulreife zu dieser Behauptung Stellung.   3

2. Im Jahre 2007 galten für die Abiturprüfung in Bayern noch andere Bestimmungen, bei denen es möglich war, entweder „in Deutsch" oder „in einer Fremdsprache" oder auch „in beiden Fächern" die Prüfung abzulegen.
„Weder Deutsch noch eine Fremdsprache" war jedoch nicht gestattet.
2007 legten am Archimedes-Gymnasium 52,5 % aller Abiturienten die Prüfung in einer Fremdsprache ab, wobei 15 % aller Abiturienten sowohl in Deutsch als auch in einer Fremdsprache geprüft wurden.
Bestimmen Sie den Prozentsatz der Abiturienten, die in Deutsch geprüft wurden.

$\underline{3}$

10

Geometrie

BE

Gegeben ist die Ebene E: $2x_1 - x_2 - 2x_3 + 6 = 0$.

a) Untersuchen Sie, ob der Punkt $A(0\,|-6\,|\,3)$ der Ebene E angehört.

1

b) Bestimmen Sie eine Gleichung der Ebene F, die parallel zu E durch den Punkt $B(8\,|-7\,|\,4)$ verläuft.

2

c) Berechnen Sie den Abstand der beiden Ebenen E und F.

3

d) Geben Sie eine Gleichung der Geraden g an, die senkrecht auf E steht und durch den Punkt $P(-2\,|\,0\,|\,4)$ verläuft.

1

e) Berechnen Sie die Koordinaten des Schnittpunktes S der Geraden g mit der Ebene F.

3

10

Tipps und Hinweise

Analysis

Aufgabe 1 a

- Der Graph zeigt, dass die Funktion zwei Nullstellen besitzt.

- Für $x = -2$ hat f(x) eine einfache Nullstelle (f(x) wechselt das Vorzeichen).

- Für $x = 4$ hat f(x) eine doppelte Nullstelle (f(x) wechselt das Vorzeichen nicht; der Graph berührt die x-Achse in (4 | 0)).

- Hat eine Funktion eine Nullstelle für $x = k$, so muss sich der Funktionsterm durch $(x - k)$ dividieren lassen.

- Hat eine Funktion eine Nullstelle für $x = k$, so lässt sich der Funktionsterm als Produkt angeben, dessen einer Faktor $(x - k)$ lautet.

- Die Bestimmung der Parameter a, b und c ist nicht verlangt, hilft Ihnen aber – auch für andere Aufgaben – weiter.

Aufgabe 1 b

- Die 2. Ableitung bestimmt das Krümmungsverhalten einer Funktion.

- $f''(4) = 0$ bedeutet, dass die Funktion im Punkt (4 | 0) weder rechts- noch linksgekrümmt ist (siehe Merkhilfe).

- $f''(x_0) = 0$ ist ein Kriterium für einen Wendepunkt (siehe Merkhilfe).

- Der Graph zeigt, dass (4 | 0) doppelte Nullstelle und Maximum ist. Welchen Wert hat $f'(4)$ daher?

Aufgabe 1 c

- Die 1. Ableitung bestimmt das Monotonieverhalten einer Funktion.

- Es gilt:
  $f'(x) < 0 \implies$ f(x) fällt streng monoton.
  $f'(x) > 0 \implies$ f(x) steigt streng monoton (siehe Merkhilfe).

- Lesen Sie am Graphen ab, in welchen Intervallen f(x) fällt/steigt.

- Wo verläuft der Graph von f'(x) unterhalb/oberhalb der x-Achse?

- f(x) ist eine Polynomfunktion 3. Grades. Welchen Grad hat die Ableitungsfunktion?

- Wie nennt man den Graphen einer Polynomfunktion 2. Grades?

Aufgabe 2

- Eine Tangente ist waagrecht, wenn sie die Steigung null hat.

- Die Tangentensteigungen werden durch die 1. Ableitung angegeben (siehe Merkhilfe).

- Beachten Sie beim Ableiten, dass $(\sin x)' = \cos x$ gilt (siehe Merkhilfe).
- Vergessen Sie nicht, die Kettenregel anzuwenden (siehe Merkhilfe).
- Wo besitzt $g(x) = \cos x$ Nullstellen? Achten Sie auf die Periode von $\cos x$.
- Die „erste" Nullstelle von $\cos x$ befindet sich bei $x = \frac{\pi}{2}$.
- Benachbarte Nullstellen von $\cos x$ haben eine Entfernung von π.

Aufgabe 3

- Die Schnittpunkte von Funktionen ergeben sich durch Gleichsetzen der Funktionsterme.
- Wie nennt man eine solche Gleichung?
- Warum ist es wichtig, eine Definitionsmenge der Gleichung anzugeben?
- Erscheint x im Nenner, so muss darauf geachtet werden, dass der Nenner nicht null werden darf.
- Um weiteres Rechnen mit Bruchtermen zu vermeiden, multiplizieren Sie die Gleichung mit den auftretenden Nennern.
- Es ergibt sich eine quadratische Gleichung, die Sie mit der Formel (siehe Merkhilfe) lösen können.
- Achten Sie darauf, dass die Lösung der Definitionsmenge angehören muss.
- Da nach den Schnittpunkten (nicht den Schnittstellen) gefragt ist, müssen Sie auch den jeweiligen y-Wert berechnen.

Aufgabe 4 a

- Stellen Sie sich den Funktionsgraphen von $g(x) = \ln x$ vor.
- Für $g(x) = \ln x$ gilt $\mathbb{D}_g = \mathbb{R}^+$ (also $x > 0$) und $\mathbb{W}_g = \mathbb{R}$.
- Das Argument von $\ln x$ muss positiv sein.
- $f(x) = 2\ln(x + 3)$ ist im Vergleich zu $g(x) = \ln x$ in x-Richtung verschoben und in y-Richtung gestreckt.

Aufgabe 4 b

- „Umkehrfunktion" bedeutet, dass der Funktionsgraph an $y = x$ gespiegelt wird und in der Funktionsvorschrift x und y vertauscht werden.
- Die Funktionsvorschrift der Umkehrfunktion lautet somit zunächst $x = f(y)$.
- Lösen Sie diese Gleichung nach y auf, um die Funktionsvorschrift von $f^{-1}(x)$ zu erhalten.

Aufgabe 4 c

Da x und y vertauscht werden, müssen auch $\mathbb{D}$ und $\mathbb{W}$ vertauscht werden.

Es gilt $\mathbb{D}_{f^{-1}} = \mathbb{W}_f$ und $\mathbb{W}_{f^{-1}} = \mathbb{D}_f$.

Stochastik

Aufgabe 1 a

Beachten Sie, dass es sich um einen weiblichen Schulabgänger handelt.

Die Tabelle weist in der letzten Spalte die Prozentzahlen für die jeweiligen Schulabschlüsse *nur* für die weiblichen Schulabgänger aus (zu erkennen an den 100 % in der untersten Zeile).

Aufgabe 1 b

Die erste und zweite Zahlenspalte beziehen sich auf alle (männlichen und weiblichen) Schulabgänger.

Berechnen Sie die Gesamtzahl der männlichen Schulabgänger und die Anzahl der männlichen Schulabgänger ohne Hauptschulabschluss.

Bilden Sie den entsprechenden Quotienten.

Aufgabe 1 c

Vergleichen Sie die beiden Prozentzahlen in der zweiten und vierten Zahlenspalte.

Was folgt daraus für $P_{\female}$(allg. Hochschulreife)?

Sie können $P_{\male}$(allg. Hochschulreife) auch berechnen. Beachten Sie dabei die Tipps zu Aufgabe 1 b.

Aufgabe 2

Welche Prozentsätze lassen sich aus den beiden gegebenen erschließen?

Wie groß war der Prozentsatz derjenigen, die nicht in einer Fremdsprache geprüft wurden?

Was besagten die Bestimmungen für diese Abiturienten, die nicht in einer Fremdsprache geprüft wurden?

Legen Sie eine Vierfeldertafel an.

Geometrie

Aufgabe a

Liegt ein Punkt in einer Ebene, so erfüllen seine Koordinaten die Ebenengleichung.

Setzen Sie die Koordinaten von A in die Ebenengleichung E ein. Ist diese erfüllt?

Aufgabe b

/ Zwei Ebenen sind parallel, wenn ihre Normalenvektoren parallel (oder sogar identisch) sind.

/ Benutzen Sie die Formel für die Normalenform einer Ebene in Koordinatenform (siehe Merkhilfe).

/ Verwenden Sie den Punkt B, der in F liegt, um n_0 zu bestimmen.

/ Liegt ein Punkt in einer Ebene, so erfüllen seine Koordinaten die Ebenengleichung.

Aufgabe c

/ Der Abstand paralleler Ebenen ist gleich dem Abstand eines beliebigen Punktes der einen Ebene zur anderen Ebene.

/ Für die Berechnung des Abstands eines Punktes von einer Ebene gibt es eine Formel.

/ Die Formel entsteht aus der Normalenform der Ebene. Diese wird durch die Länge des Normalenvektors dividiert (Hessesche Normalenform).

/ In der Normalenform muss jedes x_i durch die entsprechende Koordinate des Punktes, dessen Abstand von der Ebene berechnet werden soll, ersetzt werden. Man dividiert den Absolutbetrag des sich ergebenden Werts durch die Länge des Normalenvektors.

/ Verwenden Sie die Formel $d(P; E) = \dfrac{|n_1 p_1 + n_2 p_2 + n_3 p_3 + n_0|}{|\vec{n}|}$.

Aufgabe d

/ Eine Gerade, die senkrecht auf einer Ebene steht, heißt Lotgerade oder Normale.

/ Welchen Richtungsvektor besitzt eine Lotgerade/Normale auf eine Ebene?

/ Da der Normalenvektor der Ebene senkrecht auf der Ebene steht, lässt er sich als Richtungsvektor der Geraden verwenden.

/ Verwenden Sie P als Aufpunkt und den Normalenvektor als Richtungsvektor.

Aufgabe e

/ Alle Punkte auf der Geraden g erfüllen die Geradengleichung. Somit lässt sich jeder Punkt auf g schreiben als: $(-2 + 2k \,|\, -k \,|\, 4 - 2k)$

/ Der Schnittpunkt S liegt nicht nur auf g, sondern auch in der Ebene F, also müssen seine Koordinaten auch die Ebenengleichung erfüllen.

/ Setzen Sie $(-2 + 2k \,|\, -k \,|\, 4 - 2k)$ in die Normalenform der Ebene F ein.

/ Es ergibt sich eine Gleichung mit einer Unbekannten k.

/ Auflösen nach k und Einsetzen dieses Werts in die Geradengleichung liefert die Koordinaten des Schnittpunkts S.

Lösungen

Analysis

1. a) richtig

   Der Graph zeigt eine Funktion 3. Grades mit einer einfachen Nullstelle für $x = -2$ ($\Rightarrow b = 2$) und einer doppelten Nullstelle (da die x-Achse berührt wird) für $x = 4$ ($\Rightarrow c = -4$).
   Der Verlauf der Funktion ($f(x) \to +\infty$ für $x \to -\infty$ bzw. $f(x) \to -\infty$ für $x \to +\infty$) zeigt auch, dass $a < 0$ gelten muss.

   b) falsch

   Die Nullstelle $x = 4$ ist zugleich ein Extremwert, da der Graph die x-Achse berührt, die x-Achse also Tangente ist. Somit gilt $f'(4) = 0$.
   Die Krümmung wird jedoch an der Stelle $x = 4$ nicht zu null (Rechtskrümmung bleibt erhalten).

   c) richtig

   Beim Ableiten erniedrigt sich der Grad um 1. Die 1. Ableitung zeigt die Monotonie:
   - In $]-\infty; 0[$ fällt $f(x)$, also gilt $f'(x) < 0$ in $]-\infty; 0[$.
   - In $]0; 4[$ steigt $f(x)$, also gilt $f'(x) > 0$ in $]0; 4[$.
   - In $]4; +\infty[$ fällt $f(x)$, also gilt $f'(x) < 0$ in $]4; +\infty[$.

   Der Graph von $f'(x)$ zeigt somit eine Funktion 2. Grades, die nur in $]0; 4[$ oberhalb der x-Achse liegt, also eine nach unten geöffnete Parabel.

2. Die 1. Ableitung gibt die Tangentensteigung an.
   $$f'(x) = 3\cos(4x + 1) \cdot 4 = 12\cos(4x + 1)$$
   Die Tangente verläuft waagrecht, wenn ihre Steigung null ist.
   $$12\cos(4x + 1) = 0 \quad \Rightarrow \quad \cos(4x + 1) = 0$$
   Die Nullstellen von $\cos a$ befinden sich bei $a = \frac{\pi}{2} + k\pi$ mit $k \in \mathbb{Z}$.
   Somit besitzt der Graph von $f(x)$ waagrechte Tangenten, falls:
   $$4x + 1 = \frac{\pi}{2} + k\pi \quad \Rightarrow \quad x = \frac{\pi}{8} - \frac{1}{4} + \frac{k}{4}\pi \text{ mit } k \in \mathbb{Z}$$

3. $\qquad f(x) = g(x)$

   $$\frac{3x}{x+1} = 8 - \frac{7x}{x-3} \qquad \mathbb{D} = \mathbb{R} \setminus \{-1; 3\}$$

   $$3x(x-3) = 8(x+1)(x-3) - 7x(x+1)$$

   $$3x^2 - 9x = 8x^2 - 24x + 8x - 24 - 7x^2 - 7x$$

   $$3x^2 - 9x = x^2 - 23x - 24$$

43

$$\Rightarrow \quad 2x^2 + 14x + 24 = 0$$
$$x^2 + 7x + 12 = 0$$

$$\Rightarrow \quad x = \frac{-7 \pm \sqrt{49 - 48}}{2} \quad \Rightarrow \quad x_1 = -4 \quad x_2 = -3$$

Schnittpunkte: $(-4 \mid 4)$ und $(-3 \mid 4,5)$

4. a) $x + 3 > 0 \quad \Rightarrow \quad x > -3 \quad \Rightarrow \quad \mathbb{D}_f = \,]-3; +\infty[$

$\mathbb{W}_f = \mathbb{R}$ da $f(x)$ durch Verschiebung um 3 nach links und durch Streckung mit dem Faktor 2 aus $\ln x$ entsteht.

b) f: $y = 2\ln(x + 3)$

Vertauschen von x und y:
f^{-1}: $x = 2\ln(y + 3)$

Auflösen nach y:

$$\frac{1}{2}x = \ln(y + 3)$$

$$e^{\frac{1}{2}x} = y + 3$$

$$y = e^{\frac{1}{2}x} - 3$$

$$f^{-1}(x) = e^{\frac{1}{2}x} - 3$$

c) $\mathbb{D}_{f^{-1}} = \mathbb{W}_f = \mathbb{R}$

$\mathbb{W}_{f^{-1}} = \mathbb{D}_f = \,]-3; +\infty[$

Stochastik

1. a) $P = 41,6\,\% + 1,6\,\% + 30,7\,\% = 73,9\,\%$

b) Gesamtzahl der männlichen Schulabgänger:
$965\,044 - 474\,294 = 490\,750$

Anzahl der männlichen Schulabgänger ohne Hauptschulabschluss:
$70\,547 - 26\,299 = 44\,248$

$$P = \frac{44\,248}{490\,750} \approx 0,090 = 9\,\%$$

c) $P_\female$(allg. Hochschulreife) $= 30,7\,\%$ (siehe Tabelle)

P(allg. Hochschulreife) $= 26,8\,\%$ (siehe Tabelle)

Die Einbeziehung der männlichen Schulabgänger verringert somit die Wahrscheinlichkeit, also muss gelten:

$P_{\male}$(allg. Hochschulreife) $< P_{\female}$(allg. Hochschulreife)

Die Zahlen bestätigen somit die Behauptung.

$P_{\male}$(allg. Hochschulreife) lässt sich – ähnlich wie in Aufgabe 1 b – auch berechnen. Dies ist jedoch nicht verlangt, kann aber zur Begründung ebenso benutzt werden:

$$P_{\male}(\text{allg. Hochschulreife}) = \frac{259\,176 - 145\,856}{490\,750} \approx 0{,}231 = 23{,}1\,\% < 30{,}7\,\%$$

2. P(nicht in einer Fremdsprache geprüft) $= 1 - 0{,}525 = 0{,}475 = 47{,}5\,\%$

Da jeder, der nicht in einer Fremdsprache geprüft wurde, in Deutsch geprüft werden musste, gilt somit:
P(Deutsch, aber nicht Fremdsprache geprüft) $= 47{,}5\,\%$

Und damit:
P(Deutsch geprüft) $=$ P(Deutsch, aber nicht Fremdsprache geprüft
$\qquad\qquad\qquad\qquad +$ P(Deutsch und Fremdsprache geprüft)
$\qquad\qquad\quad = 47{,}5\,\% + 15\,\% = 62{,}5\,\%$

oder:
P(Deutsch geprüft) $= 1 - [$P(Fremdsprache geprüft) $-$ P(Deutsch und Fremdsprache geprüft)$] = 1 - [0{,}525 - 0{,}15] = 0{,}625$

oder:
Sehr übersichtlich mit einer Vierfeldertafel:

	D	$\overline{\text{D}}$	
F	15 %		52,5 %
$\overline{\text{F}}$	**47,5 %**	0 %	**47,5 %**
	62,5 %		100 %

Die zu berechnenden Werte sind fett gedruckt.

Somit: P(D) $= 62{,}5\,\%$

Geometrie

a) E: $2x_1 - x_2 - 2x_3 + 6 = 0$

Einsetzen der Koordinaten von A$(0\,|-6\,|\,3)$ ergibt:
$2 \cdot 0 - (-6) - 2 \cdot 3 + 6 = 0 + 6 - 6 + 6 = 6 \neq 0$

Somit liegt A nicht in der Ebene E.

b) $n_F = n_E = \begin{pmatrix} 2 \\ -1 \\ -2 \end{pmatrix}$

F: $2x_1 - x_2 - 2x_3 + n_0 = 0$

Einsetzen von B(8|−7|4) ergibt:

$$2 \cdot 8 - (-7) - 2 \cdot 4 + n_0 = 0$$
$$15 + n_0 = 0$$
$$n_0 = -15$$

Somit:

F: $2x_1 - x_2 - 2x_3 - 15 = 0$

c) Da kein Punkt der Ebene E gegeben ist, jedoch $B \in F$ gilt, formt man um:

$$d(E; F) = d(B; E) = \frac{|2 \cdot 8 - (-7) - 2 \cdot 4 + 6|}{\sqrt{2^2 + (-1)^2 + (-2)^2}} = \frac{21}{3} = 7$$

Die beiden Ebenen E und F haben also einen Abstand von 7 LE.

d) g: $\vec{X} = \begin{pmatrix} -2 \\ 0 \\ 4 \end{pmatrix} + k \begin{pmatrix} 2 \\ -1 \\ -2 \end{pmatrix} \qquad k \in \mathbb{R}$

e) Da $S \in g$, gilt S(−2+2k|−k|4−2k). Eingesetzt in F erhält man:

$$2 \cdot (-2 + 2k) - (-k) - 2 \cdot (4 - 2k) - 15 = 0$$
$$-4 + 4k + k - 8 + 4k - 15 = 0$$
$$9k - 27 = 0$$
$$k = 3$$

Somit:

$$\vec{S} = \begin{pmatrix} -2 \\ 0 \\ 4 \end{pmatrix} + 3 \cdot \begin{pmatrix} 2 \\ -1 \\ -2 \end{pmatrix} = \begin{pmatrix} 4 \\ -3 \\ -2 \end{pmatrix} \quad \Rightarrow \quad S(4|-3|-2)$$

Abitur Mathematik (Bayern): Übungsaufgabe 2	
Prüfungsteil B – Analysis	

BE

1. Die Teenie-Pop-Gruppe „STARK" hat eine Casting-Show gewonnen und darf eine CD veröffentlichen. Der Musikverlag will die Absatzzahlen dieser CD durch zwei Funktionen (abhängig von der Zeit $t \geq 0$, gemessen in Monaten) modellieren. Für den „worst case" rechnet der Musikverlag mit einer Funktion $f(t)$ der Form

$$f(t) = \frac{A}{B + t^2},$$

im „best case" mit einer Funktion $g(t)$ der Form

$$g(t) = \frac{a}{b + (c - t)^2}.$$

a) Bestimmen Sie die Parameter A und B der Funktion $f(t)$, wenn im ersten Monat ($t = 0$) ein Absatz von 4 000 CDs und im 4. Monat noch ein Absatz von 1 000 CDs erzielt wird. 4

$$\left[\text{zur Kontrolle: } f(t) = \frac{12\,000}{3 + t^2} \right]$$

b) Begründen Sie, dass nach diesem „worst-case"-Modell $f(t)$ die Absatzzahlen ständig fallen. 3

c) Bestimmen Sie die Parameter a, b und c der Funktion $g(t)$, wenn im ersten Monat (auch hier wieder $t = 0$) ein Absatz von 3 000 CDs und im 4. Monat der größte Absatz mit 4 000 CDs erzielt wird. 7

$$\left[\text{zur Kontrolle: } g(t) = \frac{108\,000}{27 + (3 - t)^2} \right]$$

d) In welchem Monat ist beim „best-case"-Modell $g(t)$ die stärkste Abnahme des Absatzes zu erwarten? 6

e) Zu welchem Zeitpunkt ist die Anzahl der verkauften CDs für beide Modelle gleich? 3

f) In welchem Monat ist nach dem „worst-case"-Modell $f(t)$ die vom Musik-Verlag vorgegebene Grenze von mindestens 500 monatlich verkauften CDs unterschritten?
Zeigen Sie, dass das im „best-case"-Modell $g(t)$ auch im 16. Monat noch nicht der Fall ist. 4

g) Skizzieren Sie die beiden Modellfunktionen innerhalb des jeweiligen Verkaufszeitraums in ein gemeinsames Koordinatensystem. 4

47

2. Betrachtet wird nun die Funktionenschar $h_{AB}(x)$ (siehe „worst-case"-Modell)

$h_{AB}(x) = \dfrac{A}{B + x^2}$ mit A, B und $x \in \mathbb{R}^+$.

a) Zeigen Sie, dass $h_{AB}(x)$ für alle A, B, $x \in \mathbb{R}^+$ umkehrbar ist.　　　　2

b) Geben Sie den Term der Umkehrfunktion $h_{AB}^{-1}(x)$ sowie den zugehörigen
   Definitionsbereich und die Wertemenge von $h_{AB}^{-1}(x)$ an.　　　　4

3. Der Graph der Funktion g(t) lässt sich im Intervall [0; 6] durch eine Parabel
   annähern. Geben Sie die Gleichung dieser Parabel p(x) an.　　　　<u>3</u>

　　　　　　　　　　　　　　　　　　　　　　　　　　　　　　　　40

Tipps und Hinweise

Aufgabe 1 a
- Zur Bestimmung von zwei Parametern benötigen Sie zwei Gleichungen.
- Im Text sind zwei Funktionswerte gegeben.
- Beachten Sie – für die gesamte Aufgabe! –, dass „im ersten Monat" $t = 0$ bedeutet.
- Entsprechendes gilt für „im 4. Monat".
- Da mit den Funktionen Absatzzahlen angegeben werden sollen, wundern Sie sich nicht über große Zahlen.

Aufgabe 1 b
- „Ständig fallen" entspricht dem Monotonieverhalten.
- Das Monotonieverhalten lässt sich mit der 1. Ableitung bestimmen.
- Beachten Sie beim Ableiten die Quotientenregel (siehe Merkhilfe).
- Im Zähler steht eine Konstante, somit gilt (Zähler)$' = 0$.
- Ist $f'(t) < 0$, so fällt $f(t)$ (siehe Merkhilfe).

Aufgabe 1 c
- Zur Bestimmung von drei Parametern benötigen Sie drei Gleichungen.
- Im Text sind zwei Funktionswerte gegeben.
- Der zweite Funktionswert ist zugleich Maximum.
- Die Maximumbedingung erlaubt die Bestimmung von c.
- Überlegen Sie, für welches c der Funktionswert an der Stelle $t = 3$ maximal wird.
- Besitzt ein Bruch einen konstanten Zähler, so ist der Wert des Bruches umso größer, je kleiner der Nenner ist.
- Der Nenner ist eine Summe mit konstantem 1. Summanden.
- Der zweite Summand ist ein Quadrat, also nicht negativ.
- Wann ist der 2. Summand null?

  oder:
- Berechnen Sie den Parameter c über die Bedingung $g'(3) = 0$.
- Beim Ableiten Quotienten- und Kettenregel beachten (siehe Merkhilfe).
- Im Zähler steht eine Konstante, somit gilt (Zähler)$' = 0$.
- Ein Bruch hat den Wert null, wenn der Zähler null ist.
- Einsetzen von c in die ersten beiden Gleichungen liefert zwei Gleichungen mit den beiden Unbekannten a und b.

49

Aufgabe 1 d

- g(t) beschreibt die Absatzzahlen.

- g'(t) beschreibt die Änderung der Absatzzahlen, also deren Zu- oder Abnahme.

- Eine extreme Änderung (egal, ob Zu- oder Abnahme) ergibt sich durch die Null-stellen der Ableitung der Änderung, also $(g'(t))' = 0$, somit $g''(t) = 0$.

- Das Bilden der Ableitungen ist übersichtlicher, wenn Sie den Nenner von g(t) ohne Klammer schreiben.

- Beim Ableiten die Quotientenregel beachten (siehe Merkhilfe).

- Im Zähler von g(t) steht eine Konstante, somit gilt $(Zähler)' = 0$.

- Bei der 2. Ableitung kann mit $(36 - 6t + t^2)$ gekürzt werden.

- Es ergeben sich zwei Lösungen für t.

- Sie sollen die Stelle der stärksten Abnahme bestimmen.

- Die Absatzzahlen (g(t)) müssen für das berechnete t also fallen.

- Gemäß Angabe und Aufgabe 1 c steigt g(t) in]0; 3[und fällt in]3; +∞[.

- Berücksichtigen Sie bei der Antwort, dass „im ersten Monat" $t = 0$ bedeutet.

Aufgabe 1 e

- Die y-Werte der beiden Funktionen f(t) und g(t) müssen übereinstimmen.

- Multiplizieren Sie die Gleichung mit beiden Nennern.

- Sie erhalten eine quadratische Gleichung für t.

- Lösung erfolgt mithilfe der Formel (siehe Merkhilfe).

- Eine Lösung fällt wegen $t \geq 0$ weg.

- Berücksichtigen Sie bei der Antwort, dass „im ersten Monat" $t = 0$ bedeutet.

Aufgabe 1 f

- Lösen Sie die Ungleichung $f(t) < 500$ nach t auf.

- Beachten Sie die Vorgabe $t \geq 0$.

- „Im 16. Monat" bedeutet $t = 15$.

- Berechnen Sie g(15) und vergleichen Sie mit der angegebenen Grenze.

Aufgabe 1 g

- Für den Graphen von f(t) beachten Sie die Ergebnisse aus den Aufgaben 1 a, b, e, f.

- Für den Graphen von g(t) beachten Sie die Ergebnisse aus den Aufgaben 1 c, d, e, f.

Aufgabe 2 a

- Wann ist eine Funktion umkehrbar?

- Das Monotonieverhalten lässt sich mit der 1. Ableitung bestimmen.

- Beachten Sie beim Ableiten die Quotientenregel (siehe Merkhilfe).

- Der Zähler von $h_{AB}(x)$ ist eine Konstante, somit gilt (Zähler)' $= 0$.

Aufgabe 2 b

- „Umkehrfunktion" bedeutet, dass der Funktionsgraph an $y = x$ gespiegelt und in der Funktionsvorschrift x und y vertauscht werden.

- Die Funktionsvorschrift der Umkehrfunktion h_{AB}^{-1} lautet somit zunächst $x = h_{AB}(y)$.

- Lösen Sie diese Gleichung nach y auf, um die Funktionsvorschrift von h_{AB}^{-1} zu erhalten.

- Da x und y vertauscht wurden, müssen auch $\mathbb{D}$ und $\mathbb{W}$ vertauscht werden.

- Es gilt: $\mathbb{D}_{h_{AB}^{-1}} = \mathbb{W}_{h_{AB}}$ und $\mathbb{W}_{h_{AB}^{-1}} = \mathbb{D}_{h_{AB}}$

Aufgabe 3

- Die Parabel muss in [0; 6] durch die drei Punkte von g(t) verlaufen, die Sie auch für die Skizze in Aufgabe 1 g verwendet haben.

- (3 | 4 000) muss der Scheitel der Parabel sein.

- Zur Bestimmung der Funktionsgleichung von p(x) können Sie die Scheitelform der Parabel verwenden: $y = a(x-b)^2 + c$, wobei (b | c) die Koordinaten des Scheitels sind

- a ergibt sich durch Einsetzen eines weiteren Punktes auf der Parabel.

- Da die Parabel nach unten geöffnet ist, muss sich für a ein negativer Wert ergeben.

oder:

- Zur Bestimmung der Funktionsgleichung von p(x) die allgemeine Form einer Polynomfunktion 2. Grades verwenden:. $y = Ax^2 + Bx + C$

- Zur Bestimmung der Parameter A, B und C werden die Koordinaten der drei Punkte eingesetzt, durch die die Parabel verlaufen soll.

- Da die Parabel nach unten geöffnet ist, muss sich für A ein negativer Wert ergeben.

Lösungen

1. a) $f(t) = \dfrac{A}{B + t^2}$ $\mathbb{D} = \mathbb{R}_0^+$

    I. $f(0) = 4\,000 \;\Rightarrow\; \dfrac{A}{B} = 4\,000 \;\Rightarrow\; A = 4\,000B$

    II. $f(3) = 1\,000 \;\Rightarrow\; \dfrac{A}{B + 9} = 1\,000$

    $\Rightarrow\; \dfrac{4\,000B}{B + 9} = 1\,000$

     $4\,000B = 1\,000B + 9\,000$

     $3\,000B = 9\,000$

      $B = 3 \;\Rightarrow\; A = 12\,000 \;\Rightarrow\; f(t) = \dfrac{12\,000}{3 + t^2}$

  b) $f'(t) = \dfrac{0 \cdot (3 + t^2) - 12\,000 \cdot 2t}{(3 + t^2)^2} = -\dfrac{24\,000t}{(3 + t^2)^2} < 0 \;\; \text{für } t > 0$

Die Funktion $f(t)$ ist also für $t > 0$ streng monoton fallend (besitzt nur ein Rand-maximum für $t = 0$).

  c) $g(t) = \dfrac{a}{b + (c - t)^2}$ $\mathbb{D} = \mathbb{R}_0^+$

    1. $g(0) = 3\,000 \;\Rightarrow\; \dfrac{a}{b + c^2} = 3\,000$

    2. $g(3) = 4\,000 \;\Rightarrow\; \dfrac{a}{b + (c - 3)^2} = 4\,000$

    3. Max für $t = 3 \;\Rightarrow\; c = 3$

      Der Bruch $\dfrac{a}{b + (c - t)^2}$ besitzt den konstanten Zähler a.
      Der Wert des Bruches ist also dann am größten, wenn
      der Nenner am kleinsten ist. Da der Summand b kons-
      tant ist, muss der – nie negative! – Summand $(c - t)^2$
      möglichst klein werden.
      Für $t = 3$ ist $(c - 3)^2$ dann am kleinsten, wenn $c = 3$ gilt,
      denn dann ist $(c - 3)^2 = 0$.

    oder:

     $g'(3) = 0$ mit $g'(x) = \dfrac{0 \cdot [b + (c - t)^2] - a \cdot 2(c - t) \cdot (-1)}{[b + (c - t)^2]^2} = \dfrac{2a(c - t)}{[b + (c - t)^2]^2}$

$$g'(3) = \frac{2a(c-3)}{[b+(c-3)^2]^2} \overset{!}{=} 0$$

$$2a(c-3) = 0$$
$$c - 3 = 0 \qquad \text{da } a \neq 0 \ (a = 0 \text{ würde } g(t) = 0 \text{ bedeuten})$$
$$c = 3$$

$c = 3$ eingesetzt in 1. und 2. ergibt:

1. $\dfrac{a}{b+9} = 3\,000$

2. $\dfrac{a}{b} = 4\,000 \quad \Rightarrow \quad a = 4\,000b$

In 1.: $\dfrac{4\,000b}{b+9} = 3\,000 \quad \Rightarrow \quad 1\,000b = 27\,000 \quad \Rightarrow \quad b = 27$

$$g(t) = \frac{108\,000}{27 + (3-t)^2} = \frac{108\,000}{36 - 6t + t^2}$$

d) Die Stelle der „stärksten Abnahme" entspricht der Stelle der „extremen Änderung", also der Extremstelle der 1. Ableitung, also der Nullstelle der 2. Ableitung.

$$g'(t) = \frac{0 \cdot (36 - 6t + t^2) - 108\,000 \cdot (-6 + 2t)}{(36 - 6t + t^2)^2} = \frac{648\,000 - 216\,000t}{(36 - 6t + t^2)^2}$$

$$g''(t) = \frac{-216\,000 \cdot (36 - 6t + t^2)^2 - (648\,000 - 216\,000\,t) \cdot 2(36 - 6t + t^2)(-6 + 2t)}{(36 - 6t + t^2)^4}$$

$$= \frac{-216\,000 \cdot (36 - 6t + t^2) - (648\,000 - 216\,000\,t) \cdot 2(-6 + 2t)}{(36 - 6t + t^2)^3}$$

$$= \frac{-7\,776\,000 + 1\,296\,000t - 216\,000t^2 + 7\,776\,000 - 2\,592\,000t - 2\,592\,000t + 864\,000t^2}{(36 - 6t + t^2)^3}$$

$$= \frac{648\,000t^2 - 3\,888\,000t}{(36 - 6t + t^2)^3}$$

$$g''(t) = 0 \quad \Rightarrow \quad 648\,t^2 - 3\,888\,t = 0 \qquad t = 0 \qquad (0 \mid 3\,000)$$
$$648\,t - 3\,888 = 0 \qquad t = 6 \qquad (6 \mid 3\,000)$$

Nach 1 Monat und nach 7 Monaten ergibt sich eine extreme Änderung.
Gemäß Angabe und Aufgabe 1 c besitzt g(t) für t = 3 ein Maximum.
Wegen $g'(t) > 0$ in]0; 3[und $g'(t) < 0$ in]3; $+\infty$[steigt g(t) in]0; 3[und fällt in]3; $+\infty$[. Die stärkste Abnahme ergibt sich somit für t = 6.

e) $\qquad f(t) = g(t)$

$$\frac{12\,000}{3+t^2} = \frac{108\,000}{27+(3-t)^2}$$

$12(36 - 6t + t^2) = 108(3 + t^2)$
$432 - 72t + 12t^2 = 324 + 108t^2$
$96t^2 + 72t - 108 = 0$ $\qquad\qquad$ leichter: $8t^2 + 6t - 9 = 0$

$$t = \frac{-72 \pm \sqrt{5184 + 41472}}{192} \qquad\qquad t = \frac{-6 \pm \sqrt{36 + 288}}{16}$$

$$= \frac{-72 \,(\pm)\, 216}{192} = \frac{3}{4} \qquad\qquad = \frac{-6 \,(\pm)\, 18}{16} = \frac{3}{4}$$

$\left(t = -\frac{3}{2} \text{ scheidet wegen } t \geq 0 \text{ aus.}\right)$

Nach 1,75 Monaten sind die Verkaufszahlen gleich, nämlich:

$f\left(\frac{3}{4}\right) = g\left(\frac{3}{4}\right) \approx 3\,368$

f) $\quad f(t) < 500$

$$\frac{12\,000}{3+t^2} < 500$$

$12\,000 < 1\,500 + 500\,t^2$
$21 < t^2$
$t > 4{,}58$

Nach 5,58 Monaten, also im 6. Monat, ist im „worst case" die Grenze von mindestens 500 verkauften CDs unterschritten.

$g(15) \stackrel{?}{>} 500$

$g(15) = \dfrac{108\,000}{27+(3-15)^2} \approx 632 > 500$

Im „best case" ist die Grenze im 16. Monat noch nicht unterschritten.

g)
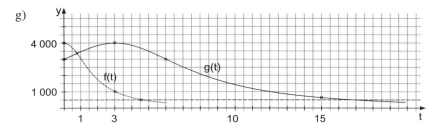

2. a) $h_{AB}(x) = \dfrac{A}{B + x^2}$ mit $\mathbb{D}_{h_{AB}} = \mathbb{R}^+$

$h'_{AB}(x) = \dfrac{0 \cdot (B + x^2) - A \cdot 2x}{(B + x^2)^2} = -\dfrac{2Ax}{(B + x^2)^2} < 0$

$h'_{AB}(x) < 0$, da $2Ax > 0$ (wegen A, $x \in \mathbb{R}^+$) und $(B + x^2)^2 > 0$ (wegen Quadrat und B, $x \in \mathbb{R}^+$).

Da $h_{AB}(x)$ in $\mathbb{R}^+$ streng monoton fallend ist, ist die Schar auch umkehrbar.

b) $h_{AB}: \ y = \dfrac{A}{B + x^2}$

Vertauschen von x und y:

$h_{AB}^{-1}: \ x = \dfrac{A}{B + y^2}$

Auflösen nach y:

$B + y^2 = \dfrac{A}{x}$

$y^2 = \dfrac{A}{x} - B$

$y = \sqrt{\dfrac{A}{x} - B}$

$h_{AB}^{-1} = \sqrt{\dfrac{A}{x} - B} = \sqrt{\dfrac{Ax - Bx^2}{x^2}} = \dfrac{1}{x}\sqrt{Ax - Bx^2}$

$\mathbb{W}_{h_{AB}^{-1}} = \mathbb{D}_{h_{AB}} = \mathbb{R}^+$

$\mathbb{D}_{h_{AB}^{-1}} = \mathbb{W}_{h_{AB}} = \left]\,0;\dfrac{A}{B}\,\right[$

$\mathbb{W}_{h_{AB}} = \left]\,0;\dfrac{A}{B}\,\right[$, da $\displaystyle\lim_{x \to 0} h_{AB} = \dfrac{A}{B}$

und $\displaystyle\lim_{x \to \infty} h_{AB} = 0$ (Grad Zähler < Grad Nenner)

und h_{AB} streng monoton ist.

3. Parabel durch $(0\,|\,3\,000)$, den Parabelscheitel $(3\,|\,4\,000)$ und $(6\,|\,3\,000)$.

$p(x) = a(x - b)^2 + c$ mit Scheitel $(b\,|\,c)$

$p(x) = a(x - 3)^2 + 4\,000$

$p(0) = a \cdot 9 + 4\,000 \overset{!}{=} 3\,000 \ \Rightarrow \ a = -\dfrac{1\,000}{9}$

$$p(x) = -\frac{1\,000}{9}(x-3)^2 + 4\,000$$

oder:

$$p(x) = Ax^2 + Bx + C$$

$$p(0) = C \overset{!}{=} 3\,000$$

$$p(3) = 9A + 3B + C \overset{!}{=} 4\,000$$

$$p(6) = 36A + 6B + C \overset{!}{=} 3\,000$$

$C = 3\,000$ eingesetzt ergibt: $\quad 9A + 3B = 1\,000$

$$36A + 6B = 0 \quad \Rightarrow \quad B = -6A$$

Es folgt:

$$9A - 18A = 1\,000 \quad \Rightarrow \quad A = -\frac{1\,000}{9} \quad \Rightarrow \quad B = \frac{2\,000}{3}$$

$$p(x) = -\frac{1\,000}{9}x^2 + \frac{2\,000}{3}x + 3\,000$$

Abitur Mathematik (Bayern): Übungsaufgabe 2	
Prüfungsteil B – Stochastik	

BE

Bei einer Casting-Show für Teenie-Pop-Gruppen sind nur drei Gruppen in die Endrunde gekommen. Die Entscheidung über die endgültige Platzierung liegt nun beim Publikum. Die Umfrage ergibt:

20 %	little big monsters
35 %	4-4-you
45 %	STARK

1. Mit welcher Wahrscheinlichkeit haben von 100 beliebig aus dem Publikum ausgesuchten Personen

    a) höchstens 50 für die Gruppe „STARK" gestimmt?   2

    b) mindestens 25 für die Gruppe „little big monsters" gestimmt?   2

2. Im Publikum sitzen 2 200 Leute, von denen 65 % weiblich sind. Die Hälfte aller Frauen im Publikum hat ihre Stimme der Gruppe „STARK" gegeben.

    a) Der anwesende und über alles wachende Notar behauptet daher: „Die Siegergruppe „STARK" ist bei allen unabhängig vom Geschlecht gleich beliebt." Nehmen Sie zu dieser Behauptung Stellung!   6

    b) Berechnen Sie die Wahrscheinlichkeit, dass jemand, der nicht für die Gruppe „STARK" gestimmt hat, männlich ist.   3

3. Die enttäuschten Anhänger der Gruppe „4-4-you" können nicht glauben, dass ihre Favoriten wirklich so schlecht abgeschnitten haben sollen. Sie behaupten gegenüber dem Notar, dass mindestens 40 % des Publikums für die Gruppe „4-4-you" gestimmt haben. Um ihren Einspruch zu überprüfen, befragt der Notar 200 beliebig ausgewählte Leute aus dem Publikum, ob sie für die Gruppe „4-4-you" gestimmt haben. Sollte er mindestens 80 Stimmen für die Gruppe „4-4-you" finden, so will er die Abstimmung des gesamten Publikums wiederholen lassen.

    a) Berechnen Sie die Wahrscheinlichkeit dafür, dass die Abstimmung nicht wiederholt wird, obwohl die Stimmanteile der beiden Gruppen „4-4-you" und „STARK" bei der ersten Auszählung vertauscht worden waren.   4

    b) Berechnen Sie die Wahrscheinlichkei dafür, dass die Abstimmung wiederholt wird, obwohl die erste Auszählung bereits richtig war.   3

                                                      20

Tipps und Hinweise

Aufgabe 1 a

✎ Was bedeutet „höchstens 50"?

✎ Es liegt eine Bernoulli-Kette vor. Die Trefferwahrscheinlichkeit kann den Umfrageergebnissen entnommen werden.

✎ Achten Sie beim Tabellenablesen darauf, dass es sich um eine kumulative Verteilung handelt.

Aufgabe 1 b

✎ Was bedeutet „mindestens 25"? Arbeiten Sie mit dem Gegenereignis.

✎ Es liegt eine Bernoulli-Kette vor. Die Trefferwahrscheinlichkeit kann den Umfrageergebnissen entnommen werden.

✎ Achten Sie beim Tabellenablesen darauf, dass es sich um eine kumulative Verteilung handelt.

Aufgabe 2 a

✎ Formulieren Sie die Aussage des Notars als Gleichung mit Wahrscheinlichkeiten.

✎ „Unabhängig vom Geschlecht gleich beliebt" bedeutet, dass die Wahrscheinlichkeit, für die Gruppe „STARK" zu stimmen, bei Frauen und Männern gleich groß ist.

✎ Die Wahrscheinlichkeit, für „STARK" zu stimmen, wenn man weiblich/männlich ist, ist eine bedingte Wahrscheinlichkeit.

✎ Vor der Berechnung der beiden bedingten Wahrscheinlichkeiten empfiehlt sich eine Übersicht über die gegebenen Größen, dabei ist es leichter mit absoluten Häufigkeiten zu arbeiten.

✎ Die Übersicht ergibt sich durch:
- eine Auflistung
- ein Baumdiagramm
- eine Vierfeldertafel

✎ Berechnen Sie nun die beiden bedingten Wahrscheinlichkeiten für das Ereignis „Person stimmt für STARK", wenn sie weiblich/männlich ist.

✎ $P_{\female}(S) = \dfrac{|\female \cap S|}{|\female|}$ und $P_{\male}(S) = \dfrac{|\male \cap S|}{|\male|}$

✎ Vergleichen Sie die beiden Wahrscheinlichkeiten und entscheiden Sie, ob der Notar recht hat.

Aufgabe 2 b

- Es handelt sich um eine bedingte Wahrscheinlichkeit.

- Die ausgewählte Person soll die Eigenschaft „männlich" haben. Bedingung ist, dass sie nicht für „STARK" gestimmt hat.

- Zähler und Nenner lassen sich der Übersicht entnehmen.

Aufgabe 3 a

- Wie viele Leute müssen für „4-4-you" stimmen, damit die Abstimmung **nicht** wiederholt wird?

- Wie groß ist die Wahrscheinlichkeit für „4-4-you" zu stimmen, wenn die Stimmanteile von „4-4-you" und „STARK" vertauscht wurden?

- Es handelt sich um eine Bernoulli-Kette.

- Achten Sie beim Tabellenablesen darauf, dass es sich um eine kumulative Verteilung handelt.

Aufgabe 3 b

- Wie viele Leute müssen für „4-4-you" stimmen, damit die Abstimmung wiederholt wird?

- Die Trefferwahrscheinlichkeit entspricht dem Umfrageergebnis.

- Achten Sie beim Tabellenablesen darauf, dass es sich um eine kumulative Verteilung handelt.

Lösungen

1. a) $P = \sum_{i=0}^{50} B(100; 0{,}45; i) \approx 0{,}86542 \approx 86{,}5\ \%$

   b) $P = \sum_{i=25}^{100} B(100; 0{,}2; i) = 1 - \sum_{i=0}^{24} B(100; 0{,}2; i) \approx 1 - 0{,}86865 = 0{,}13135 \approx 13{,}1\ \%$

2. a) Wenn der Notar recht hat, gilt $P_♀(S) = P_♂(S)$, wobei S für „hat STARK gewählt" steht. Zur besseren Übersicht bieten sich drei Möglichkeiten an:
   - Auflistung
     - 2 200 Leute, davon 1 430 (65 %) Frauen und 770 (35 %) Männer
     - 2 200 Leute, davon 440 (20 %) für „little big monster", 770 (35 %) für „4-4-you" und 990 (45 %) für „STARK"
     - 1 430 Frauen, davon 715 (50 %) für „STARK"
     - 770 Männer, davon 990 − 715 = 275 für „STARK"
   - Baumdiagramm

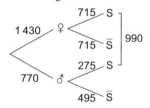

   - Vierfeldertafel

	♀	♂	
S	715	**275**	990
$\bar{S}$	**715**	**495**	1 210
	1 430	770	2 200

Die zu berechnenden Werte sind fett gedruckt.

$P_♀(S) = \dfrac{|♀ \cap S|}{|♀|} = \dfrac{715}{1\,430} = 0{,}5 = 50\ \%$ (siehe Angabe)

$P_♂(S) = \dfrac{|♂ \cap S|}{|♂|} = \dfrac{275}{770} = 0{,}35714 \approx 35{,}7\ \%$

Der Notar hat **nicht** recht.

   b) $P_{\bar{S}}(♂) = \dfrac{|\bar{S} \cap ♂|}{|\bar{S}|} = \dfrac{495}{1\,210} \approx 0{,}40909 \approx 40{,}9\ \%$

3. a) Wiederholung der Abstimmung bei 80 bis 200 Stimmen für „4-4-you", keine
   Wiederholung der Abstimmung bei 0 bis 79 Stimmen für „4-4-you".

   $$P(\text{keine Wiederholung trotz } p = 0{,}45) = \sum_{i=0}^{79} B(200; 0{,}45; i) \approx 0{,}06731 \approx 6{,}7\,\%$$

   b) $$P(\text{Wiederholung bei } p = 0{,}35) = \sum_{i=80}^{200} B(200; 0{,}35; i) = 1 - \sum_{i=0}^{79} B(200; 0{,}35; i)$$
   $$\approx 1 - 0{,}91953 = 0{,}08047 \approx 8{,}0\,\%$$

| Abitur Mathematik (Bayern): Übungsaufgabe 2 |
| Prüfungsteil B – Geometrie |

BE

Nachdem die Teenie-Pop-Gruppe „STARK" eine Casting-Show gewonnen hat, kümmert sich ein Werbedesigner um ein Logo für die Gruppe und das Bühnenbild für die erste Tournee.
Das Logo hat die Form:

ST**A**RK

in der das A die aufstrebende Karriereleiter der Gruppe „STARK" symbolisiert.
Dieses Logo beherrscht auch den Teil der Bühne, der als „schiefe Ebene" auf die sonst waagrechte Bühne aufgesetzt wird. Dabei ist für die Standfestigkeit des „A" eine besondere Konstruktion mit zwei für das Publikum nicht sichtbaren Streben (DC und EC) nötig (siehe Abbildung rechts).
Betrachtet man die waagrechte Bühne als x_1-x_2-Ebene, so haben die Punkte folgende Koordinaten:
A(4|–8|4), B(4|8|4), C(–8|4|7), D(4|–4|7), E(1,5|3|9)

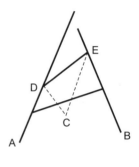

1. Geben Sie die „schiefe Ebene" F durch A, B und C, auf der das Logo steht, in Normalenform an. 2

2. Die Punkte A und D liegen auf der Geraden g, die Punkte B und E auf der Geraden h. Welche Lage haben die beiden Geraden zueinander? 5

3. Die zweite Querlatte des Logo-„A" verbindet den Mittelpunkt M der Strecke [AD] mit dem Mittelpunkt N der Strecke [BE].
Die beiden Querlatten [DE] und [MN] liegen nicht in einer Ebene. Berechnen Sie den Abstand der beiden Querlatten. 7

4. a) Zwischen den Punkten M, N, E, D und C befindet sich ein Hohlraum. Erläutern Sie, warum dieser Hohlraum in zwei Teilkörper zerlegt werden muss, wenn man sein Volumen berechnen will. 3

   b) Geben Sie zwei Teilkörper an, in die der Hohlraum zwischen den Punkten M, N, E, D und C zerlegt werden kann, um das Volumen zu berechnen. 3

   20

Tipps und Hinweise

Aufgabe 1

- Wählen Sie zwei Richtungsvektoren der Ebene F aus (z. B. $\overrightarrow{AB}$ und $\overrightarrow{AC}$).

- Durch welche Verknüpfung erhält man einen Vektor, der senkrecht auf zwei gegebenen Vektoren steht (siehe Merkhilfe)?

- Bestimmen Sie den Normalenvektor $\vec{n}_F$ mithilfe des Vektorprodukts aus den beiden Richtungsvektoren.

- Wie lautet allgemein die Normalenform einer Ebene (siehe Merkhilfe)?

- Setzen Sie den gefundenen Normalenvektor und einen Punkt der Ebene (z. B. A) in die allgemeine Normalenform ein.

Aufgabe 2

- Geben Sie für jede Gerade eine Gleichung an.

- Für eine Geradengleichung benötigen Sie einen Punkt der Geraden und einen Richtungsvektor.

- Der Richtungsvektor ergibt sich als Vektor zwischen zwei Punkten der Geraden.

- Gerade durch A und D: $\vec{X} = \vec{A} + \sigma \overrightarrow{AD}$ mit $\sigma \in \mathbb{R}$

- Zwei Geraden sind parallel, wenn ihre Richtungsvektoren parallel sind.

- Zwei Vektoren sind parallel, wenn sie Vielfache voneinander sind:
  $\vec{u} \parallel \vec{v} \quad \Leftrightarrow \quad \vec{u} = m \cdot \vec{v}$

- Da g und h nicht parallel sind, könnten sie sich schneiden.

- Suchen Sie einen Schnittpunkt von g und h.

- Der Schnittpunkt zweier Geraden ergibt sich durch Gleichsetzen der beiden Geradengleichungen.

- Sie erhalten ein Gleichungssystem aus 3 Gleichungen mit 2 Unbekannten (den beiden Parametern).

- Das Gleichungssystem ist nur dann gelöst (also ein Schnittpunkt der beiden Geraden gefunden), wenn alle drei Gleichungen mit denselben Zahlenwerten für beide Unbekannte gültig sind.

- Das Gleichungssystem ist hier nicht lösbar, es existiert also kein Geradenschnittpunkt.

- Welche Lage haben zwei Geraden, die weder parallel sind noch einen Schnittpunkt besitzen?

Aufgabe 3

🖉 Geben Sie eine Gleichung der Geraden DE an.

🖉 Geben Sie eine Gleichung der Geraden MN an.

🖉 Die Koordinaten des Mittelpunkts einer Strecke ergeben sich als Mittelwert der Koordinaten der Streckenendpunkte (siehe Merkhilfe).

🖉 Die allgemeine Form einer Gleichung durch die Punkte P und Q lautet:
$\vec{X} = \vec{P} + \lambda \cdot \overrightarrow{PQ}, \ \lambda \in \mathbb{R}$

🖉 Zwei Geraden, die nicht in einer Ebene liegen, können weder parallel sein noch einen Schnittpunkt besitzen.

🖉 Zwei Geraden, die nicht in einer Ebene liegen, sind windschief.

🖉 Um den Abstand windschiefer Geraden zu bestimmen, verwendet man eine Ebene, die die eine Gerade (z. B. DE) enthält und zur anderen Geraden (z. B. MN) parallel ist.

🖉 Die Richtungsvektoren der beiden Geraden sind dann Richtungsvektoren dieser Hilfsebene.

🖉 Der Normalenvektor der Hilfsebene ergibt sich mithilfe des Vektorprodukts aus den beiden Richtungsvektoren (siehe Merkhilfe).

🖉 Die Normalenform der Hilfsebene ergibt sich durch Einsetzen des gefundenen Normalenvektors und eines Ebenenpunktes (z. B. D) in die allgemeine Normalenform (siehe Merkhilfe).

🖉 Da die zweite Gerade (hier MN) zur Hilfsebene parallel ist, ist der Abstand dieser Geraden zur Hilfsebene gleich dem Abstand eines beliebigen Geradenpunkts (z. B. M) zur Hilfsebene.

🖉 Dieser Abstand (z. B. d(M; H)) entspricht dem Abstand der beiden windschiefen Geraden.

🖉 Für die Berechnung des Abstands eines Punktes von einer Ebene gibt es eine Formel.

🖉 Die Formel entsteht aus der Normalenform der Ebene (z. B. H). Diese wird durch die Länge des Normalenvektors dividiert (Hessesche Normalenform).

🖉 In der Normalenform muss jedes x_i durch die entsprechende Koordinate des Punktes, dessen Abstand von der Ebene berechnet werden soll, ersetzt werden. Man dividiert den Absolutbetrag des sich ergebenden Werts durch die Länge des Normalenvektors.

🖉 Verwenden Sie die Formel $d(M; H) = \dfrac{|n_1 m_1 + n_2 m_2 + n_3 m_3 + n_0|}{|\vec{n}|}$.

Aufgabe 4 a

Da weder Kreis- bzw. Kugelteile in der Aufgabe vorhanden sind und auch keinerlei Parallelitäten vorkommen, scheiden Kugel, Kegel und Prisma aus.

Warum bilden die Punkte M, N, E, D, C keine Pyramide?

Die Punkte M, N, E, D bilden zwar ein Viereck, aber kein „normales".

Welche Information liefert Aufgabe 3 über die Lage der Punkte M, N, E, D?

Voraussetzung für eine Pyramide ist eine **ebene** Grundfläche.

Aufgabe 4 b

Ein Dreieck ist stets eben, da drei Punkte – die nicht auf einer Geraden liegen – eine Ebene festlegen.

Auch ein nicht-ebenes Viereck wird durch eine Diagonale in zwei Dreiecke zerlegt.

Der Hohlkörper zwischen den Punkten M, N, E, D, C lässt sich in zwei dreiseitige Pyramiden mit der Spitze in C zerlegen.

Das Volumen des Hohlraums zwischen den Punkten M, N, E, D und C lässt sich als Summe der Volumina zweier dreiseitiger Pyramiden berechnen.

Lösungen

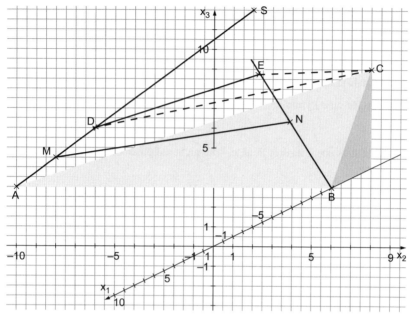

Die Abbildung ist nicht verlangt, sie dient lediglich der Veranschaulichung.

1. $\overrightarrow{AB} = \begin{pmatrix} 4 \\ 8 \\ 4 \end{pmatrix} - \begin{pmatrix} 4 \\ -8 \\ 4 \end{pmatrix} = \begin{pmatrix} 0 \\ 16 \\ 0 \end{pmatrix}$

$\overrightarrow{AC} = \begin{pmatrix} -8 \\ 4 \\ 7 \end{pmatrix} - \begin{pmatrix} 4 \\ -8 \\ 4 \end{pmatrix} = \begin{pmatrix} -12 \\ 12 \\ 3 \end{pmatrix}$

In Parameterform:

$F_{PF}: \vec{X} = \begin{pmatrix} 4 \\ -8 \\ 4 \end{pmatrix} + \lambda \begin{pmatrix} 0 \\ 16 \\ 0 \end{pmatrix} + \mu \begin{pmatrix} -12 \\ 12 \\ 3 \end{pmatrix}$

$\vec{X} = \begin{pmatrix} 4 \\ -8 \\ 4 \end{pmatrix} + \lambda \begin{pmatrix} 0 \\ 1 \\ 0 \end{pmatrix} + \mu \begin{pmatrix} -4 \\ 4 \\ 1 \end{pmatrix} \qquad \lambda, \mu \in \mathbb{R}$

In Normalenform:

$\vec{n}_F = \begin{pmatrix} 0 \\ 1 \\ 0 \end{pmatrix} \times \begin{pmatrix} -4 \\ 4 \\ 1 \end{pmatrix} = \begin{pmatrix} 1-0 \\ 0-0 \\ 0+4 \end{pmatrix} = \begin{pmatrix} 1 \\ 0 \\ 4 \end{pmatrix}$

F_{NF}: $\begin{pmatrix} 1 \\ 0 \\ 4 \end{pmatrix} \circ \left[\vec{X} - \begin{pmatrix} 4 \\ -8 \\ 4 \end{pmatrix} \right] = 0$

$$x_1 + 4x_3 - \begin{pmatrix} 1 \\ 0 \\ 4 \end{pmatrix} \circ \begin{pmatrix} 4 \\ -8 \\ 4 \end{pmatrix} = 0$$

$$x_1 + 4x_3 - 20 = 0$$

2. $\overrightarrow{AD} = \begin{pmatrix} 4 \\ -4 \\ 7 \end{pmatrix} - \begin{pmatrix} 4 \\ -8 \\ 4 \end{pmatrix} = \begin{pmatrix} 0 \\ 4 \\ 3 \end{pmatrix}$

g: $\vec{X} = \begin{pmatrix} 4 \\ -8 \\ 4 \end{pmatrix} + \sigma \begin{pmatrix} 0 \\ 4 \\ 3 \end{pmatrix} \qquad \sigma \in \mathbb{R}$

$\overrightarrow{BE} = \begin{pmatrix} 1,5 \\ 3 \\ 9 \end{pmatrix} - \begin{pmatrix} 4 \\ 8 \\ 4 \end{pmatrix} = \begin{pmatrix} -2,5 \\ -5 \\ 5 \end{pmatrix}$

h: $\vec{X} = \begin{pmatrix} 4 \\ 8 \\ 4 \end{pmatrix} + \tau \begin{pmatrix} -2,5 \\ -5 \\ 5 \end{pmatrix}$

$\vec{X} = \begin{pmatrix} 4 \\ 8 \\ 4 \end{pmatrix} + \tau \begin{pmatrix} 1 \\ 2 \\ -2 \end{pmatrix} \qquad \tau \in \mathbb{R}$

$\begin{pmatrix} 0 \\ 4 \\ 3 \end{pmatrix} \nparallel \begin{pmatrix} 1 \\ 2 \\ -2 \end{pmatrix} \implies g \nparallel h$

$\begin{pmatrix} 4 \\ -8 \\ 4 \end{pmatrix} + \sigma \begin{pmatrix} 0 \\ 4 \\ 3 \end{pmatrix} = \begin{pmatrix} 4 \\ 8 \\ 4 \end{pmatrix} + \tau \begin{pmatrix} 1 \\ 2 \\ -2 \end{pmatrix}$

$\begin{array}{ll} 4 \quad\quad = 4 + \tau & \implies \tau = 0 \\ -8 + 4\sigma = 8 + 2\tau & \searrow -8 + 4\sigma = 8 \implies \sigma = 4 \; \text{↯} \\ 4 + 3\sigma = 4 - 2\tau & \quad 4 + 3\sigma = 4 \implies \sigma = 0 \; \text{↯} \end{array}$

g und h sind weder parallel noch haben sie einen Schnittpunkt.
g und h sind also windschief.

3. Latte [DE] ist Teil der Geraden DE:

DE: $\vec{X} = \begin{pmatrix} 4 \\ -4 \\ 7 \end{pmatrix} + \nu \begin{pmatrix} -2,5 \\ 7 \\ 2 \end{pmatrix} \qquad \nu \in \mathbb{R}$

Latte [MN] ist Teil der Geraden MN:

$\vec{M} = \frac{1}{2}(\vec{A} + \vec{D}) = \frac{1}{2} \left[\begin{pmatrix} 4 \\ -8 \\ 4 \end{pmatrix} + \begin{pmatrix} 4 \\ -4 \\ 7 \end{pmatrix} \right] = \begin{pmatrix} 4 \\ -6 \\ 5,5 \end{pmatrix}$ M(4 | −6 | 5,5)

67

$$\vec{N} = \frac{1}{2}(\vec{B} + \vec{E}) = \frac{1}{2}\left[\begin{pmatrix} 4 \\ 8 \\ 4 \end{pmatrix} + \begin{pmatrix} 1,5 \\ 3 \\ 9 \end{pmatrix}\right] = \begin{pmatrix} 2,75 \\ 5,5 \\ 6,5 \end{pmatrix} \qquad N(2,75\,|\,5,5\,|\,6,5)$$

$$\text{MN:} \quad \vec{X} = \begin{pmatrix} 4 \\ -6 \\ 5,5 \end{pmatrix} + \eta \begin{pmatrix} -1,25 \\ 11,5 \\ 1 \end{pmatrix} \qquad \eta \in \mathbb{R}$$

Wenn DE und MN nicht in einer Ebene liegen, so sind sie windschief.

Ebene H durch DE und parallel zu MN:

$$H_{PF}: \quad \vec{X} = \begin{pmatrix} 4 \\ -4 \\ 7 \end{pmatrix} + v \begin{pmatrix} -2,5 \\ 7 \\ 2 \end{pmatrix} + \eta \begin{pmatrix} -1,25 \\ 11,5 \\ 1 \end{pmatrix}$$

$$\vec{n}_H = \begin{pmatrix} -2,5 \\ 7 \\ 2 \end{pmatrix} \times \begin{pmatrix} -1,25 \\ 11,5 \\ 1 \end{pmatrix} = \begin{pmatrix} 7 - 23 \\ -2,5 + 2,5 \\ -28,75 + 8,75 \end{pmatrix} = \begin{pmatrix} -16 \\ 0 \\ -20 \end{pmatrix} = -4 \begin{pmatrix} 4 \\ 0 \\ 5 \end{pmatrix}$$

$$H_{NF}: \quad \begin{pmatrix} 4 \\ 0 \\ 5 \end{pmatrix} \circ \left[\vec{X} - \begin{pmatrix} 4 \\ -4 \\ 7 \end{pmatrix}\right] = 0$$

$$4x_1 + 5x_3 - \begin{pmatrix} 4 \\ 0 \\ 5 \end{pmatrix} \circ \begin{pmatrix} 4 \\ -4 \\ 7 \end{pmatrix} = 0$$

$$4x_1 + 5x_3 - 51 = 0$$

$$H_{HNF}: \quad \frac{4x_1 + 5x_3 - 51}{\sqrt{4^2 + 0^2 + 5^2}} = 0$$

$$\frac{4x_1 + 5x_3 - 51}{\sqrt{41}} = 0$$

$$d(MN; DE) = d(MN; H) = d(M; H) = \left| \frac{4 \cdot 4 + 5 \cdot 5,5 - 51}{\sqrt{41}} \right| = \frac{|-7,5|}{\sqrt{41}} \approx 1,17$$

4. a) Wenn DE und MN nicht in einer Ebene liegen, so bilden die Punkte M, N, D und E **kein** ebenes Viereck. Somit handelt es sich beim Hohlraum MNEDC **nicht** um eine Pyramide.
Die Volumenformeln beziehen sich jedoch auf eine Pyramide (also einen Hohlkörper mit **ebener** Grundfläche und einer „Spitze").

b) Fügt man die Strecke [ME] (oder die Strecke [DN]) ein, so bilden MED und MNE (oder MND und NED) zwei ebene Dreiecke, die durch C jeweils zu einer Pyramide mit der Spitze C ergänzt werden. Das Volumen der beiden dreiseitigen Pyramiden MEDC und MNEC (oder MNDC und NEDC) lässt sich jeweils berechnen. Die Summe der beiden Volumina ergibt dann das mögliche Volumen des Hohlraums zwischen den Punkten M, N, E, D und C. Je nach Wahl der Dreiecke ergeben sich unterschiedliche Gesamtvolumina!

Prüfungsaufgaben

Abitur Mathematik (Bayern): Abiturprüfung 2011	
Analysis I	

Teil 1

BE

1. Gegeben ist die Funktion

$$f: x \mapsto \frac{2x+3}{4x+5}$$

mit maximaler Definitionsmenge $\mathbb{D}$.
Geben Sie $\mathbb{D}$ an und ermitteln Sie einen möglichst einfachen Funktionsterm
für die Ableitung f' von f.   4

2. Zeigen Sie, dass

$$F: x \mapsto \tfrac{1}{4}x^2 \cdot (2\ln x - 1)$$

mit Definitionsmenge $\mathbb{R}^+$ eine Stammfunktion der in $\mathbb{R}^+$ definierten Funktion

$$f: x \mapsto x \cdot \ln x$$

ist.
Bestimmen Sie einen Term derjenigen Stammfunktion von f, die in $x = 1$ eine
Nullstelle hat.   5

3. Die Anzahl der auf der Erde lebenden Menschen wuchs von 6,1 Milliarden zu
Beginn des Jahres 2000 auf 6,9 Milliarden zu Beginn des Jahres 2010. Dieses
Wachstum lässt sich näherungsweise durch eine Exponentialfunktion mit
einem Term der Form

$$N(x) = N_0 \cdot e^{k \cdot (x - 2\,000)}$$

beschreiben, wobei $N(x)$ die Anzahl der Menschen zu Beginn des Jahres x ist.
Bestimmen Sie N_0 und k.   5

4. Betrachtet wird die Aussage

$$\int_0^\pi \sin(2x)\, dx = 0.$$

   a) Machen Sie ohne Rechnung anhand einer sorgfältigen Skizze plausibel,
   dass die Aussage wahr ist.   3

   b) Weisen Sie mithilfe einer Stammfunktion die Gültigkeit der Aussage durch
   Rechnung nach.   3
   ___
   20

2011-1

Teil 2

BE

1. Gegeben ist die Funktion

   $f: x \mapsto \sqrt{x+3}$

   mit Definitionsmenge $\mathbb{D}_f$.
   Abbildung 1 zeigt den
   Graphen G_f von f, einen
   beliebigen Punkt $Q(x\,|\,f(x))$
   auf G_f sowie den Punkt
   $P(1,5\,|\,0)$ auf der x-Achse.

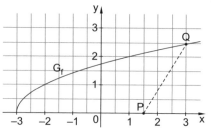

Abb. 1

   a) Begründen Sie, dass $\mathbb{D}_f = [-3;\,+\infty[$ die maximale Definitionsmenge von f ist. Wie geht G_f aus dem Graphen der in $\mathbb{R}_0^+$ definierten Funktion $w: x \mapsto \sqrt{x}$ hervor? 2

   b) Zeigen Sie, dass für die Entfernung d(x) des Punkts $Q(x\,|\,f(x))$ vom Punkt $P(1,5\,|\,0)$ gilt: $d(x) = \sqrt{x^2 - 2x + 5{,}25}$ 4

   c) Bestimmen Sie rechnerisch die Koordinaten desjenigen Graphenpunkts $Q_E(x_E\,|\,y_E)$, der von P den kleinsten Abstand hat. Tragen Sie Q_E in Abbildung 1 ein.
   [zur Kontrolle: $x_E = 1$] 7

   d) Weisen Sie nach, dass die Verbindungsstrecke $[PQ_E]$ und die Tangente an G_f im Punkt Q_E senkrecht zueinander sind. 5

   e) Berechnen Sie den Inhalt des Flächenstücks, das von G_f, der x-Achse und der Strecke $[PQ_E]$ begrenzt wird. 6

2. Abbildung 2 zeigt den Graphen G_g einer in $\mathbb{R}\setminus\{1\}$ definierten gebrochen-rationalen Funktion g mit folgenden Eigenschaften:
   - Die Funktion g hat in $x = 1$ eine Polstelle ohne Vorzeichenwechsel;
   - G_g verläuft stets oberhalb seiner schrägen Asymptote, die durch die Gleichung $y = \tfrac{1}{2}x - 1$ gegeben ist;
   - die einzige Nullstelle von g ist $x = -1$.

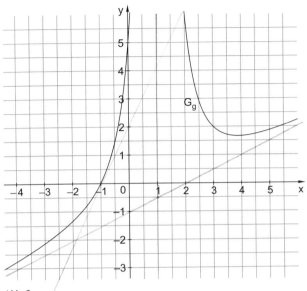

Abb. 2

a) Ermitteln Sie mithilfe von Abbildung 2 näherungsweise den Wert der Ableitung g' von g an der Stelle $x=-1$; veranschaulichen Sie ihr Vorgehen durch geeignete Eintragungen in der Abbildung.
Aus der Gleichung der schrägen Asymptote ergibt sich unmittelbar das Verhalten der Ableitung g' für $x \to +\infty$ und $x \to -\infty$. Geben Sie dieses Verhalten an und skizzieren Sie den Graphen von g' in Abbildung 2.   6

b) Die Funktion g hat eine Funktionsgleichung der Form I, II oder III mit $a \in \mathbb{R}\setminus\{0\}$:

I $y = x - 1 + \dfrac{a}{(x-1)^2}$ **II** $y = \dfrac{1}{2}x - 1 + \dfrac{a}{x-1}$ **III** $y = \dfrac{1}{2}x - 1 + \dfrac{a}{(x-1)^2}$

Begründen Sie, dass weder eine Gleichung der Form I noch eine der Form II als Funktionsgleichung von g infrage kommt.
Die Funktionsgleichung von g hat also die Form III. Bestimmen Sie den passenden Wert von a.   5

c) Betrachtet wird nun die Funktion h mit $h(x) = \ln(g(x))$. Geben Sie mithilfe des Verlaufs von G_g die maximale Definitionsmenge $\mathbb{D}_h$ von h, das Verhalten von h an den Grenzen von $\mathbb{D}_h$ sowie einen Näherungswert für die Nullstelle von h an.   5
                                                                                                 40

Tipps und Hinweise

Teil 1

Aufgabe 1
✎ Um welche Art von Funktion handelt es sich?

✎ Was darf bei einem Bruch nie passieren?

✎ Division durch null ist nicht definiert.

✎ Für welches x hat der Nenner den Wert null?

✎ Beim Ableiten die Quotientenregel beachten (siehe Merkhilfe)!

✎ Im Zähler ausmultiplizieren und zusammenfassen.

Aufgabe 2
✎ Hauptsatz der Differenzial- und Integralrechnung beachten (siehe Merkhilfe)!

✎ $F(x)$ ist nur dann Stammfunktion von $f(x)$, wenn $F'(x) = f(x)$ gilt.

✎ $F(x)$ ist nur **eine** Stammfunktion. Wie ergeben sich daraus alle Stammfunktionen?

✎ Aus der Menge aller Stammfunktionen soll diejenige bestimmt werden, für die der Funktionswert an der Stelle $x = 1$ den Wert null hat.

Aufgabe 3
✎ Die Angabe beinhaltet zwei Funktionswerte.

✎ $N(2\,000)$ und $N(2\,010)$ sind gegeben.

✎ Setzen Sie $x = 2\,000$ bzw. $x = 2\,010$ in den Funktionsterm von $N(x)$ ein.

✎ $N(2\,000) = 6{,}1 \cdot 10^9$ liefert den Wert für N_0.

✎ $N(2\,000) = 6{,}9 \cdot 10^9$ liefert nach Einsetzen von N_0 den Wert für k.

✎ Um den Exponenten von e berechnen zu können, wird die Gleichung logarithmiert.

✎ Es gilt: $\ln n^z = z \cdot \ln n$ (siehe Merkhilfe)

Aufgabe 4
✎ Welche Art von Funktion soll integriert werden?

✎ Skizzieren Sie zunächst den Graphen der Funktion $\sin x$.

✎ Was verändert sich durch das Hinzufügen des Faktors 2?

✎ Wird die Periode länger oder kürzer?

✎ Skizzieren Sie den Graphen von $f(x) = \sin(2x)$.

2011-4

📎 Wie lässt sich ein bestimmtes Integral veranschaulichen?

📎 Schraffieren Sie die Flächen, die im Intervall $[0; \pi]$ vom Graphen von f(x) und der x-Achse eingeschlossen werden.

📎 Ein bestimmtes Integral gibt eine Flächenbilanz an.

📎 Was lässt sich über die Flächen oberhalb bzw. unterhalb der x-Achse im Intervall $[0; \pi]$ aussagen?

📎 Flächen oberhalb der x-Achse gehen positiv, Flächen unterhalb der x-Achse gehen negativ in die Flächenbilanz ein.

Teil 2

Aufgabe 1 a

📎 Um welche Art von Funktion handelt es sich?

📎 Was muss für den Term unter dem Wurzelzeichen gelten, damit die Wurzel definiert ist?

📎 Die Wurzel aus einer negativen Zahl ist nicht definiert.

📎 Lösen Sie die Ungleichung nach x auf.

📎 Wie sieht der Graph von $\sqrt{x}$ aus?

📎 Vergleichen Sie den Graphen von $\sqrt{x}$ mit dem Graphen in Abb. 1.

📎 Der Graph von g(x + a) ergibt sich aus dem Graphen von g(x) durch Verschiebung in x-Richtung um $-a$.

Aufgabe 1 b

📎 Die Entfernung der Punkte P und Q entspricht der Länge der Strecke [PQ].

📎 Ergänzen Sie in Abb. 1 den Punkt R auf der x-Achse so, dass das Dreieck PRQ rechtwinklig bei R ist.

📎 Achten Sie darauf, dass Q ein beliebiger Punkt auf dem Graphen von $f(x) = \sqrt{x+3}$ ist. Q „wandert" also auf dem Graphen.

📎 Achten Sie darauf, dass sich mit Q auch die Lage des Punktes R so verändert, dass bei R stets ein rechter Winkel vorhanden ist.

📎 Berechnen Sie die Länge der Strecke [PR]. Vorsicht! R ist mit Q veränderlich.

📎 Bestimmen Sie die Länge der Strecke [QR].

📎 Welcher Zusammenhang gilt für die Seitenlängen eines rechtwinkligen Dreiecks?

📎 Achten Sie bei der Berechnung von d(x) auf die binomische Formel!

Aufgabe 1 c

Wie ergibt sich der kleinste Wert der Größe d(x)?

Bedenken Sie, dass $\sqrt{x} = x^{\frac{1}{2}}$.

Verwenden Sie die Ableitungsformel der Merkhilfe.

$(\sqrt{x})' = (x^{\frac{1}{2}})' = \frac{1}{2} \cdot x^{\frac{1}{2}-1} = \frac{1}{2} \cdot x^{-\frac{1}{2}} = \frac{1}{2} \cdot \frac{1}{x^{\frac{1}{2}}} = \frac{1}{2\sqrt{x}}$

Denken Sie an die Kettenregel (nachdifferenzieren)!

Die Bedingung für einen Extremwert lautet: Ableitung = 0

Ein Bruch hat den Wert null, wenn der Zähler null ist.

Es handelt sich nur dann um einen kleinsten Wert, wenn der Graph links von ihm fällt (Ableitung < 0) und rechts von ihm steigt (Ableitung > 0).

Aufgabe 1 d

Die Steigung der Strecke $[PQ_E]$ kann aus der Zeichnung abgelesen oder aus den Koordinaten der Punkte berechnet werden.

Die Steigung der Tangente ergibt sich mithilfe der 1. Ableitung (siehe Merkhilfe).

In der Merkhilfe findet sich auch die „Normalensteigung", also die Steigung einer zur Tangente senkrechten Geraden.

Aufgabe 1 e

Zerlegen Sie die Fläche durch eine Parallele zur y-Achse durch Q_E in zwei Teile.

Die linke Teilfläche lässt sich mit einem bestimmten Integral berechnen, die rechte ist ein rechtwinkliges Dreieck.

Suchen Sie zunächst eine Stammfunktion zu $\sqrt{x}$.

Wie lässt sich $\sqrt{x}$ als Potenz schreiben?

Beachten Sie die Integrationsformel für x^r auf der Merkhilfe.

Verwenden Sie nun die Integrationsformel für $f(ax+b)$ auf der Merkhilfe.

Berechnen Sie die Fläche mithilfe der Formel für bestimmte Integrale auf der Merkhilfe und der Flächenformel für rechtwinklige Dreiecke.

Aufgabe 2 a

Legen Sie Ihr Geodreieck in Abb. 2 so an den Kurvenpunkt (−1|0) an, dass sich in möglichst guter Näherung eine Tangente ergibt. Zeichnen Sie diese in Abb. 2 ein.

Durch welchen Punkt im KOSY verläuft diese Tangente außer durch (−1|0) noch?

Es ergeben sich näherungsweise die Tangentenpunkte (0|2) oder auch (−2|−2).

2011-6

- Die Steigung der Tangente kann aus der Zeichnung abgelesen oder aus den Koordinaten der Punkte berechnet werden.

- Da sich die Funktion g für $x \to \pm\infty$ der schrägen Asymptote beliebig gut annähert, nähert sich die Steigung g' der Funktion g der Steigung der schrägen Asymptote beliebig gut an.

- Was bedeutet $\lim\limits_{x \to \pm\infty} g'(x) = \frac{1}{2}$ für den Graphen der Funktion g'(x)?

- Für $x = -1$ ist der Funktionswert von g'(x) näherungsweise bekannt.

- Die Definitionslücke von g(x) ist auch Definitionslücke von g'(x). Welches Verhalten zeigt g'(x) in der Umgebung der Definitionslücke?

- Die Grenzwerte $\lim\limits_{x \to 1^-} g'(x)$ und $\lim\limits_{x \to 1^+} g'(x)$ ergeben sich aus dem Graphen von g.

- Die Funktion g(x) besitzt einen Extremwert. Bestimmen Sie näherungsweise dessen x-Koordinate.

- Welche Eigenschaft muss der Graph von g' an der Stelle besitzen, an der g(x) einen TIP hat?

Aufgabe 2 b

- Wie lautet die Gleichung der schrägen Asymptote von Funktion I? Vergleichen Sie mit den Eigenschaften von g.

- Welche Art Polstelle besitzt die Funktion II für $x = 1$? Vergleichen Sie mit den Eigenschaften von g.

- Die Nullstelle von g ist gegeben.

- Setzen Sie $g(-1) = 0$ und berechnen Sie a.

Aufgabe 2 c

- Welche Einschränkung des Definitionsbereichs gilt für alle ln-Funktionen?

- Die Funktionswerte von g sind dort positiv, wo der Graph von g oberhalb der x-Achse verläuft.

- Beachten Sie die Definitionslücke von g.

- Um das Verhalten von h an den Grenzen von $\mathbb{D}_h$ zu bestimmen, sind vier Limeswerte anzugeben.

- Sie kennen das Verhalten von g aus dem gegebenen Graphen.

- Beachten Sie $\lim\limits_{x \to 0^+} \ln x = -\infty$ und $\lim\limits_{x \to +\infty} \ln x = +\infty$.

- Bei der Bestimmung der Nullstelle von h beachten Sie $\ln 1 = 0$.

- $g(x) = 1$ gilt dort, wo der Graph von g von der Parallelen zur x-Achse $y = 1$ geschnitten wird.

2011-7

Lösungen

Teil 1

1. $f(x) = \dfrac{2x+3}{4x+5}$

Nullstelle des Nenners bestimmen:

$4x+5=0 \implies x = -\dfrac{5}{4} = -1,25$

$\mathbb{D} = \mathbb{R} \setminus \{-1,25\}$

$f'(x) = \dfrac{2(4x+5)-(2x+3)\cdot 4}{(4x+5)^2} = \dfrac{8x+10-8x-12}{(4x+5)^2} = -\dfrac{2}{(4x+5)^2}$

2. $F(x) = \dfrac{1}{4}x^2 \cdot (2\ln x - 1) \quad \mathbb{D} = \mathbb{R}^+$

$F'(x) = \dfrac{1}{2}x \cdot (2\ln x - 1) + \dfrac{1}{4}x^2 \cdot \left(2\cdot \dfrac{1}{x} - 0\right)$

$\quad = x\cdot \ln x - \dfrac{1}{2}x + \dfrac{1}{2}x$

$\quad = x\cdot \ln x = f(x)$

Beliebige Stammfunktion $F_C(x)$ von $f(x)$ lautet:

$F_C(x) = \dfrac{1}{4}x^2 \cdot (2\ln x - 1) + C$

$F_C(1) \overset{!}{=} 0$

$F_C(1) = \dfrac{1}{4} \cdot (\underbrace{2\ln 1}_{=0} - 1) + C = -\dfrac{1}{4} + C \overset{!}{=} 0 \implies C - \dfrac{1}{4}$

$F_{\frac{1}{4}}(x) = \dfrac{1}{4}x^2 \cdot (2\ln x - 1) + \dfrac{1}{4}$

3. $N(x) = N_0 \cdot e^{k\cdot(x-2\,000)}$

$N(2\,000) \overset{!}{=} 6,1\cdot 10^9$

$N(2\,010) \overset{!}{=} 6,9\cdot 10^9$

$N(2\,000) = N_0 \cdot e^{k\cdot(2000-2000)} = N_0 \cdot e^{k\cdot 0} = N_0 \cdot 1 \overset{!}{=} 6,1\cdot 10^9$

$\implies N_0 = 6,1\cdot 10^9$

2011-8

N_0 in N(2 010):

$N(2\,010) = 6{,}1 \cdot 10^9 \cdot e^{k(2010-2000)} = 6{,}1 \cdot 10^9 \cdot e^{10k} \stackrel{!}{=} 6{,}9 \cdot 10^9$

$\Rightarrow \quad e^{10k} = \dfrac{6{,}9 \cdot 10^9}{6{,}1 \cdot 10^9}$

$e^{10k} = \dfrac{69}{61}$

$\ln e^{10k} = \ln \dfrac{69}{61}$

$10k = \ln \dfrac{69}{61}$

$k = \dfrac{1}{10} \ln \dfrac{69}{61} \approx 0{,}0123$

4. $\displaystyle\int_0^\pi \sin(2x)\,dx = 0$

a) $f(x) = \sin(2x)$ hat eine Periode, die nur halb so lang ist wie die Periode von $g(x) = \sin x$. $\Rightarrow$ $f(x) = \sin(2x)$ hat die Periode π.

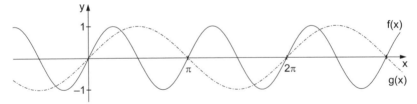

Im Intervall $\left[0;\dfrac{\pi}{2}\right]$ schließt der Graph der Funktion f(x) mit der x-Achse eine Fläche ein, die genauso groß ist wie die Fläche, die der Graph von f(x) mit der x-Achse im Intervall $\left[\dfrac{\pi}{2};\pi\right]$ unterhalb der x-Achse einschließt. Die Flächenbilanz im Intervall $[0;\pi]$ ist somit null.

b) $F(x) = -\dfrac{1}{2} \cdot \cos(2x) + C$

$\displaystyle\int_0^\pi \sin(2x)\,dx = \left[-\dfrac{1}{2} \cdot \cos(2x)\right]_0^\pi$

$= -\dfrac{1}{2} \cdot \cos(2\pi) + \dfrac{1}{2} \cdot \cos(0) = -\dfrac{1}{2} \cdot 1 + \dfrac{1}{2} \cdot 1 = 0$

Teil 2

1. $f(x) = \sqrt{x+3}$

   a) $x+3 \geq 0 \Rightarrow x \geq -3 \Rightarrow \mathbb{D}_f = [-3; +\infty[$

   Verschiebt man den Graphen der Funktion $w(x) = \sqrt{x}$ um 3 Einheiten in negative x-Richtung, so ergibt sich der Graph der Funktion $f(x) = \sqrt{x+3}$.

   b) Für die Katheten [PR] und [QR] des rechtwinkligen Dreiecks PRQ gilt:

   $\overline{PR} = |x - 1,5|$

   $\overline{QR} = f(x) = \sqrt{x+3}$

   Pythagoras liefert:

   $\overline{PQ}^2 = \overline{PR}^2 + \overline{QR}^2$

   $d^2 = (x-1,5)^2 + (\sqrt{x+3})^2$

   $d^2 = x^2 - 3x + 2,25 + x + 3$

   $d^2 = x^2 - 2x + 5,25$

   $\Rightarrow d(x) = \sqrt{x^2 - 2x + 5,25}$

   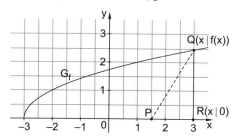

   c) Den kleinsten Wert erhält man mithilfe der Ableitung:

   $d'(x) = \dfrac{1}{2 \cdot \sqrt{x^2 - 2x + 5,25}} \cdot (2x - 2)$

   $= \dfrac{2x - 2}{2\sqrt{x^2 - 2x + 5,25}}$

   oder auch:

   $= \dfrac{x - 1}{\sqrt{x^2 - 2x + 5,25}}$

   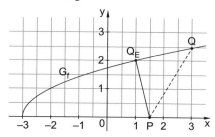

   $d'(x) \stackrel{!}{=} 0 \Rightarrow 2x - 2 = 0 \Rightarrow x = 1$

   Da der Nenner von $d'(x)$ stets > 0 ist, gilt:
   $d'(x) > 0 \Rightarrow 2x - 2 > 0 \Rightarrow x > 1$
   $d'(x) < 0 \Rightarrow 2x - 2 < 0 \Rightarrow x < 1$; genauer: $-3 < x < 1$

   Somit ergibt sich für $x = 1$ ein Minimum.
   $f(1) = \sqrt{1+3} = 2 \Rightarrow Q_E(1|2)$

   d) Steigung der Strecke $[PQ_E]$:

   $m_1 = -\dfrac{4}{1} = -4$ (siehe Zeichnung bei Aufgabe 1 c)

oder:

$$m_1 = \frac{y_{Q_E} - y_P}{x_{Q_E} - x_P} = \frac{2-0}{1-1,5} = \frac{2}{-0,5} = -4$$

Steigung der Tangente an G_f in Q_E:

$$m_2 = f'(x_{Q_E}) = f'(1) = \frac{1}{2 \cdot \sqrt{1+3}} = \frac{1}{4}, \quad \text{da } f'(x) = \frac{1}{2\sqrt{x+3}}$$

$[PQ_E] \perp$ Tangente, da $m_1 = -\dfrac{1}{m_2}$ (siehe Merkhilfe „Normalensteigung")

e) $A = \displaystyle\int_{-3}^{1} f(x)\,dx + \frac{1}{2} \cdot 2 \cdot 0,5$

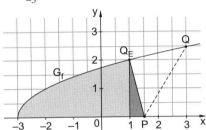

Bestimmung einer Stammfunktion von f(x):

Schritt 1: $\displaystyle\int \sqrt{x}\,dx = \int x^{\frac{1}{2}}\,dx$

$$= \frac{1}{\frac{1}{2}+1} \cdot x^{\frac{1}{2}+1} \quad \text{(siehe Merkhilfe)}$$

$$= \frac{1}{\frac{3}{2}} \cdot x^{\frac{3}{2}}$$

$$= \frac{2}{3} \cdot \sqrt{x}^3$$

Schritt 2: $\displaystyle\int \sqrt{x+3}\,dx = \frac{2}{3} \cdot \sqrt{x+3}^3$ (siehe Merkhilfe)

$$A = \left[\frac{2}{3} \cdot \sqrt{x+3}^3\right]_{-3}^{1} + \frac{1}{2}$$

$$= \frac{2}{3} \cdot \sqrt{4}^3 - \frac{2}{3} \cdot \sqrt{0}^3 + \frac{1}{2}$$

$$= \frac{16}{3} - 0 + \frac{1}{2} = \frac{35}{6}$$

2. a)

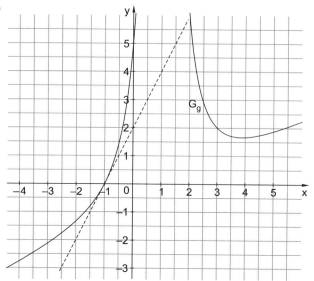

Die Ableitung g' an der Stelle $x = -1$ entspricht der Steigung der Tangente im Kurvenpunkt $(-1|0)$. Man zeichnet eine Gerade durch den Punkt $(-1|0)$ ein, die den Funktionsgraphen berührt.
Ablesen der Steigung aus der Zeichnung liefert den angenäherten Wert für $g'(-1)$.
Da die Tangente näherungsweise durch $(0|2)$ verläuft, ergibt sich:
$$m = \frac{2}{1} = 2$$
oder:
$$m = \frac{2-0}{0-(-1)} = 2$$

Schräge Asymptote: $y = \frac{1}{2}x - 1$ mit $y' = \frac{1}{2}$

Somit muss gelten: $\lim\limits_{x \to \pm\infty} g'(x) = \frac{1}{2}$

Der Graph der Ableitung $g'(x)$ besitzt also die waagrechte Asymptote $y = \frac{1}{2}$. Außerdem verläuft $G_{g'}$ durch $(-1|2)$, da $g'(-1) \approx 2$ (siehe oben).

Wie g besitzt auch g' eine Definitionslücke für $x = 1$. Da der Graph von g für $x \to 1^-$ beliebig steil steigt, gilt:
$$\lim\limits_{x \to 1^-} g'(x) = +\infty$$

Da der Graph von g für $x \to 1^+$ beliebig steil fällt, gilt:
$\lim\limits_{x \to 1^+} g'(x) = -\infty$

Somit hat g' in $x = 1$ eine Polstelle mit Vorzeichenwechsel.

Da g für $x \approx 4$ einen TIP besitzt, muss g' für $x \approx 4$ eine Nullstelle besitzen, an der die Funktionswerte von g' vom Negativen ins Positive wechseln.

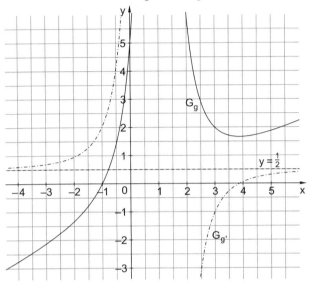

b) Eine Funktion der Form I hat die schräge Asymptote $y = x - 1$, somit kommt I nicht infrage.

Eine Funktion der Form II hat bei $x = 1$ eine Polstelle, jedoch mit Vorzeichenwechsel. Somit kommt II nicht infrage.

Aufgrund der Angabe muss gelten: $g(-1) = 0$

Also:
$$\frac{1}{2} \cdot (-1) - 1 + \frac{a}{(-1-1)^2} = 0$$
$$-\frac{3}{2} + \frac{a}{4} = 0$$
$$\frac{a}{4} = \frac{3}{2} \Rightarrow a = 6$$
$$g(x) = \frac{1}{2}x - 1 + \frac{6}{(x-1)^2}$$

c) $h(x) = \ln(g(x))$

   $h(x)$ ist nur dort definiert, wo $g(x) > 0$ gilt.

   Somit: $\mathbb{D}_h = \,]-1;\,1[\,\cup\,]1;\,+\infty[\, = \,]-1;\,\infty[\,\setminus\{1\}$

   $\lim\limits_{x \to -1^+} h(x) = \text{,,}\ln 0^+\text{``} = -\infty,\quad$ da $\lim\limits_{x \to -1^+} g(x) = 0^+$

   $\lim\limits_{x \to 1^-} h(x) = \text{,,}\ln(+\infty)\text{``} = +\infty,\quad$ da $\lim\limits_{x \to 1^-} g(x) = +\infty$

   $\lim\limits_{x \to 1^+} h(x) = \text{,,}\ln(+\infty)\text{``} = +\infty,\quad$ da $\lim\limits_{x \to 1^+} g(x) = +\infty$

   $\lim\limits_{x \to +\infty} h(x) = \text{,,}\ln(+\infty)\text{``} = +\infty,\quad$ da $\lim\limits_{x \to +\infty} g(x) = +\infty$

Nullstelle von $h(x)$:

$h(x) = \ln(g(x))$ hat dort eine Nullstelle, wo $g(x) = 1$, da $\ln 1 = 0$ gilt. Die Funktion $g(x)$ nimmt den Funktionswert 1 nur einmal an.

Es gilt: $g(x) = 1 \;\Rightarrow\; x \approx -0{,}6$

Somit: $h(x) = 0 \;\Rightarrow\; x \approx -0{,}6$

Abitur Mathematik (Bayern): Abiturprüfung 2011	
Analysis II	

Teil 1

BE

1. Skizzieren Sie den Graphen der in $\mathbb{R}$ definierten Funktion

   $f: x \mapsto 4 - x^2$.

   Berechnen Sie den Inhalt des Flächenstücks, das der Graph von f mit der
   x-Achse einschließt.   5

2. Geben Sie die maximale Definitionsmenge der Funktion

   $f: x \mapsto 3\sqrt{x}$

   an und bestimmen Sie den Term derjenigen Stammfunktion von f, deren
   Graph den Punkt $(1 \mid 4)$ enthält.   4

3. Betrachtet wird die Funktion

   $f: x \mapsto \dfrac{\sin x}{x^2}$

   mit Definitionsmenge $\mathbb{R} \setminus \{0\}$.

   a) Geben Sie die Nullstellen von f an.   3

   b) Ermitteln Sie das Symmetrieverhalten des Graphen von f und geben Sie
      den Grenzwert von f für $x \to +\infty$ an.   3

   c) Bestimmen Sie den Term der Ableitung von f.   2

4. Geben Sie den Term einer gebrochen-rationalen Funktion f mit Definitionsmenge $\mathbb{R} \setminus \{-1\}$ an, deren Graph die Gerade mit der Gleichung $y = 2$ als
   Asymptote besitzt und in $x = -1$ eine Polstelle ohne Vorzeichenwechsel hat. $\underline{3}$

   20

Teil 2

BE

1. Gegeben ist die in $\mathbb{R}$ definierte Funktion

    $f: x \mapsto 6 \cdot e^{-0,5x} + x$.

    Der Graph von f wird mit G_f bezeichnet.

    a) Untersuchen Sie das Monotonie- und das Krümmungsverhalten von G_f. Bestimmen Sie Lage und Art des Extrempunkts $E(x_E | y_E)$ von G_f. 10
    [zur Kontrolle: $x_E = 2 \cdot \ln 3$; $f''(x) = 1,5 \cdot e^{-0,5x}$]

    b) Geben Sie das Verhalten von f für $x \to -\infty$ an. Machen Sie plausibel, dass G_f für $x \to +\infty$ die Gerade mit der Gleichung $y = x$ als schräge Asymptote besitzt. 3

    c) Bestimmen Sie die Gleichung der Tangente an G_f im Punkt $(0|6)$. Skizzieren Sie G_f unter Verwendung der bisherigen Ergebnisse in ein geeignet anzulegendes Koordinatensystem. 6

2. Gegeben ist die in $\mathbb{R}$ definierte Funktion

    $h: x \mapsto 6 \cdot e^{-0,5x} + 1,5$.

    Die Abbildung zeigt den in $\mathbb{R}$ streng monoton fallenden Graphen G_h von h sowie dessen Asymptote, die durch die Gleichung $y = 1,5$ gegeben ist.

    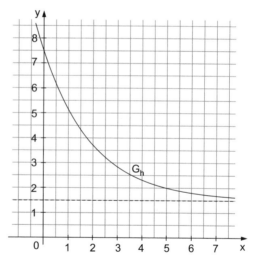

    a) Beschreiben Sie, wie G_h aus dem Graphen der in $\mathbb{R}$ definierten natürlichen Exponentialfunktion $x \mapsto e^x$ hervorgeht. 4

    Für $x \geq 0$ beschreibt die Funktion h modellhaft die zeitliche Entwicklung des momentanen Schadstoffausstoßes einer Maschine. Dabei ist x die seit dem Start der Maschine vergangene Zeit in Minuten und h(x) die momentane Schadstoffausstoßrate in Milligramm pro Minute.

    b) Geben Sie in diesem Sachzusammenhang die Bedeutung des Monotonieverhaltens von G_h sowie des Grenzwerts von h für $x \to +\infty$ an. 3

    c) Bestimmen Sie den Inhalt des Flächenstücks, das G_h, die Koordinatenachsen und die Gerade mit der Gleichung $x = 5$ einschließen. Interpretieren Sie das Ergebnis im Sachzusammenhang. 6

2011-16

3. Gegeben ist die Schar der Funktionen

$$f_a: x \mapsto 6 \cdot e^{-0,5x} - a \cdot x \text{ mit } a \in \mathbb{R}^+$$

und Definitionsmenge $\mathbb{R}$.

a) Weisen Sie nach, dass die Graphen aller Funktionen der Schar die y-Achse im selben Punkt schneiden und in $\mathbb{R}$ streng monoton fallend sind.

Zeigen Sie, dass $\lim\limits_{x \to +\infty} f_a(x) = -\infty$ gilt.   5

b) Aus den Ergebnissen der Aufgabe 3 a ergibt sich, dass jede Funktion der Schar genau eine Nullstelle besitzt. Bestimmen Sie für diese Nullstelle in Abhängigkeit von a einen Näherungswert x_1, indem Sie den ersten Schritt des Newton-Verfahrens mit dem Startwert $x_0 = 0$ durchführen. $\underline{3}$

     40

Tipps und Hinweise

Teil 1

Aufgabe 1

✐ Um welche Art von Funktion handelt es sich?

✐ Welche Form hat der Graph einer quadratischen Funktion?

✐ Wie entsteht der Graph von $4 - x^2$ aus dem Graphen der Normalparabel?

✐ Berechnen Sie die Nullstellen.

✐ Die Fläche wird mithilfe eines bestimmten Integrals berechnet.

Aufgabe 2

✐ Um welche Art von Funktion handelt es sich?

✐ Was muss für den Term unter dem Wurzelzeichen gelten, damit die Wurzel definiert ist?

✐ Die Wurzel aus einer negativen Zahl ist nicht definiert.

✐ Bedenken Sie, dass $\sqrt{x} = x^{\frac{1}{2}}$.

✐ Beachten Sie die Integrationsformel für x^r auf der Merkhilfe!

✐ Ein Punkt liegt nur dann auf dem Graphen einer Funktion, wenn die Koordinaten des Punktes die Funktionsgleichung erfüllen.

Aufgabe 3

✐ Ein Bruch hat den Wert null, wenn der Zähler den Wert null hat.

✐ Denken Sie an die periodische Wiederholung.

✐ Bestimmen Sie f(–x) und vergleichen Sie mit dem Funktionsterm.

✐ Welche Werte nimmt der Zähler an? Wohin strebt der Nenner für $x \to +\infty$?

✐ Beachten Sie die Quotientenregel (siehe Merkhilfe).

✐ Die Merkhilfe liefert $(\sin x)' = \cos x$.

Aufgabe 4

✐ Welcher Faktor muss im Nenner stehen, damit $\mathbb{D} = \mathbb{R} \setminus \{-1\}$ gilt?

✐ $x = -1$ soll Polstelle ohne Vorzeichenwechsel sein.

✐ $x = -1$ muss doppelte (oder auch vierfache, sechsfache ...) Nullstelle des Nenners sein.

2011-18

✓ $y = 2$ ist eine waagrechte Asymptote.

✓ Was muss für den Grad von Zähler und Nenner gelten, damit eine waagrechte Asymptote $y = a \neq 0$ vorhanden ist?

Teil 2

Aufgabe 1 a

✓ Das Monotonieverhalten lässt sich mithilfe der 1. Ableitung, das Krümmungsverhalten mithilfe der 2. Ableitung ermitteln (siehe Merkhilfe).

✓ Beachten Sie die Kettenregel (nachdifferenzieren!), siehe Merkhilfe.

✓ Das Vorzeichen der 1. Ableitung entscheidet über die Art der Monotonie (siehe Merkhilfe).

✓ Aus dem Monotonieverhalten lässt sich der Extremwert und seine Art ablesen.

✓ Beachten Sie bei der Berechnung der y-Koordinate von E, dass $e^{\ln a} = a$ gilt.

✓ Das Vorzeichen der 2. Ableitung entscheidet über die Art der Krümmung (siehe Merkhilfe).

✓ Beachten Sie: $e^{-0,5x} > 0$ in $\mathbb{R}$.

Aufgabe 1 b

✓ Überlegen Sie für jeden einzelnen Summanden, wohin er für $x \to -\infty$ strebt.

✓ Stellen Sie sich den Graphen von e^x vor.

✓ Beachten Sie: $\lim\limits_{x \to +\infty} e^x = +\infty$

✓ Wohin strebt der Summand $b \cdot e^{-0,5x}$ für $x \to +\infty$?

✓ Stellen Sie sich dazu wieder den Graphen von e^x vor.

✓ Beachten Sie: $\lim\limits_{x \to -\infty} e^x = 0$

Aufgabe 1 c

✓ Jede Tangente hat als Gerade die Gleichung $y = mx + t$.

✓ Die Steigung m der Tangente ergibt sich aus der 1. Ableitung (siehe Merkhilfe).

✓ Da der Punkt $(0\,|\,6)$ auf der Tangente liegt, müssen seine Koordinaten die Tangentengleichung erfüllen.

✓ Zeichnen Sie außer dem Punkt $(0\,|\,6)$ und dem Punkt E (siehe Aufgabe 1 a) auch die Tangente und die schräge Asymptote ein.

Aufgabe 2 a

Es gilt: $f(x)+a$ Verschiebung um a in y-Richtung

$f(x+a)$ Verschiebung um –a in x-Richtung

$a \cdot f(x)$ Dehnung / Stauchung in y-Richtung

$f(ax)$ Dehnung / Stauchung in x-Richtung

$-f(x)$ Spiegelung an der x-Achse

$f(-x)$ Spiegelung an der y-Achse

Skizzieren Sie nacheinander die Graphen von e^x; e^{-x}; $e^{-0,5x}$; $6e^{-0,5x}$; $6e^{-0,5x}+1,5$ und beschreiben Sie, wie der jeweilige Graph aus dem vorigen entsteht.

Aufgabe 2 b

Welches Monotonieverhalten lässt sich aus dem gegebenen Graphen ablesen?

Welche Größe (Sachzusammenhang) wird durch G_h beschrieben?

Bestimmen Sie $\lim\limits_{x \to +\infty} h(x)$ (Zeichnung beachten).

$h(x)$ nähert sich der waagrechten Asymptote $y=1,5$ von oben an. Die durch G_h beschriebene Größe bleibt also stets größer als 1,5.

Beachten Sie die (im Sachzusammenhang gegebene) Benennung des Werts 1,5.

Aufgabe 2 c

Der Inhalt des Flächenstücks lässt sich mithilfe eines bestimmten Integrals berechnen.

Beachten Sie bei der Integration von $e^{-0,5x}$ die Formel für die Integration von $f(ax+b)$ auf der Merkhilfe.

Der Graph G_h beschreibt den momentanen Schadstoffausstoß, somit beschreibt die Fläche die Gesamtänderung des Schadstoffausstoßes in der Zeit [0; 5].

Aufgabe 3 a

Für alle Punkte auf der y-Achse gilt $x=0$.

Berechnen Sie $f_a(0)$. Der sich ergebende Wert ist unabhängig von a, gilt also für alle Funktionen der Schar.

Die Monotonie lässt sich mithilfe der 1. Ableitung bestimmen (siehe Merkhilfe).

Beachten Sie die Kettenregel (nachdifferenzieren), siehe Merkhilfe.

Überlegen Sie für jeden einzelnen Summanden, wohin er für $x \to +\infty$ strebt.

Beachten Sie: $\lim\limits_{x \to -\infty} e^x = 0$ und $a \in \mathbb{R}^+$

Aufgabe 3 b

Beachten Sie die Formel auf der Merkhilfe. Es gilt in der Formel $n=0$ mit $x_0=0$.

2011-20

Lösungen

Teil 1

1. $f(x) = 4 - x^2$

   Es handelt sich um eine an der x-Achse gespiegelte und um 4 in y-Richtung verschobene Normalparabel.

   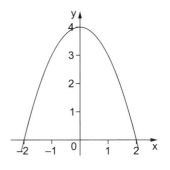

   Nullstellen:
   $4 - x^2 = 0 \Rightarrow x^2 = 4 \Rightarrow x = \pm 2$

   $A = \int_{-2}^{2} (4-x^2)\, dx = 2 \cdot \int_{0}^{2} (4-x^2)\, dx$

   $= 2 \cdot \left[4x - \frac{1}{3}x^3 \right]_0^2 = 2 \cdot \left(8 - \frac{8}{3} \right) = \frac{32}{3}$

2. $f(x) = 3\sqrt{x} \quad \mathbb{D} = \mathbb{R}_0^+$

   $F(x) = \int 3\sqrt{x}\, dx = 3 \int x^{\frac{1}{2}}\, dx = 3 \cdot \frac{1}{\frac{1}{2}+1} \cdot x^{\frac{1}{2}+1} + C$ (siehe Merkhilfe)

   $= 3 \cdot \frac{2}{3} \cdot x^{\frac{3}{2}} + C = 2 \cdot (\sqrt{x})^3 + C$

   $F(1) \stackrel{!}{=} 4 \Rightarrow 2 \cdot (\sqrt{1})^3 + C = 4 \Rightarrow 2 + C = 4 \Rightarrow C = 2$

   $F(x) = 2 \cdot (\sqrt{x})^3 + 2$

3. $f(x) = \frac{\sin x}{x^2} \quad \mathbb{D} = \mathbb{R} \setminus \{0\}$

   a) $f(x) = 0 \Rightarrow \sin x = 0 \Rightarrow x = k \cdot \pi$ mit $k \in \mathbb{Z} \setminus \{0\}$

   b) $f(-x) = \frac{\sin(-x)}{(-x)^2} = \frac{-\sin x}{x^2} = -f(x)$

   $\Rightarrow$ Der Graph von f ist punktsymmetrisch zum Ursprung.

   $\lim_{x \to +\infty} \frac{\sin x}{x^2} = 0$, da der Zähler Werte im Intervall $[-1; 1]$ annimmt und der Nenner für $x \to +\infty$ gegen $+\infty$ strebt.

   c) $f'(x) = \frac{\cos x \cdot x^2 - \sin x \cdot 2x}{(x^2)^2} = \frac{x(x \cdot \cos x - 2 \cdot \sin x)}{x^4} = \frac{x \cos x - 2 \sin x}{x^3}$

4. $\mathbb{D} = \mathbb{R} \setminus \{-1\} \Rightarrow$ Im Nenner muss der Faktor $(x+1)$ vorhanden sein.

$x = -1$ Polstelle ohne Vorzeichenwechsel
$\Rightarrow x = -1$ ist doppelte / vierfache / sechsfache ... Nullstelle des Nenners

$y = 2$ waagrechte Asymptote $\Rightarrow$ Grad Zähler = Grad Nenner

$$f(x) = \frac{2x^2}{(x+1)^2} \quad oder: \quad f(x) = \frac{2x^4}{(x+1)^4} \quad oder: \quad f(x) = \frac{8x^2}{4(x+1)^2} \quad oder: \dots$$

Teil 2

1. $f(x) = 6e^{-0,5x} + x$

a) $f'(x) = 6e^{-0,5x} \cdot (-0,5) + 1 = -3e^{-0,5x} + 1$

$f''(x) = -3e^{-0,5x} \cdot (-0,5) = 1,5e^{-0,5x}$

Monotonieverhalten:

$f'(x) > 0 \Rightarrow -3e^{-0,5x} + 1 > 0$

$$-3e^{-0,5x} > -1$$

$$e^{-0,5x} < \frac{1}{3}$$

$$-0,5x < \ln\frac{1}{3}$$

$$x > -2\ln\frac{1}{3} = -2\ln 3^{-1} = 2\ln 3$$

$f'(x) < 0 \Rightarrow -3e^{-0,5x} + 1 < 0$

$$e^{-0,5x} > \frac{1}{3}$$

$$x < -2\ln\frac{1}{3} = 2\ln 3$$

G_f ist streng monoton fallend in $]-\infty; 2\ln 3[$ und streng monoton steigend in $]2\ln 3; +\infty[\Rightarrow$ TIP für $x = 2\ln 3$

Wegen

$f(2\ln 3) = 6e^{-0,5 \cdot 2\ln 3} + 2\ln 3 \qquad oder: \quad f\left(-2\ln\frac{1}{3}\right) = 6e^{-0,5 \cdot \left(-2\ln\frac{1}{3}\right)} - 2\ln\frac{1}{3}$

$\qquad = 6e^{-\ln 3} + 2\ln 3 \qquad\qquad\qquad\qquad = 6e^{\ln\frac{1}{3}} - 2\ln\frac{1}{3}$

$\qquad = 6e^{\ln\frac{1}{3}} + 2\ln 3 \qquad\qquad\qquad\qquad = 6 \cdot \frac{1}{3} - 2\ln\frac{1}{3}$

$\qquad = 6 \cdot \frac{1}{3} + 2\ln 3 \qquad\qquad\qquad\qquad = 2 - 2\ln\frac{1}{3}$

$\qquad = 2 + 2\ln 3$

gilt: $E(2\ln 3 \mid 2 + 2\ln 3)$ ist Tiefpunkt.

Krümmungsverhalten:
f''(x) = 1,5e$^{-0,5x}$ > 0, da e$^{-0,5x}$ > 0 in ℝ
⇒ G$_f$ ist linksgekrümmt in ℝ.

b) $\lim\limits_{x \to -\infty} f(x) = \lim\limits_{x \to -\infty} (6e^{-0,5x} + x) =$ „6e$^{+\infty} - \infty$" = „6(+∞) − ∞" = +∞, weil der
erste Summand, die e-Funktion, stärker wächst und „sich durchsetzt".

$\lim\limits_{x \to +\infty} 6e^{-0,5x} =$ „6 · e$^{-\infty}$" = „6 · 0" = 0

Somit strebt der erste Summand im Funktionsterm für x → +∞ gegen null.
Der zweite Summand y = x bildet daher die schräge Asymptote.

c) Tangente:
y = mx + t mit
m = f'(0) = −3e^0 + 1 = −2

Einsetzen von (0|6):
6 = −2 · 0 + t ⇒ t = 6
⇒ y = −2x + 6

E(2 ln 3 | 2 + 2 ln 3)
E(≈ 2,2 | ≈ 4,2)

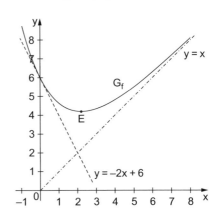

2. h(x) = 6e$^{-0,5x}$ + 1,5

a) Durch Spiegelung an der y-Achse entsteht aus dem Graphen von e^x der Graph von e^{-x}.

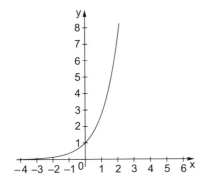
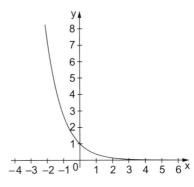

Durch Streckung um 2 in x-Richtung entsteht aus dem Graphen von e^{-x} der Graph von $e^{-0,5x}$.

Bemerkung: Um denselben Exponenten – und damit denselben Funktionswert – zu erhalten, muss x doppelt so groß gewählt werden.

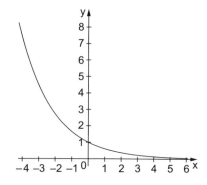

Durch Streckung um 6 in y-Richtung entsteht aus dem Graphen von $e^{-0,5x}$ der Graph von $6e^{-0,5x}$.

Bemerkung: Jeder y-Wert wird sechsmal so groß.

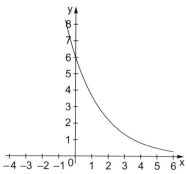

Durch Verschiebung um 1,5 in positive y-Richtung entsteht aus dem Graphen von $6e^{-0,5x}$ der Graph von $6e^{-0,5x} + 1,5$.

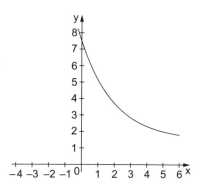

b) Der momentane Schadstoffausstoß nimmt kontinuierlich ab, sinkt aber nie unter einen Grenzwert von $1,5 \frac{mg}{min}$.

$$\lim_{x \to +\infty} h(x) = \lim_{x \to +\infty} (6e^{-0,5x} + 1,5) = 0 + 1,5 = 1,5$$

c)

$$A = \int\limits_0^5 f(x)\,dx = \int\limits_0^5 (6e^{-0,5x}+1,5)\,dx = 6\int\limits_0^5 e^{-0,5x}\,dx + \int\limits_0^5 1,5\,dx$$

$$= 6\cdot\left[\frac{1}{-0,5}\cdot e^{-0,5x}\right]_0^5 + [1,5x]_0^5$$

$$= 6(-2e^{-2,5}+2e^0)+7,5 = -12e^{-2,5}+12+7,5$$

$$\approx 18,5$$

Die Maschine stößt in den ersten fünf Minuten ca. 18,5 mg Schadstoff aus.

3. $f_a(x) = 6\cdot e^{-0,5x}-ax \quad a\in\mathbb{R}^+ \quad \mathbb{D}=\mathbb{R}$

   a) $f_a(0) = 6\cdot e^0 - a\cdot 0 = 6$ für alle $a\in\mathbb{R}^+$

      $\Rightarrow \quad (0\,|\,6)$ liegt auf den Graphen aller Scharfunktionen.

      $$f_a'(x) = 6\cdot e^{-0,5x}\cdot(-0,5)-a = \underbrace{-3\cdot e^{-0,5x}}_{>0} - \underbrace{a}_{>0} < 0 \quad \text{für alle } a\in\mathbb{R}^+$$

      $\Rightarrow \quad$ Die Graphen aller Scharfunktionen sind in $\mathbb{R}$ streng monoton fallend.

      $$\lim_{x\to+\infty} f_a(x) = \lim_{x\to+\infty}(6\cdot e^{-0,5x}-ax) = \text{„}6\cdot e^{-\infty}-a\cdot(+\infty)\text{“} = \text{„}6\cdot 0-\infty\text{“} = -\infty$$

   b) $x_1 = x_0 - \dfrac{f_a(x_0)}{f_a'(x_0)}$ mit $x_0 = 0$

      $$x_1 = 0 - \frac{f_a(0)}{f_a'(0)} = -\frac{6}{-3\cdot e^0 - a} = -\frac{6}{-3-a} = -\frac{6}{-(3+a)} = \frac{6}{3+a}$$

2011-25

Abitur Mathematik (Bayern): Abiturprüfung 2011
Stochastik I

BE

Ein Investor plant, in einer Gemeinde, die aus den Orten Oberberg und Niederberg besteht, eine Windkraftanlage zu errichten.

1. Um sich einen Überblick darüber zu verschaffen, wie die Einwohner zu diesem Vorhaben stehen, beschließt der Gemeinderat, eine Umfrage unter den Wahlberechtigten der Gemeinde durchzuführen. In Niederberg werden 1 722, in Oberberg 258 Einwohner befragt. 1 089 aller Befragten äußern keine Einwände gegen die Windkraftanlage, darunter sind allerdings nur 27 Einwohner von Oberberg. Die übrigen befragten Personen sprechen sich gegen die Windkraftanlage aus.

   a) Bestimmen Sie jeweils den prozentualen Anteil der Gegner der Windkraftanlage unter den Befragten von Niederberg und unter den Befragten von Oberberg. 4

   Aus allen Befragten wird zufällig eine Person ausgewählt.

   b) Ermitteln Sie
   - die Wahrscheinlichkeit p_1 dafür, dass die ausgewählte Person in Oberberg wohnt und sich gegen die Windkraftanlage aussprach.
   - die Wahrscheinlichkeit p_2 dafür, dass die ausgewählte Person in Oberberg wohnt, wenn bekannt ist, dass sie sich gegen die Windkraftanlage aussprach. 4

   c) Begründen Sie, dass kein Ergebnis der Umfrage denkbar ist, bei dem $p_1 > p_2$ ist. 2

Die Windkraftgegner schließen sich zu einer Bürgerinitiative zusammen.

2. Zur Aufbesserung ihrer finanziellen Mittel hat die Bürgerinitiative auf dem Gemeindefest ein Glücksrad mit zehn gleich großen Sektoren aufgebaut (vgl. Abbildung). Ein Spiel besteht aus dem einmaligen Drehen des Glücksrads; die erzielte Zahl gibt die Kategorie des Preises an, den der Spieler erhält.

   a) Ein Preis der Kategorie 1 ist für die Bürgerinitiative mit Unkosten in Höhe von zehn Euro, ein Preis der Kategorie 2 mit Unkosten in Höhe von fünf Euro verbunden, Preise der Kategorien 3 und 4 werden von Sponsoren gestellt und verursachen keine Unkosten. Bestimmen Sie den im Mittel pro Spiel zu erwartenden Gewinn der Bürgerinitiative, wenn der Einsatz für ein Spiel 2,50 Euro beträgt und keine weiteren Unkosten anfallen. 5

b) Zehn Besucher des Gemeindefests drehen nacheinander jeweils einmal das Glücksrad. Geben Sie zu jedem der folgenden Ereignisse einen Term an, mit dem sich die Wahrscheinlichkeit des Ereignisses berechnen lässt.

A: „Nur die ersten fünf Preise entfallen auf die Kategorie 4."

B: „Genau die Hälfte der Preise entfällt auf die Kategorie 4."

C: „Die Preise verteilen sich jeweils zur Hälfte auf die Kategorien 1 und 4."   5

3. Die Bürgerinitiative veranstaltet am viel besuchten Badesee der Gemeinde eine Unterschriftenaktion gegen die geplante Windkraftanlage.
Berechnen Sie, wie hoch der Anteil p der Gegner der Windkraftanlage unter den Badegästen mindestens sein muss, damit sich unter zehn zufällig ausgewählten Badegästen mit einer Wahrscheinlichkeit von mindestens 99 % wenigstens ein Gegner der Windkraftanlage befindet.   5

4. Aufgrund der vielfältigen Aktivitäten der Bürgerinitiative vermutet der Gemeinderat, dass inzwischen mindestens 55 % der Wahlberechtigten der Gemeinde gegen die Errichtung der Windkraftanlage sind. Um diese Vermutung zu testen, werden 200 zufällig ausgewählte Wahlberechtigte der Gemeinde befragt. Wie muss die Entscheidungsregel mit einem möglichst großen Ablehnungsbereich lauten, wenn die Vermutung des Gemeinderats mit einer Wahrscheinlichkeit von höchstens 5 % irrtümlich abgelehnt werden soll?   5

                                                                                 30

Tipps und Hinweise

Aufgabe 1

✎ Ordnen Sie die Angaben (z. B. in einer Vierfeldertafel).

✎ Sie benötigen die Anzahl der Gegner der Windkraftanlage (also derer, die Einwände äußern) für den jeweiligen Ort.

Aufgabe 1 a

✎ Bei der Berechnung der Laplace-Wahrscheinlichkeit steht im Zähler die Anzahl der „günstigen", im Nenner die Anzahl aller Ergebnisse.

✎ Gesucht ist der Anteil der Nieder- (bzw. Ober-)berger Gegner unter allen Nieder- (bzw. Ober-)bergern.

✎ Sie können entsprechend auch die bedingte Wahrscheinlichkeit $P_N(E)$ bzw. $P_O(E)$ berechnen (siehe Merkhilfe).

Aufgabe 1 b

✎ Beachten Sie in der Aufgabenstellung für p_1 das UND.

✎ Gesucht ist die Wahrscheinlichkeit einer Schnittmenge.

✎ Beachten Sie in der Aufgabenstellung für p_2 das WENN.

✎ Gesucht ist eine bedingte Wahrscheinlichkeit (siehe Merkhilfe).

Aufgabe 1 c

✎ Betrachten Sie die beiden Brüche, mit denen Sie p_1 bzw. p_2 berechnet haben.

✎ Welche Größe befindet sich bei beiden Brüchen im Zähler?

✎ Was können Sie über die Größe der beiden Nenner aussagen?

✎ Der Wert zweier Brüche mit gleichem Zähler ist umso kleiner, je größer der Nenner ist.

Aufgabe 2

✎ Bestimmen Sie die Wahrscheinlichkeit der einzelnen Ziffern auf dem Glücksrad.

Aufgabe 2 a

✎ Beachten Sie, dass Unkosten angegeben, Sie aber nach dem Gewinn gefragt sind.

✎ Geben Sie die Wahrscheinlichkeiten der möglichen Gewinne an.

✎ Berechnen Sie den Erwartungswert des Gewinns (siehe Merkhilfe).

2011-28

Aufgabe 2 b

✎ Bei A sind die Plätze festgelegt, bei B und C nicht.

✎ Bei A und B gibt es 5 Preise der Kategorie 4 UND 5 Preise, die nicht Kategorie 4 sind.

✎ Auch bei C gibt es 5 Preise der Kategorie 4, die 5 weiteren Preise gehören nun zur Kategorie 1.

Aufgabe 3

✎ Arbeiten Sie mit dem Gegenereignis zu „wenigstens ein Gegner".

✎ Die Anzahl $n = 10$ der Befragten ist bekannt, gesucht ist die Wahrscheinlichkeit p der Gegner.

✎ Beachten Sie: $a^n = b \;\Rightarrow\; a = \sqrt[n]{b}$

Aufgabe 4

✎ Die Vermutung des Gemeinderats lautet $p_0 \geq 0{,}55$.

✎ Stimmt man bei möglichst vielen oder bei möglichst wenigen Gegnern für $p_0 \geq 0{,}55$?

✎ Die Wahrscheinlichkeit, gegen p_0 zu sein, obwohl $p_0 = 0{,}55$, soll höchstens 5 % betragen.

✎ Lesen Sie in der Tabelle das größtmögliche k ab.

✎ In welchem Bereich spricht man sich gegen p_0 aus? (Ablehnungsbereich)

Lösungen

1. Eine Vierfeldertafel verschafft Überblick über die Angaben:

	E	$\overline{E}$	
O	**231**	27	258
N	**660**	**1 062**	1 722
	891	1 089	**1 980**

Die zu berechnenden Werte sind fett gedruckt.

Dabei gilt:
- O steht für Oberberg
- N steht für Niederberg
- E steht für „Einwände"
- $\overline{E}$ steht für „keine Einwände"

a) $P_N(E) = \dfrac{P(N \cap E)}{P(N)} = \dfrac{|N \cap E|}{|N|} = \dfrac{660}{1\,722} \approx 0,383 = 38,3\,\%$

$P_O(E) = \dfrac{P(O \cap E)}{P(O)} = \dfrac{|O \cap E|}{|O|} = \dfrac{231}{258} \approx 0,895 = 89,5\,\%$

b) $p_1 = P(O \cap E) = \dfrac{|O \cap E|}{|\Omega|} = \dfrac{231}{1\,980} \approx 0,117 = 11,7\,\%$

$p_2 = P_E(O) = \dfrac{P(O \cap E)}{P(E)} = \dfrac{|O \cap E|}{|E|} = \dfrac{231}{891} \approx 0,259 = 25,9\,\%$

c) p_1 und p_2 sind Brüche mit demselben Zähler ($|O \cap E|$). Der Nenner von p_1 ist die Anzahl aller Befragten, der Nenner von p_2 nur die Anzahl aller Gegner. Somit gilt: Nenner von $p_1 \geq$ Nenner von p_2

Also: $\dfrac{a}{\text{Nenner von } p_1} \leq \dfrac{a}{\text{Nenner von } p_2}$

Somit ist $p_1 > p_2$ nicht möglich.

2.

Glücksradziffer	1	2	3	4
Wahrscheinlichkeit	0,1	0,2	0,3	0,4

a)

Gewinn G in €	–7,50	–2,50	2,50	2,50
P(G)	0,1	0,2	0,3	0,4

$E(G) = -7,50 \in \cdot 0,1 - 2,50 \in \cdot 0,2 + 2,50 \in \cdot 0,3 + 2,50 \in \cdot 0,4 = 0,5 \in$
= mittlerer Gewinn pro Spiel

b) $P(A) = 0,4^5 \cdot 0,6^5$

$P(B) = \binom{10}{5} \cdot 0,4^5 \cdot 0,6^5$

$P(C) = \binom{10}{5} \cdot 0,4^5 \cdot 0,1^5$

3. P(unter 10 wenigstens 1 Gegner) $\geq 99\,\%$

$1 - P(\text{unter 10 kein Gegner}) \geq 0,99$

$$1 - \binom{10}{0} \cdot p^0 \cdot (1-p)^{10} \geq 0,99$$

$$-(1-p)^{10} \geq -0,01$$

$$(1-p)^{10} \leq 0,01$$

$$1 - p \leq \sqrt[10]{0,01}$$

$$-p \leq \sqrt[10]{0,01} - 1$$

$$p \geq -\sqrt[10]{0,01} + 1 \approx 0,37 = 37\,\%$$

Der Anteil der Gegner muss unter den Badegästen mindestens $1 - \sqrt[10]{0,01}$ betragen.

4.

	gegen p_0	für p_0	
	$0 \ldots k$	$k+1 \ldots 200$	gegen Windkraftanlage
$p_0 \geq 0,55$	$\leq 5\,\%$		

$$P = \sum_{i=0}^{k} B(200; 0,55; i) \leq 0,05$$

$$P_{0,55}^{200}(X \leq k) \leq 0,05$$

Ablesen in der Tabelle liefert: $k = 97 \;\Rightarrow\;$ Ablehnungsbereich $\{0 \ldots 97\}$
Bei höchstens 97 Gegnern wird die Vermutung des Gemeinderats abgelehnt.

Abitur Mathematik (Bayern): Abiturprüfung 2011
Stochastik II

BE

1. Auf der Strecke München–Tokio bietet eine Fluggesellschaft ihren Passagieren verschiedene Menüs an, darunter ein vegetarisches. Aus Erfahrung weiß man, dass sich im Mittel 10 % der Passagiere für das vegetarische Menü entscheiden. Im Folgenden soll davon ausgegangen werden, dass die Passagiere ihre jeweilige Menüwahl unabhängig voneinander treffen.

a) Auf einem Flug nach Tokio sind 200 Passagiere an Bord. Bestimmen Sie die Wahrscheinlichkeit dafür, dass sich mindestens 20 und höchstens 25 Passagiere für das vegetarische Menü entscheiden.

4

Auf dem Rückflug nach München ist die Maschine mit 240 Passagieren besetzt.

b) Berechnen Sie die Wahrscheinlichkeit dafür, dass sich auf dem Rückflug genau 20 Passagiere für das vegetarische Menü entscheiden.

3

c) Tatsächlich entscheiden sich auf dem Rückflug sechs weibliche und vierzehn männliche Reisende für das vegetarische Menü. Ermitteln Sie, wie viele weibliche Reisende unter den Passagieren sind, wenn die Ereignisse „Ein zufällig ausgewählter Passagier ist weiblich." und „Ein zufällig ausgewählter Passagier entscheidet sich für das vegetarische Menü." unabhängig sind.

4

2. Die Fluggesellschaft beabsichtigt, ihren Passagieren neben dem Standardmenü gegen Zuzahlung ein Premiummenü anzubieten, möchte diesen Service jedoch nur dann einrichten, wenn er von mehr als 15 % der Passagiere gewünscht wird. Die Nullhypothese „Höchstens 15 % der Passagiere wünschen das Angebot eines Premiummenüs." soll auf der Basis einer Stichprobe von 200 Passagieren auf einem Signifikanzniveau von 5 % getestet werden.

a) Bestimmen Sie die zugehörige Entscheidungsregel.

5

b) Die Fluggesellschaft hätte für den Test – bei gleichem Signifikanzniveau – anstelle der Nullhypothese

„Höchstens 15 % der Passagiere wünschen das Angebot eines Premiummenüs."

auch die Nullhypothese

„Mehr als 15 % der Passagiere wünschen das Angebot eines Premiummenüs."

wählen können. Bei der Wahl der Nullhypothese stand für die Fluggesellschaft eine der beiden folgenden Überlegungen im Vordergrund:

- Der irrtümliche Verzicht auf das Angebot des Premiummenüs wäre mit einem Imageverlust verbunden.
- Das irrtümliche Angebot des Premiummenüs wäre mit einem finanziellen Verlust verbunden.

Entscheiden Sie, welche der beiden Überlegungen für die Fluggesellschaft bei der Wahl der Nullhypothese im Vordergrund stand. Erläutern Sie Ihre Entscheidung.   3

3. Bei einer Routineinspektion wird die Passagierkabine eines zufällig ausgewählten Flugzeugs des Typs X überprüft. Ein Mangel der Beleuchtung sowie ein Mangel der Klimaanlage liegen bei Flugzeugen dieses Typs jeweils mit einer bestimmten Wahrscheinlichkeit vor; diese Wahrscheinlichkeiten können der folgenden Vierfeldertafel entnommen werden.

	K	$\overline{\text{K}}$	
B	x	0,05	
$\overline{\text{B}}$			0,04
		0,06	1

B: Beleuchtung einwandfrei
$\overline{\text{B}}$: Beleuchtung mangelhaft
K: Klimaanlage einwandfrei
$\overline{\text{K}}$: Klimaanlage mangelhaft

a) Bestimmen Sie den Wert von x und beschreiben Sie das zugehörige Ereignis in Worten.   3

b) Mit welcher Wahrscheinlichkeit liegt bei dem zufällig ausgewählten Flugzeug des Typs X ein Mangel der Klimaanlage vor, wenn die Beleuchtung nicht einwandfrei funktioniert?   3

c) Bei Flugzeugen eines anderen Typs Y liegt ein Mangel der Klimaanlage mit einer Wahrscheinlichkeit von 4 % vor. Die Wahrscheinlichkeit dafür, dass mindestens einer der beiden Mängel vorliegt, beträgt 5 %. Wenn mindestens einer der beiden Mängel vorliegt, so funktioniert mit einer Wahrscheinlichkeit von 40 % die Beleuchtung nicht einwandfrei. Stellen Sie zu der für Flugzeuge des Typs Y beschriebenen Situation eine vollständig ausgefüllte Vierfeldertafel auf.   5
                                                                                 ___
                                                                                  30

Tipps und Hinweise

Aufgabe 1 a

✐ Es handelt sich um Ziehen mit Zurücklegen (Formel siehe Merkhilfe) mit $n = 200$, $p = 0,1$ und mindestens 20 sowie höchstens 25 Treffern.

✐ Beachten Sie, dass die kumulative Tabelle stets von 0 an summiert.

✐ Formen Sie um: $\{20 \ldots 25\} = \{0 \ldots 25\} - \{0 \ldots 19\}$

Aufgabe 1 b

✐ Wiederum Bernoulli, jetzt jedoch mit $n = 240$ und exakt 20 Treffern.

✐ Der Wert ist nicht tabellarisiert! Schreiben Sie die Berechnung (siehe Merkhilfe) ausführlich hin und benutzen Sie Ihren Taschenrechner.

Aufgabe 1 c

✐ Die Merkhilfe liefert die Formel für die Unabhängigkeit von zwei Ereignissen.

✐ Bestimmen Sie die in der Formel vorkommenden Wahrscheinlichkeiten mit der Formel von Laplace.

✐ $\text{Laplace-Wahrscheinlichkeit} = \dfrac{\text{Anzahl der günstigen Ergebnisse}}{\text{Anzahl der möglichen Ergebnisse}}$

Aufgabe 2 a

✐ Die Nullhypothese ist gegeben.

✐ Stimmt man für $p_0 \leq 0,15$, wenn möglichst viele oder möglichst wenige das Angebot wollen?

✐ Die Wahrscheinlichkeit, gegen p_0 zu sein, obwohl $p_0 = 0,15$, soll höchstens 5 % betragen.

✐ Lesen Sie in der Tabelle das kleinstmögliche k ab.

✐ In welchem Bereich spricht man sich gegen p_0 aus? (Ablehnungsbereich)

Aufgabe 2 b

✐ Wann verzichtet die Fluggesellschaft irrtümlich auf das Angebot?

✐ Wann bietet die Fluggesellschaft das Premiummenü irrtümlich an?

✐ Welchen Fehler will die Fluggesellschaft möglichst klein (Signifikanzniveau) halten?

✐ Der „kleine" Fehler bestimmt die Überlegung.

Aufgabe 3 a

Übertragen Sie die Vierfeldertafel und füllen Sie sie so aus, dass die Summen in jeder Zeile und jeder Spalte stimmig sind.

Das zugehörige Ereignis ist $B \cap K$. Fassen Sie dies in Worte.

$\cap$ lässt sich mit „sowohl … als auch" übersetzen.

Aufgabe 3 b

Gesucht ist eine bedingte Wahrscheinlichkeit (siehe Merkhilfe).

Lesen Sie die benötigten Werte in der Vierfeldertafel ab.

Aufgabe 3 c

Dem Angabentext können drei Wahrscheinlichkeiten entnommen werden.

Verwenden Sie bei „mindestens einer der beiden Mängel" das Gegenereignis.

Die 40 % gehören zu einer bedingten Wahrscheinlichkeit (siehe Merkhilfe).

Wie lässt sich die Schnittmenge „mindestens einer der beiden Mängel $\cap\ \overline{B}$" vereinfachen?

Tragen Sie die drei gefundenen Wahrscheinlichkeiten in eine Vierfeldertafel ein und vervollständigen Sie sie.

2011-35

Lösungen

1. a) $n = 200$, $p = 0,1$, $20 \leq X \leq 25$

$$P = \sum_{i=20}^{25} B(200; 0,1; i) = \sum_{i=0}^{25} B(200; 0,1; i) - \sum_{i=0}^{19} B(200; 0,1; i)$$

$$= P_{0,1}^{200}(X \leq 25) - P_{0,1}^{200}(X \leq 19) = 0,89954 - 0,46554 = 0,434 = 43,4\,\%$$

b) $P = B(240; 0,1; 20) = \binom{240}{20} \cdot 0,1^{20} \cdot 0,9^{220} \approx 0,063 = 6,3\,\%$

c) Aufgrund der Unabhängigkeit gilt:
$$P(\female \cap V) = P(\female) \cdot P(V)$$

$$\frac{6}{240} = \frac{x}{240} \cdot \frac{20}{240}$$

$$\frac{6}{20} = \frac{x}{240}$$

$$x = 72$$

Es befinden sich 72 weibliche Passagiere an Bord.

2. a) $p_0 \leq 0,15$, $n = 200$

	für p_0	gegen p_0	
	$0 \ldots k$	$k+1 \ldots 200$	wollen das Angebot
$p_0 \leq 0,15$		$\leq 5\,\%$	

$$P = \sum_{i=k+1}^{200} B(200; 0,15; i) \leq 0,05 \qquad \textit{oder:} \quad P_{0,15}^{200}(X \geq k+1) \leq 0,05$$

$$1 - \sum_{i=0}^{k} B(200; 0,15; i) \leq 0,05 \qquad 1 - P_{0,15}^{200}(X \leq k) \leq 0,05$$

$$\sum_{i=0}^{k} B(200; 0,15; i) \geq 0,95 \qquad P_{0,15}^{200}(X \leq k) \geq 0,95$$

Ablesen in der Tabelle liefert: $k = 38$ $\Rightarrow$ Ablehnungsbereich $\{39 \ldots 200\}$

Bei mindestens 39 Passagieren, die das Angebot wollen, wird die Nullhypothese $p_0 \leq 0,15$ abgelehnt.

b) „Der irrtümliche Verzicht auf das Angebot" bedeutet, dass mehr als 15 % der Passagiere das Angebot wünschen. Der Test jedoch liefert, dass höchstens 15 % es wollen.

„Das irrtümliche Angebot" bedeutet, dass höchstens 15 % der Passagiere das Angebot wünschen. Der Test jedoch liefert, dass mehr als 15 % es wollen. Dieser Fehler sollte in Aufgabe 2 a möglichst klein ($\leq 0,05$) sein, also ist es für die Fluggesellschaft wichtig, möglichst keinen finanziellen Verlust zu erleiden.

Für die Fluggesellschaft stand bei der Wahl der Nullhypothese die zweite Überlegung im Vordergrund.

3. a)

	K	$\overline{K}$	
B	**0,91**	0,05	**0,96**
$\overline{B}$	**0,03**	**0,01**	0,04
	0,94	0,06	1

Die zu berechnenden Werte sind fett gedruckt.

$x = 0,91$

Weder Beleuchtung noch Klimaanlage sind mangelhaft.

oder:

Sowohl Beleuchtung als auch Klimaanlage sind einwandfrei.

b) $P_{\overline{B}}(\overline{K}) = \dfrac{P(\overline{B} \cap \overline{K})}{P(\overline{B})} = \dfrac{0,01}{0,04} = 0,25 = 25\%$

c) Der Angabentext liefert:

- $P(\overline{K}) = 0,04$

- P(mindestens einer der beiden Mängel) = 0,05

  $\Rightarrow$ 1 − P(keiner der beiden Mängel) = 0,05

  $\Rightarrow$ P(keiner der beiden Mängel) = $P(B \cap K) = 0,95$

- $P_{\text{mindestens einer der beiden Mängel}}(\overline{B}) = 0,4$

  $\Rightarrow$ $\dfrac{P(\text{mindestens einer der beiden Mängel} \cap \overline{B})}{0,05} = 0,4$

  $\Rightarrow$ P(mindestens einer der beiden Mängel $\cap \overline{B}$) = $0,4 \cdot 0,05$

  $\Rightarrow$ $P(\overline{B}) = 0,02$

  da „mindestens einer der beiden Mängel $\cap \overline{B}$"

  = „einer der Mängel, darunter $\overline{B}$" oder „beide Mängel (darunter $\overline{B}$)"

  = $(K \cap \overline{B}) \cup (\overline{K} \cap \overline{B}) = \overline{B}$

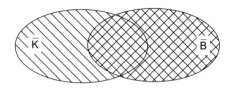

| | $\overline{K} \cup \overline{B}$ | „mindestens einer der beiden Mängel" |

| | $\overline{B}$ | „Beleuchtung mangelhaft" |

Zugehörige Vierfeldertafel:

	K	$\overline{K}$	
B	0,95	**0,03**	**0,98**
$\overline{B}$	**0,01**	**0,01**	0,02
	0,96	0,04	1

Die zu berechnenden Werte sind fett gedruckt.

Abitur Mathematik (Bayern): Abiturprüfung 2011
Geometrie I

BE

In einem kartesischen Koordinatensystem sind die Punkte $A(0|60|0)$, $B(-80|60|60)$ und $C(-80|0|60)$ gegeben.

a) Ermitteln Sie eine Gleichung der Ebene E, die durch die Punkte A, B und C bestimmt wird, in Normalenform. Welche besondere Lage im Koordinatensystem hat E? Berechnen Sie die Größe des Winkels φ, unter dem E die x_1-x_2-Ebene schneidet.
[mögliche Teilergebnisse: $E: 3x_1 + 4x_3 = 0$; $\varphi \approx 36{,}9°$]   8

b) Weisen Sie nach, dass der Koordinatenursprung O mit den Punkten A, B und C ein Rechteck OABC festlegt. Bestätigen Sie, dass dieses Rechteck den Flächeninhalt 6 000 besitzt, und zeichnen Sie es in ein Koordinatensystem (vgl. Abbildung) ein.   6

Das Rechteck OABC ist das Modell eines steilen Hanggrundstücks; die positive x_1-Achse beschreibt die südliche, die positive x_2-Achse die östliche Himmelsrichtung (im Koordinatensystem: 1 LE entspricht 1 m, d. h., die Länge des Grundstücks in West-Ost-Richtung beträgt 60 m).

c) Obwohl das Rechteck OABC den Flächeninhalt 6 000 besitzt, ist das Hanggrundstück auf einer Landkarte des Grundbuchamts mit einer Größe von 4 800 m² verzeichnet. Stellen Sie ausgehend von der Zeichnung aus Aufgabe b eine Vermutung an, welche sinnvolle Regelung das Grundbuchamt damit bei der Festlegung der Grundstücksgröße umsetzt.
Bestätigen Sie Ihre Vermutung durch Rechnung.   3

Ein Hubschrauber überfliegt das Grundstück entlang einer Linie, die im Modell durch die Gerade $g: \vec{X} = \begin{pmatrix} -20 \\ 40 \\ 40 \end{pmatrix} + \lambda \cdot \begin{pmatrix} 4 \\ 5 \\ -3 \end{pmatrix}$, $\lambda \in \mathbb{R}$, beschrieben wird.

d) Weisen Sie nach, dass der Hubschrauber mit einem konstanten Abstand von 20 m zum Hang fliegt.   3

e) Zeigen Sie, dass dieser Abstand mit der minimalen Entfernung des Hubschraubers vom Mittelpunkt des Grundstücks übereinstimmt, der im Modell durch den Punkt $M(-40|30|30)$ dargestellt wird.   5

Im Mittelpunkt des Grundstücks wird ein Mast errichtet, der durch vier an seiner Spitze befestigte Seile gehalten wird. Die Verankerungspunkte der Seile im Grundstücksboden sind jeweils 15 m vom Mastfußpunkt entfernt und liegen von diesem aus genau in östlicher, nördlicher, westlicher und südlicher Richtung.

f) Bestimmen Sie im Modell die Koordinaten des östlichen und nördlichen Verankerungspunkts V_O bzw. V_N.

5
───
30

Tipps und Hinweise

Aufgabe a

- Sie benötigen einen Normalenvektor der Ebene.

- Der Normalenvektor steht auf den Richtungsvektoren der Ebene senkrecht.

- Der Normalenvektor lässt sich mithilfe des Vektorprodukts zweier Richtungsvektoren bestimmen (siehe Merkhilfe).

- Setzen Sie den Normalenvektor und einen Ebenenpunkt (A, B oder C) in die Formel für die Normalenform der Ebene ein (siehe Merkhilfe).

- In der Ebenengleichung ist das konstante Glied gleich null. Was bedeutet dies für die Lage der Ebene?

- Beim Normalenvektor ist die zweite Koordinate gleich null. Was bedeutet dies für die Lage des Normalenvektors? Was folgt daraus für die Lage der Ebene?

- Der Schnittwinkel zweier Ebenen ist gleich dem Schnittwinkel der beiden Normalenvektoren.

- Wie lautet die Gleichung der x_1-x_2-Ebene? Wie lautet der Normalenvektor der x_1-x_2-Ebene?

- Die Formel für den Winkel zwischen zwei Vektoren finden Sie auf der Merkhilfe.

- Achten Sie darauf, dass ein Schnittwinkel nie größer als 90° sein kann (Absolutbetrag in der Formel zum Winkel setzen!).

Aufgabe b

- Im Rechteck OABC liegen [AB] und [OC] gegenüber und müssen parallel und gleich lang sein.

- Ein (und damit alle) Winkel muss 90° betragen.

- Die Flächenformel für das Rechteck lautet: $A = a \cdot b$

- Die Seitenlängen des Rechtecks berechnen Sie mithilfe der Formel für den Betrag eines Vektors (siehe Merkhilfe).

Aufgabe c

- Auf der Landkarte des Grundbuchamts lässt sich die Hanglage nicht erkennen.

- Die Landkarte entspricht einer Ansicht aus der Luft (von einem Flugzeug aus).

- Wo scheint der Punkt B bzw. C in der x_1-x_2-Ebene zu liegen?

- Bestimmen Sie die Koordinaten der Punkte B' und C', die senkrecht unter B bzw. C in der x_1-x_2-Ebene liegen.

- Berechnen Sie die Fläche des Rechtecks OAB'C'.

Aufgabe d

- Der Sachzusammenhang macht die Gerade g zum Hubschrauber und die Ebene E zum Hang.
- „Übersetzen" Sie die Aufgabenstellung, indem Sie Hubschrauber durch Gerade g und Hang durch Ebene E ersetzen.
- Welche Lage müssen g und E zueinander haben, wenn g einen konstanten Abstand zu E besitzt?
- Berechnen Sie den Abstand von g zu E.
- Da g∥E, genügt es, den Abstand eines Punktes von g zu E zu berechnen.
- Für die Berechnung des Abstands eines Punktes von einer Ebene gibt es eine Formel.
- Die Formel entsteht aus der Normalenform der Ebene. Diese wird durch die Länge des Normalenvektors dividiert (Hessesche Normalform).
- In der Normalenform muss jedes x_i durch die entsprechende Koordinate des Punktes, dessen Abstand von der Ebene berechnet werden soll, ersetzt werden. Man dividiert den Absolutbetrag des sich ergebenden Werts durch die Länge des Normalenvektors.
- Verwenden Sie die Formel $d(P; E) = \frac{|n_1 p_1 + n_2 p_2 + n_3 p_3 + n_0|}{|\vec{n}|}$.

Aufgabe e

- Berechnen Sie die Entfernung zwischen M und dem Hubschrauber.
- Die Lage des Hubschraubers ist abhängig von λ. Somit ist auch die Entfernung zu M abhängig von λ.
- Kenntnisse aus Analysis helfen, den kleinsten Wert zu finden.
- Der Wert einer Wurzel ist umso kleiner, je kleiner die Zahl unter der Wurzel ist.
- Die 1. Ableitung liefert den Extremwert.

  oder:

- Die Entfernung eines Punktes von einem Geradenpunkt ist dann am kleinsten, wenn die Entfernung mit dem Abstand des Punktes von der Geraden übereinstimmt.
- Zu berechnen ist also der Abstand des Punktes M von der Geraden g.
- Beachten Sie, dass der Abstand sich nur durch das Lot von M auf g ergibt.
- Sie haben die Bedingungen $\overrightarrow{MF} \perp g$ und $F \in g$.

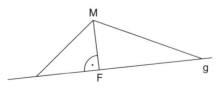

- Ein Vektor steht auf einer Geraden senkrecht, wenn er auf dem Richtungsvektor der Geraden senkrecht steht.

- Zwei Vektoren stehen aufeinander senkrecht, wenn ihr Skalarprodukt null ergibt (siehe Merkhilfe).

- Ein Punkt liegt auf einer Geraden, wenn seine Koordinaten die Geradengleichung erfüllen.

Aufgabe f

- Die östliche Richtung ist durch die positive x_2-Achse gegeben (siehe Angabe).

- Die Ebene E enthält die x_2-Achse (siehe Aufgabe a).

- Der Vektor $\overrightarrow{MV_O}$ verläuft parallel zur x_2-Achse und hat die Länge 15.

- Wie lautet ein Richtungsvektor der x_2-Achse?

- Der Richtungsvektor $\begin{pmatrix} 0 \\ 1 \\ 0 \end{pmatrix}$ der x_2-Achse hat die Länge 1.

- VORSICHT! Die Ebene E verläuft **nicht** parallel zur x_1-Achse (Nord-Süd-Richtung).

- Die Himmelsrichtungen stehen aufeinander senkrecht.

- Die Rechteckseiten [OA] und [CB] verlaufen in West-Ost-Richtung.

- Welche Rechteckseiten verlaufen in Nord-Süd-Richtung?

- Auf dem Grundstück gibt der Vektor $\overrightarrow{OC}$ (bzw. $\overrightarrow{AB}$) die Nord-Richtung an.

- Welche Länge hat $\overrightarrow{OC}$? Sie benötigen einen Vektor derselben Richtung, aber mit der Länge 15.

Lösungen

a) $\vec{AB} = \begin{pmatrix} -80 \\ 60 \\ 60 \end{pmatrix} - \begin{pmatrix} 0 \\ 60 \\ 0 \end{pmatrix} = \begin{pmatrix} -80 \\ 0 \\ 60 \end{pmatrix} \triangleq \begin{pmatrix} -4 \\ 0 \\ 3 \end{pmatrix}$

$\vec{AC} = \begin{pmatrix} -80 \\ 0 \\ 60 \end{pmatrix} - \begin{pmatrix} 0 \\ 60 \\ 0 \end{pmatrix} = \begin{pmatrix} -80 \\ -60 \\ 60 \end{pmatrix} \triangleq \begin{pmatrix} -4 \\ -3 \\ 3 \end{pmatrix}$

$\vec{n}_E = \begin{pmatrix} -4 \\ 0 \\ 3 \end{pmatrix} \times \begin{pmatrix} -4 \\ -3 \\ 3 \end{pmatrix} = \begin{pmatrix} 0+9 \\ -12+12 \\ 12-0 \end{pmatrix} = \begin{pmatrix} 9 \\ 0 \\ 12 \end{pmatrix} \triangleq \begin{pmatrix} 3 \\ 0 \\ 4 \end{pmatrix}$

E: $\begin{pmatrix} 3 \\ 0 \\ 4 \end{pmatrix} \circ \left[\vec{X} - \begin{pmatrix} 0 \\ 60 \\ 0 \end{pmatrix} \right] = 0$

$3x_1 + 4x_3 = 0$

E verläuft durch den Ursprung (da der konstante Summand gleich 0) und parallel zur x_2-Achse (da der Normalenvektor parallel zur x_1-x_3-Ebene ist).
$\Rightarrow$ E enthält die x_2-Achse.

x_1-x_2-Ebene: $x_3 = 0$ mit $\vec{n} = \begin{pmatrix} 0 \\ 0 \\ 1 \end{pmatrix}$

$\cos\varphi = \left| \dfrac{\begin{pmatrix} 3 \\ 0 \\ 4 \end{pmatrix} \circ \begin{pmatrix} 0 \\ 0 \\ 1 \end{pmatrix}}{\sqrt{3^2+4^2} \cdot \sqrt{1^2}} \right| = \dfrac{4}{5 \cdot 1} = 0{,}8 \quad \Rightarrow \quad \varphi \approx 36{,}9°$

b) $\vec{AB} = \begin{pmatrix} -80 \\ 0 \\ 60 \end{pmatrix} = \vec{OC}$

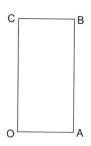

$\vec{OA} \circ \vec{OC} = \begin{pmatrix} 0 \\ 60 \\ 0 \end{pmatrix} \circ \begin{pmatrix} -80 \\ 0 \\ 60 \end{pmatrix} = 0 \quad \Rightarrow \quad [OA] \perp [OC]$

$\Rightarrow$ OABC ist ein Rechteck.

$\overline{OC} = \left| \begin{pmatrix} -80 \\ 0 \\ 60 \end{pmatrix} \right| = 100$

$\overline{OA} = \left| \begin{pmatrix} 0 \\ 60 \\ 0 \end{pmatrix} \right| = 60$

Fläche $= \overline{OC} \cdot \overline{OA} = 100 \cdot 60 = 6\,000$

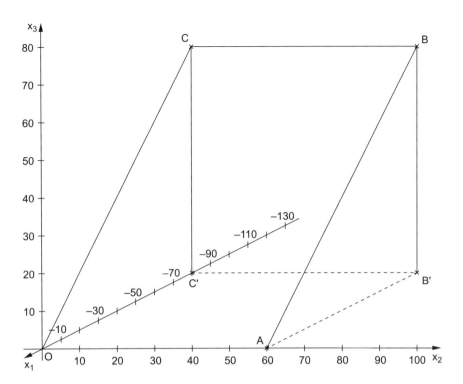

c) Das Grundbuchamt fertigt seine Pläne „von oben" (aus der Vogelperspektive) an. Der Punkt B' hat dabei die Koordinaten (−80|60|0), der Punkt C' die Koordinaten (−80|0|0).

Mit $\overline{OA} = 60$ (siehe Aufgabe b) und $\overline{OC'} = \left| \begin{pmatrix} -80 \\ 0 \\ 0 \end{pmatrix} \right| = 80$ ergibt sich:

Fläche$_{OAB'C'} = \overline{OC'} \cdot \overline{OA} = 80 \cdot 60 = 4\,800$

d) Lage der Geraden g (Hubschrauber) zur Ebene E (Hang):

Wegen $\vec{u}_g \circ \vec{n}_E = \begin{pmatrix} 4 \\ 5 \\ -3 \end{pmatrix} \circ \begin{pmatrix} 3 \\ 0 \\ 4 \end{pmatrix} = 12 + 0 - 12 = 0$ gilt: g ∥ E

$d(g; E) = d($Aufpunkt von g; E$)$

$= \left| \dfrac{3 \cdot (-20) + 0 \cdot 40 + 4 \cdot 40 + 0}{\sqrt{3^2 + 4^2}} \right| = \left| \dfrac{100}{5} \right| = 20$

2011-45

e) $\left|\overline{\text{MHubschrauber}}\right| = \left|\left|\begin{pmatrix} -20+4\lambda \\ 40+5\lambda \\ 40-3\lambda \end{pmatrix} - \begin{pmatrix} -40 \\ 30 \\ 30 \end{pmatrix}\right|\right| = \left|\left|\begin{pmatrix} 20+4\lambda \\ 10+5\lambda \\ 10-3\lambda \end{pmatrix}\right|\right|$

$$= \sqrt{(20+4\lambda)^2 + (10+5\lambda)^2 + (10-3\lambda)^2}$$

$$= \sqrt{400+160\lambda+16\lambda^2+100+100\lambda+25\lambda^2+100-60\lambda+9\lambda^2}$$

$$= \sqrt{50\lambda^2+200\lambda+600} = \sqrt{50(\lambda^2+4\lambda+12)}$$

Der Wert dieser Wurzel ist minimal, wenn der Radikand R (= Term unter der Wurzel) minimal ist.

$R(\lambda) = 50(\lambda^2+4\lambda+12)$ (Gleichung einer nach oben offenen Parabel mit TIP)

$R'(\lambda) = 50(2\lambda+4)$

$R'(\lambda) = 0 \implies 2\lambda+4=0 \implies \lambda=-2$

Für $\lambda = -2$ gilt:

$\left|\overline{\text{MHubschrauber}}\right| = \sqrt{50((-2)^2+4(-2)+12)} = \sqrt{50\cdot 8} = \sqrt{400} = 20$

oder:

Die Entfernung ist dann am kleinsten, wenn der Hubschrauber sich senkrecht über M befindet. Gesucht ist also der Abstand des Punktes M von der Geraden g.

F sei der Fußpunkt des Lots durch M auf g. Dann gilt: $d(M;g) = \left|\overrightarrow{MF}\right|$

Es muss gelten:

- $\overrightarrow{MF} \perp g \implies \overrightarrow{MF} \circ \vec{u}_g = 0$

- $F \in g \implies \vec{F} = \begin{pmatrix} -20 \\ 40 \\ 40 \end{pmatrix} + \lambda \begin{pmatrix} 4 \\ 5 \\ -3 \end{pmatrix}$

Somit:

$$\begin{pmatrix} -20+4\lambda+40 \\ 40+5\lambda-30 \\ 40-3\lambda-30 \end{pmatrix} \circ \begin{pmatrix} 4 \\ 5 \\ -3 \end{pmatrix} \overset{!}{=} 0$$

$$\begin{pmatrix} 20+4\lambda \\ 10+5\lambda \\ 10-3\lambda \end{pmatrix} \circ \begin{pmatrix} 4 \\ 5 \\ -3 \end{pmatrix} \overset{!}{=} 0$$

$80+16\lambda+50+25\lambda-30+9\lambda=0$

$100+50\lambda=0 \implies \lambda=-2 \implies F(-28\,|\,30\,|\,46)$

$\left|\overrightarrow{MF}\right| = \left|\left|\begin{pmatrix} -28+40 \\ 30-30 \\ 46-30 \end{pmatrix}\right|\right| = \left|\left|\begin{pmatrix} 12 \\ 0 \\ 16 \end{pmatrix}\right|\right| = \sqrt{12^2+16^2} = \sqrt{400} = 20$

f)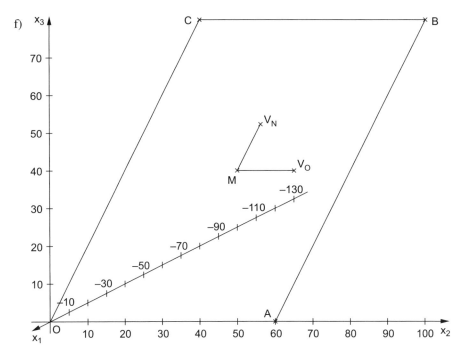

Die Angabe vor Aufgabe c besagt, dass die positive x_2-Achse die östliche Himmelsrichtung und die negative x_1-Achse die nördliche Himmelsrichtung beschreibt. Außerdem gilt: 1 LE $\hat{=}$ 1 m

Da das Grundstück parallel zur x_2-Achse liegt (s. Aufgabe a), ergibt sich V_O zu:

$$\vec{V}_O = \vec{M} + 15 \cdot \begin{pmatrix} 0 \\ 1 \\ 0 \end{pmatrix} = \begin{pmatrix} -40 \\ 30 \\ 30 \end{pmatrix} + \begin{pmatrix} 0 \\ 15 \\ 0 \end{pmatrix} = \begin{pmatrix} -40 \\ 45 \\ 30 \end{pmatrix} \Rightarrow V_O(-40|45|30)$$

Da das Grundstück nicht parallel zur x_1-Achse verläuft, führt der an M angesetzte Vektor $\begin{pmatrix} -1 \\ 0 \\ 0 \end{pmatrix}$ aus der Ebene hinaus. Die nördliche Himmelsrichtung **auf** dem Grundstück muss auf der östlichen Himmelsrichtung senkrecht stehen und verläuft daher parallel zu $\overrightarrow{OC}$. $\overrightarrow{OC} = \begin{pmatrix} -80 \\ 0 \\ 60 \end{pmatrix}$ hat die Länge 100, $\overrightarrow{MV}_N$ jedoch nur 15.

Also: $\overrightarrow{MV}_N = \dfrac{15}{100} \cdot \begin{pmatrix} -80 \\ 0 \\ 60 \end{pmatrix} = \begin{pmatrix} -12 \\ 0 \\ 9 \end{pmatrix}$

Somit:

$$\vec{V}_N = \vec{M} + \overrightarrow{MV}_N = \begin{pmatrix} -40 \\ 30 \\ 30 \end{pmatrix} + \begin{pmatrix} -12 \\ 0 \\ 9 \end{pmatrix} = \begin{pmatrix} -52 \\ 30 \\ 39 \end{pmatrix}$$

Abitur Mathematik (Bayern): Abiturprüfung 2011
Geometrie II

BE

In einem kartesischen Koordinatensystem sind die Punkte $A(1|7|3)$, $B(6|-7|1)$ und $C(-2|1|-3)$ gegeben.

a) Weisen Sie nach, dass die Punkte A, B und C ein rechtwinkliges Dreieck fest-legen, dessen Hypotenuse die Strecke [AB] ist und dessen kürzere Kathete die Länge 9 hat. 4

b) Alle Punkte C* im Raum, die zusammen mit A und B ein zum Dreieck ABC kongruentes Dreieck festlegen, bilden zwei gleich große Kreise. Beschreiben Sie (z. B. durch eine Skizze) die Lage der beiden Kreise bezüglich der Strecke [AB] und ermitteln Sie den Radius der beiden Kreise. 6

Das Dreieck ABC aus Aufgabe a ist die Grundfläche einer dreiseitigen Pyramide ABCS mit der Spitze $S(11,5|4|-6)$.

c) Die Grundfläche der Pyramide liegt in einer Ebene E. Ermitteln Sie eine Glei-chung von E in Normalenform.
[mögliches Ergebnis: $E: 2x_1 + x_2 - 2x_3 - 3 = 0$] 3

d) Berechnen Sie die Größe des Neigungswinkels der Seitenkante [BS] gegen die Ebene E sowie das Volumen V der Pyramide.
[Teilergebnis: $V = 216$] 7

e) Welche Lagebeziehung muss eine Gerade zur Ebene E haben, wenn für jeden Punkt P dieser Geraden die Pyramide ABCP das gleiche Volumen wie die Py-ramide ABCS besitzen soll? Begründen Sie Ihre Antwort. 3

f) Der Umkreis des Dreiecks ABC und der Punkt S legen einen Kegel fest. Zei-gen Sie, dass es sich um einen geraden Kegel handelt, der Mittelpunkt des Grundkreises also zugleich der Höhenfußpunkt des Kegels ist. Berechnen Sie, um wie viel Prozent das Volumen des Kegels größer ist als das Volumen der Pyramide ABCS. 7

30

2011-48

Tipps und Hinweise

Aufgabe a

- Welches sind die Katheten, wenn [AB] die Hypotenuse ist?

- Wo muss der rechte Winkel liegen?

- Die Formel zur Berechnung der Länge (= Betrag) eines Vektors finden Sie auf der Merkhilfe.

Aufgabe b

- Wie viele kongruente Dreiecke existieren in der Zeichenebene?

- Spiegelt man ein Dreieck, so ist das gespiegelte Dreieck kongruent zum ursprünglichen Dreieck.

- Die Aufgabenstellung fragt nach allen Punkten C* **im Raum**.

- Benutzen Sie Ihr Geodreieck als (nicht kongruentes) Modell. Halten Sie die beiden Ecken mit den 45°-Winkeln fest. Wie lässt sich das Geodreieck bewegen?

- Übertragen Sie diese Bewegung auf das Dreieck ABC. A und B bleiben fest. Wie bewegt sich C?

- Wo liegen die beiden Kreismittelpunkte?

- Welche Lage haben die Kreisflächen in Bezug zu [AB]?

- Welcher Größe im rechtwinkligen Dreieck entspricht der Kreisradius?

- Der Radius lässt sich als Abstand des Punktes C von der Geraden durch A und B berechnen.

- Dieser Abstand entspricht der Entfernung des Punktes C vom Kreismittelpunkt.

- Der Kreismittelpunkt M lässt sich mithilfe der Bedingungen $\overrightarrow{CM} \perp \overrightarrow{AB}$ und M ∈ [AB] berechnen.

oder:

- Der Kreismittelpunkt M ergibt sich als Schnittpunkt der Geraden AB mit einer Hilfsebene, die durch C und senkrecht zu AB verläuft.

oder:

- Sie berechnen die Höhe des rechtwinkligen Dreiecks mithilfe der Formeln für das rechtwinklige Dreieck auf der Merkhilfe.

oder:

- Sie berechnen die Höhe über die beiden Flächenformeln für das rechtwinklige Dreieck.

- Die Fläche eines rechtwinkligen Dreiecks ergibt sich entweder aus den beiden Katheten oder aus Hypotenuse und Höhe.

Aufgabe c

- Sie benötigen einen Normalenvektor der Ebene.
- Der Normalenvektor steht auf den Richtungsvektoren der Ebene senkrecht.
- Der Normalenvektor lässt sich mithilfe des Vektorprodukts zweier Richtungsvektoren bestimmen (siehe Merkhilfe).
- Setzen Sie den Normalenvektor und einen Ebenenpunkt (A, B oder C) in die Formel für die Normalenform der Ebene ein (siehe Merkhilfe).

Aufgabe d

- Berechnen Sie den Winkel zwischen der Seitenkante und dem Normalenvektor der Ebene.
- Die Formel zur Berechnung des Winkels zwischen zwei Vektoren finden Sie auf der Merkhilfe.
- Der Neigungswinkel ergänzt den berechneten Winkel zu 90°.

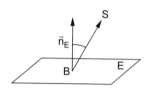

- Die Merkhilfe bietet Ihnen eine Volumenformel in vektorieller Form.

  oder:

- Das Volumen kann auch elementargeometrisch berechnet werden (siehe Merkhilfe).
- Die Pyramidenhöhe entspricht dem Abstand der Spitze S von der Grundebene E.
- Für die Berechnung des Abstands eines Punktes von einer Ebene gibt es eine Formel.
- Die Formel entsteht aus der Normalenform der Ebene. Diese wird durch die Länge des Normalenvektors dividiert (Hessesche Normalform).
- In der Normalenform muss jedes x_i durch die entsprechende Koordinate des Punktes, dessen Abstand von der Ebene berechnet werden soll, ersetzt werden. Man dividiert den Absolutbetrag des sich ergebenden Werts durch die Länge des Normalenvektors.
- Verwenden Sie die Formel $d(P; E) = \frac{|n_1 p_1 + n_2 p_2 + n_3 p_3 + n_0|}{|\vec{n}|}$.

Aufgabe e

- Was haben alle Pyramiden ABCP und ABCS gemeinsam?
- Wovon hängt bei gleicher Grundfläche das Volumen der Pyramiden ab?
- Welchen Abstand müssten alle Punkte P von E haben?
- Welche Eigenschaft bezüglich E muss eine Gerade haben, auf der diese Punkte P liegen?

Aufgabe f

Das Dreieck ABC ist rechtwinklig (siehe Aufgabe a).

Wie nennt man den Umkreis eines rechtwinkligen Dreiecks?

Wo liegt der Mittelpunkt des Thaleskreises und wie groß ist sein Radius?

M ist nur dann zugleich Höhenfußpunkt, wenn $\overline{MS}$ auf der Grundebene senkrecht steht.

Die Formel für das Kegelvolumen finden Sie auf der Merkhilfe.

Der Kegelradius ist der Radius des Thaleskreises, die Kegelhöhe die Entfernung der Spitze vom Thaleskreismittelpunkt.

Um wie viel ist das Kegelvolumen größer als das Pyramidenvolumen (siehe Aufgabe d)?

Bilden Sie den Quotienten aus Volumendifferenz und Pyramidenvolumen.

Lösungen

a) Wenn [AB] die Hypotenuse ist, so sind [AC] und [BC] die Katheten.

$\overrightarrow{AC} = \begin{pmatrix} -2 \\ 1 \\ -3 \end{pmatrix} - \begin{pmatrix} 1 \\ 7 \\ 3 \end{pmatrix} = \begin{pmatrix} -3 \\ -6 \\ -6 \end{pmatrix} \Rightarrow \overline{AC} = \sqrt{(-3)^2 + (-6)^2 + (-6)^2} = 9$

$\overrightarrow{BC} = \begin{pmatrix} -2 \\ 1 \\ -3 \end{pmatrix} - \begin{pmatrix} 6 \\ -7 \\ 1 \end{pmatrix} = \begin{pmatrix} -8 \\ 8 \\ -4 \end{pmatrix} \Rightarrow \overline{BC} = \sqrt{(-8)^2 + 8^2 + (-4)^2} = 12$

$\overrightarrow{AC} \circ \overrightarrow{BC} = \begin{pmatrix} -3 \\ -6 \\ -6 \end{pmatrix} \circ \begin{pmatrix} -8 \\ 8 \\ -4 \end{pmatrix} = 24 - 48 + 24 = 0$

Das Dreieck ABC hat bei C einen rechten Winkel und die kürzere Kathete [AC] hat die Länge 9.

b) In der Zeichenebene ergeben sich durch Spiegelungen vier kongruente Dreiecke (siehe linke Abbildung). Da jedoch nach allen Punkten C* **im Raum** gefragt ist, muss die Rotation dieser Dreiecke um die Hypotenuse beachtet werden. Die Mittelpunkte beider Kreise liegen auf [AB]. Beide Kreisflächen stehen auf [AB] senkrecht (siehe rechte Abbildung).

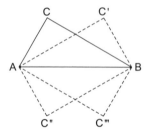
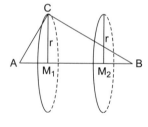

Es folgt:
$r = h_c = d(C; AB) = \overline{CM_1}$

Berechnung von M_1:

$\overrightarrow{CM_1} \perp \overrightarrow{AB} \Rightarrow \begin{pmatrix} m_1 + 2 \\ m_2 - 1 \\ m_3 + 3 \end{pmatrix} \circ \begin{pmatrix} 6-1 \\ -7-7 \\ 1-3 \end{pmatrix} = 0$

$\Rightarrow (m_1 + 2) \cdot 5 + (m_2 - 1) \cdot (-14) + (m_3 + 3) \cdot (-2) = 0$

$5m_1 + 10 - 14m_2 + 14 - 2m_3 - 6 = 0$

$5m_1 - 14m_2 - 2m_3 + 18 = 0 \quad (*)$

und

$$M_1 \in g_{AB} \implies \overrightarrow{M_1} = \begin{pmatrix} 1 \\ 7 \\ 3 \end{pmatrix} + \lambda \begin{pmatrix} 5 \\ -14 \\ -2 \end{pmatrix}, \quad \lambda \in \mathbb{R}$$

Koordinaten von M_1 eingesetzt in (*) liefert:

$$5(1+5\lambda) - 14(7-14\lambda) - 2(3-2\lambda) + 18 = 0$$
$$5 + 25\lambda - 98 + 196\lambda - 6 + 4\lambda + 18 = 0$$
$$225\lambda = 81$$
$$\lambda = \frac{81}{225}$$

Somit:

$$\overrightarrow{M_1} = \begin{pmatrix} 1 \\ 7 \\ 3 \end{pmatrix} + \frac{81}{225}\begin{pmatrix} 5 \\ -14 \\ -2 \end{pmatrix} = \begin{pmatrix} 1 \\ 7 \\ 3 \end{pmatrix} + \frac{1}{225}\begin{pmatrix} 405 \\ -1134 \\ -162 \end{pmatrix}$$

$$\overline{CM_1} = |\overrightarrow{CM_1}| = \left| \begin{pmatrix} 1 \\ 7 \\ 3 \end{pmatrix} + \frac{1}{225}\begin{pmatrix} 405 \\ -1134 \\ -162 \end{pmatrix} - \begin{pmatrix} -2 \\ 1 \\ -3 \end{pmatrix} \right|$$

$$= \left| \begin{pmatrix} 3 \\ 6 \\ 6 \end{pmatrix} + \frac{1}{225}\begin{pmatrix} 405 \\ -1134 \\ -162 \end{pmatrix} \right| = \left| \begin{pmatrix} \frac{1080}{225} \\ \frac{216}{225} \\ \frac{1188}{225} \end{pmatrix} \right|$$

$$= \frac{1}{225}\left| \begin{pmatrix} 1080 \\ 216 \\ 1188 \end{pmatrix} \right| = \frac{1}{225}\sqrt{(1080^2 + 216^2 + 1188^2)} = 7,2$$

oder:

Berechnung von M_1 mit der Hilfsebene H durch C und senkrecht zu AB ($\overrightarrow{AB}$ ist also der Normalenvektor).

H:
$$\begin{pmatrix} 5 \\ -14 \\ -2 \end{pmatrix} \circ \left[\overrightarrow{X} - \begin{pmatrix} -2 \\ 1 \\ -3 \end{pmatrix} \right] = 0$$

$$5x_1 - 14x_2 - 2x_3 - (-10 - 14 + 6) = 0$$
$$5x_1 - 14x_2 - 2x_3 + 18 = 0$$

g_{AB}:
$$\overrightarrow{X} = \begin{pmatrix} 1 \\ 7 \\ 3 \end{pmatrix} + \lambda \begin{pmatrix} 5 \\ -14 \\ -2 \end{pmatrix}, \quad \lambda \in \mathbb{R}$$

$g_{AB} \cap H$: $\quad 5(1+5\lambda) - 14(7-14\lambda) - 2(3-2\lambda) + 18 = 0$
$$5 + 25\lambda - 98 + 196\lambda - 6 + 4\lambda + 18 = 0$$
$$225\lambda = 81 \implies \lambda = \frac{81}{225}$$

Somit:

$$\overrightarrow{M_1} = \begin{pmatrix} 1 \\ 7 \\ 3 \end{pmatrix} + \frac{81}{225} \begin{pmatrix} 5 \\ -14 \\ -2 \end{pmatrix} = \begin{pmatrix} 1 \\ 7 \\ 3 \end{pmatrix} + \frac{1}{225} \begin{pmatrix} 405 \\ -1134 \\ -162 \end{pmatrix}$$

$$\overline{CM_1} = |\overrightarrow{CM_1}| = \left| \begin{pmatrix} 1 \\ 7 \\ 3 \end{pmatrix} + \frac{1}{225} \begin{pmatrix} 405 \\ -1134 \\ -162 \end{pmatrix} - \begin{pmatrix} -2 \\ 1 \\ -3 \end{pmatrix} \right|$$

$$= \left| \begin{pmatrix} 3 \\ 6 \\ 6 \end{pmatrix} + \frac{1}{225} \begin{pmatrix} 405 \\ -1134 \\ -162 \end{pmatrix} \right| = \left| \begin{pmatrix} \frac{1\,080}{225} \\ \frac{216}{225} \\ \frac{1\,188}{225} \end{pmatrix} \right|$$

$$= \frac{1}{225} \left| \begin{pmatrix} 1\,080 \\ 216 \\ 1\,188 \end{pmatrix} \right| = \frac{1}{225} \sqrt{(1\,080^2 + 216^2 + 1\,188^2)} = 7,2$$

oder:

Elementargeometrisch mit den Formeln fürs rechtwinklige Dreieck auf der Merkhilfe:

$$a^2 = c \cdot p \;\Rightarrow\; p = \frac{a^2}{c} \quad \text{und} \quad b^2 = c \cdot q \;\Rightarrow\; q = \frac{b^2}{c}$$

Eingesetzt in $h^2 = p \cdot q$ liefert:

$$h^2 = \frac{a^2}{c} \cdot \frac{b^2}{c} \qquad\qquad \text{mit} \quad a = \overline{BC} = 12 \quad \text{(siehe Aufgabe a)}$$

$$b = \overline{AC} = 9 \quad \text{(siehe Aufgabe a)}$$

$$h^2 = \frac{12^2}{15} \cdot \frac{9^2}{15} = 51,84 \qquad c = \overline{AB} = \left| \begin{pmatrix} 5 \\ -14 \\ -2 \end{pmatrix} \right| = \sqrt{5^2 + (-14)^2 + (-2)^2} = 15$$

$$h = 7,2$$

oder:

Elementargeometrisch mit der Flächenformel:

$$A = \frac{1}{2} \cdot \text{Kathete} \cdot \text{Kathete} = \frac{1}{2} \cdot 9 \cdot 12 = 54$$

bzw.

$$A = \frac{1}{2} \cdot \text{Hypotenuse} \cdot \text{Höhe} = \frac{1}{2} \cdot \overline{AB} \cdot h_c = \frac{1}{2} \cdot \left| \begin{pmatrix} 5 \\ -14 \\ -2 \end{pmatrix} \right| \cdot h_c$$

$$= \frac{1}{2} \sqrt{5^2 + (-14)^2 + (-2)^2} \cdot h_c$$

$$= \frac{1}{2} \cdot 15 \cdot h_c$$

$$\Rightarrow \; 54 = \frac{1}{2} \cdot 15 \cdot h_c \;\Rightarrow\; h_c = 7,2$$

c) $\vec{n}_E = \overrightarrow{AC} \times \overrightarrow{BC} = \begin{pmatrix} -3 \\ -6 \\ -6 \end{pmatrix} \times \begin{pmatrix} -8 \\ 8 \\ -4 \end{pmatrix} = \begin{pmatrix} 24+48 \\ 48-12 \\ -24-48 \end{pmatrix} = \begin{pmatrix} 72 \\ 36 \\ -72 \end{pmatrix} \triangleq \begin{pmatrix} 2 \\ 1 \\ -2 \end{pmatrix}$

E: $\begin{pmatrix} 2 \\ 1 \\ -2 \end{pmatrix} \circ \left[\vec{X} - \begin{pmatrix} 1 \\ 7 \\ 3 \end{pmatrix} \right] = 0$

$2x_1 + x_2 - 2x_3 - (2 + 7 - 6) = 0$

$2x_1 + x_2 - 2x_3 - 3 = 0$

d) $\overrightarrow{BS} = \begin{pmatrix} 11,5 \\ 4 \\ -6 \end{pmatrix} - \begin{pmatrix} 6 \\ -7 \\ 1 \end{pmatrix} = \begin{pmatrix} 5,5 \\ 11 \\ -7 \end{pmatrix}$

$\cos \sphericalangle(\vec{n}_E; \overrightarrow{BS}) = \dfrac{\begin{pmatrix} 2 \\ 1 \\ -2 \end{pmatrix} \circ \begin{pmatrix} 5,5 \\ 11 \\ -7 \end{pmatrix}}{\sqrt{2^2 + 1^2 + (-2)^2} \cdot \sqrt{5,5^2 + 11^2 + (-7)^2}} = \dfrac{11 + 11 + 14}{3 \cdot \sqrt{200,25}}$

$\sphericalangle(\vec{n}_E; \overrightarrow{BS}) \approx 32°$

$\Rightarrow$ Neigungswinkel $\approx 90° - 32° = 58°$

$V_{ABCS} = \dfrac{1}{6} \left| \overrightarrow{AB} \circ (\overrightarrow{AC} \times \overrightarrow{AS}) \right| = \dfrac{1}{6} \left| \begin{pmatrix} 5 \\ -14 \\ -2 \end{pmatrix} \circ \left[\begin{pmatrix} -3 \\ -6 \\ -6 \end{pmatrix} \times \begin{pmatrix} 10,5 \\ -3 \\ -9 \end{pmatrix} \right] \right|$

$= \dfrac{1}{6} \left| \begin{pmatrix} 5 \\ -14 \\ -2 \end{pmatrix} \circ \begin{pmatrix} 54-18 \\ -63-27 \\ 9+63 \end{pmatrix} \right| = \dfrac{1}{6} \left| \begin{pmatrix} 5 \\ -14 \\ -2 \end{pmatrix} \circ \begin{pmatrix} 36 \\ -90 \\ 72 \end{pmatrix} \right|$

$= \dfrac{1}{6} \left| 180 + 1\,260 - 144 \right|$

$= 216$

oder:

$V_{ABCS} = \dfrac{1}{3} \cdot G \cdot h = \dfrac{1}{3} \cdot \left(\dfrac{1}{2} \cdot \overline{AC} \cdot \overline{BC} \right) \cdot d(S; E)$

$= \dfrac{1}{3} \cdot \left(\dfrac{1}{2} \cdot 9 \cdot 12 \right) \cdot \dfrac{|2 \cdot 11,5 + 4 - 2 \cdot (-6) - 3|}{\sqrt{2^2 + 1^2 + (-2)^2}}$

$= \dfrac{1}{3} \cdot 54 \cdot \dfrac{36}{3}$

$= 216$

e) Da alle Pyramiden ABCP und die Pyramide ABCS dieselbe Grundfläche (Dreieck ABC) besitzen, ist das Volumen abhängig von der Höhe der Pyramide.

Für alle Punkte P muss daher gelten: $d(P; E) = d(S; E)$

Also muss die Gerade aller Punkte P parallel zu E im Abstand $d(S; E)$ verlaufen.

f) Der Umkreis des Dreiecks ABC ist der Thaleskreis über der Hypotenuse [AB] (siehe Aufgabe a) und hat somit den Radius

$$r = \frac{1}{2} \cdot \overline{AB} = \frac{1}{2} \cdot 15 = 7,5$$

und den Mittelpunkt M_{AB}:

$$\vec{M}_{AB} = \frac{1}{2}\left[\begin{pmatrix} 1 \\ 7 \\ 3 \end{pmatrix} + \begin{pmatrix} 6 \\ -7 \\ 1 \end{pmatrix}\right] = \begin{pmatrix} 3,5 \\ 0 \\ 2 \end{pmatrix} \quad \Rightarrow \quad M_{AB}(3,5\,|\,0\,|\,2)$$

$$\overrightarrow{M_{AB}S} = \begin{pmatrix} 11,5 \\ 4 \\ -6 \end{pmatrix} - \begin{pmatrix} 3,5 \\ 0 \\ 2 \end{pmatrix} = \begin{pmatrix} 8 \\ 4 \\ -8 \end{pmatrix} = 4 \cdot \begin{pmatrix} 2 \\ 1 \\ -2 \end{pmatrix} = 4 \cdot \vec{n}_E$$

$$\Rightarrow \quad \overrightarrow{M_{AB}S} \parallel \vec{n}_E$$

$\Rightarrow$ M_{AB} ist zugleich Höhenfußpunkt.

$$V_{Kegel} = \frac{1}{3} \cdot r^2 \cdot \pi \cdot h = \frac{1}{3} \cdot 7,5^2 \cdot \pi \cdot \overline{M_{AB}S}$$

$$= \frac{1}{3} \cdot 7,5^2 \cdot \pi \cdot \sqrt{8^2 + 4^2 + (-8)^2}$$

$$= 225 \cdot \pi \approx 706,858$$

$$\frac{V_{Kegel} - V_{Pyramide}}{V_{Pyramide}} = \frac{706,858 - 216}{216} \approx 2,272 = 227,2\,\%$$

Abitur Mathematik (Bayern): Abiturprüfung 2012	
Analysis I	

Teil 1

BE

1. Geben Sie zu den Funktionstermen jeweils den maximalen Definitionsbereich sowie einen Term der Ableitungsfunktion an.

   a) $f(x) = \ln(x + 3)$ 2

   b) $g(x) = \dfrac{3}{x^2 - 1}$ 3

2. Geben Sie jeweils den Term einer in $\mathbb{R}$ definierten Funktion an, die die angegebene Eigenschaft besitzt.

   a) Der Graph der Funktion f hat den Hochpunkt $(0\,|\,5)$.   2

   b) Die Funktion g ist an der Stelle $x = 5$ nicht differenzierbar.   2

3. Gegeben ist die in $\mathbb{R}$ definierte Funktion

   f: $x \mapsto \sin(2x)$.

   a) Geben Sie zwei benachbarte Nullstellen von f an.   2

   b) Berechnen Sie den Wert des bestimmten Integrals $\displaystyle\int_{0}^{2} f(x)\,dx$.

   Warum stimmt der Wert dieses Integrals nicht mit dem Inhalt der Fläche überein, die für $0 \le x \le 2$ zwischen dem Graphen von f und der x-Achse liegt?   5

2012-1

4. Abbildung 1 zeigt den Graphen G_f einer in $]-\infty; 5]$ definierten Funktion f.
Skizzieren Sie in der Abbildung den Graphen der zugehörigen Ableitungsfunktion f'. Berücksichtigen Sie dabei insbesondere einen Näherungswert für f'(0), die Nullstelle von f' und das Verhalten von f' für $x \to 5$.

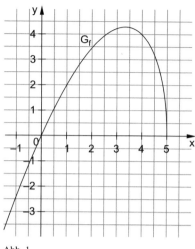

Abb. 1

$\frac{4}{20}$

Teil 2

BE

Gegeben ist die Funktion

$$f: x \mapsto \frac{2e^x}{e^x + 9}$$

mit Definitionsbereich $\mathbb{R}$. Abbildung 2 zeigt den Graphen G_f von f.

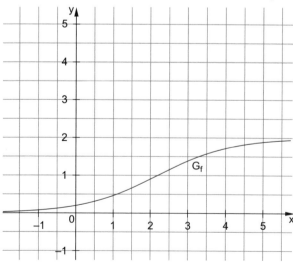

Abb. 2

2012-2

1. a) Zeigen Sie rechnerisch, dass G_f genau einen Achsenschnittpunkt S besitzt, und geben Sie die Koordinaten von S an. **2**

b) Begründen Sie mithilfe des Funktionsterms von f, dass $\lim\limits_{x \to -\infty} f(x) = 0$

und $\lim\limits_{x \to +\infty} f(x) = 2$ gilt. **2**

c) Weisen Sie rechnerisch nach, dass G_f in $\mathbb{R}$ streng monoton steigt.

$$\left[\text{zur Kontrolle: } f'(x) = \frac{18e^x}{(e^x + 9)^2} \right]$$ **3**

d) Bestimmen Sie die Gleichung der Tangente an G_f im Achsenschnittpunkt S. [Ergebnis: $y = 0,18x + 0,2$] **2**

e) Berechnen Sie den Inhalt der Fläche, die G_f mit den Koordinatenachsen und der Geraden $x = 4$ einschließt. **4**

f) Begründen Sie, dass f in $\mathbb{R}$ umkehrbar ist. Geben Sie den Definitionsbereich und den Wertebereich der Umkehrfunktion f^{-1} an und zeichnen Sie den Graphen von f^{-1} in Abbildung 2 ein. **6**

2. Das Wachstum von Sonnenblumen der Sorte Alba lässt sich modellhaft mithilfe der Funktion f beschreiben. Beginnt man die Beobachtung zwei Wochen nach der Auskeimung einer Sonnenblume dieser Sorte, so liefert $f(x)$ für $x \in [0; 4]$ im Modell die Höhe der Blume in Metern. Dabei ist x die seit Beobachtungsbeginn vergangene Zeit in Monaten. In den Aufgaben 2 a bis 2 d werden ausschließlich Sonnenblumen der Sorte Alba betrachtet.

a) Berechnen Sie auf der Grundlage des Modells, um wie viele Zentimeter eine Sonnenblume innerhalb der ersten zwei Monate nach Beobachtungsbeginn wächst. **2**

b) Berechnen Sie auf der Grundlage des Modells, wie viele Monate nach Beobachtungsbeginn eine Sonnenblume eine Höhe von 1,5 Metern erreicht. Beschreiben Sie, wie man den berechneten Wert grafisch überprüfen kann. **5**

c) Im Modell gibt es einen Zeitpunkt x_M, zu dem die Blumen am schnellsten wachsen. Bestimmen Sie mithilfe von Abbildung 2 einen Näherungswert für x_M. Ermitteln Sie anschließend einen Näherungswert für die maximale Wachstumsrate in Zentimetern pro Tag. **5**

d) Ein Biologe nimmt an, dass sich das Wachstum der Blumen vor Beobachtungsbeginn näherungsweise durch die Gleichung der Tangente aus Aufgabe 1 d beschreiben lässt. Untersuchen Sie mithilfe einer Rechnung, ob diese Annahme damit in Einklang steht, dass vom Zeitpunkt des Auskeimens bis zum Beobachtungsbeginn etwa zwei Wochen vergehen. **4**

2012-3

Haben zu Beobachtungsbeginn Sonnenblumen der Sorte Tramonto die gleiche Höhe wie Sonnenblumen der Sorte Alba, so erreichen von da an die Sonnenblumen der Sorte Tramonto im Vergleich zu denen der Sorte Alba jede Höhe in der Hälfte der Zeit.

Das Wachstum von Sonnenblumen der Sorte Tramonto lässt sich modellhaft mithilfe einer in $\mathbb{R}$ definierten Funktion g beschreiben, die eine Funktionsgleichung der Form I, II oder III mit $k \in \mathbb{R}^+$ besitzt:

$$\text{I} \quad y = \frac{2e^{x+k}}{e^{x+k}+9} \qquad \text{II} \quad y = k \cdot \frac{2e^x}{e^x+9} \qquad \text{III} \quad y = \frac{2e^{kx}}{e^{kx}+9}$$

Dabei ist x die seit Beobachtungsbeginn vergangene Zeit in Monaten und y ein Näherungswert für die Höhe einer Blume in Metern.

e) Begründen Sie, dass weder eine Gleichung der Form I noch eine der Form II als Funktionsgleichung von g infrage kommt.   4

f) Die Funktionsgleichung von g hat also die Form III. Geben Sie den passenden Wert von k an.   <u>1</u>

40

2012-4

Tipps und Hinweise

Teil 1

Aufgabe 1 a
- Das Argument der ln-Funktion muss positiv sein.
- Die Ableitung der Funktion $y = \ln x$ finden Sie in der Merkhilfe.
- Denken Sie an die Kettenregel (nachdifferenzieren).

Aufgabe 1 b
- Um welche Art von Funktion handelt es sich?
- Was darf bei einem Bruch nie passieren?
- Division durch null ist nicht definiert.
- Für welche x-Werte hat der Nenner den Wert null?
- Beim Ableiten die Quotientenregel beachten (siehe Merkhilfe).
- Zähler vereinfachen.

Aufgabe 2 a
- Bei welcher Art von Funktion haben Sie erstmals einen höchsten bzw. tiefsten Punkt kennengelernt?
- Bei quadratischen Funktionen nennt man den höchsten bzw. tiefsten Punkt auch Scheitel.
- Welche Eigenschaft muss eine Parabel (Graph einer quadratischen Funktion) besitzen, um einen Hochpunkt zu haben?
- Eine an der x-Achse gespiegelte Normalparabel hat die Gleichung $f(x) = -x^2$ und den Hochpunkt $(0|0)$.
- Was muss man mit der an der x-Achse gespiegelten Normalparabel machen, damit der Hochpunkt in $(0|5)$ liegt?
- Der Graph der Funktion $g(x) = f(x) + c$ entspricht dem um c in positive y-Richtung verschobenen Graphen von $f(x)$.

Aufgabe 2 b
- Wie lässt sich eine nicht differenzierbare Stelle am Funktionsgraphen erkennen?
- Bei welcher Art von Funktion tritt im Graphen ein „Knick" auf?
- Wie sieht der Graph der Funktion $f(x) = |x|$ aus?
- Für welchen x-Wert ist $f(x) = |x|$ nicht differenzierbar?

2012-5

✔ Was muss man mit dem Graphen der Funktion $f(x) = |x|$ machen, damit der „Knick" bei $x = 5$ auftritt?

✔ Der Graph der Funktion $g(x) = f(x + a)$ entspricht dem um $-a$ in x-Richtung verschobenen Graphen von $f(x)$.

Aufgabe 3 a

✔ Welche Veränderung erfährt der Graph der Funktion $g(x) = \sin x$ beim Übergang zur Funktion $f(x) = \sin(2x)$?

✔ Die Funktion $g(x) = \sin x$ besitzt die Periode 2π. Welche Periode besitzt die Funktion $f(x) = \sin(2x)$?

✔ Für welchen Wert von x gilt $f(x) = \sin(2\pi)$?

✔ Die Periode von $f(x) = \sin(2x)$ beträgt π, d. h., eine Periode des Graphen von $f(x)$ ist im Vergleich zu einer Periode des Graphen von $g(x) = \sin x$ in x-Richtung auf die Hälfte zusammengedrückt.

✔ Die Funktion $g(x) = \sin x$ besitzt in $[0; 2\pi]$ die Nullstellen $x = 0$, $x = \pi$ und $x = 2\pi$.

✔ Für welche x-Werte gilt $f(x) = \sin(2x) = \sin 0$ bzw. $f(x) = \sin \pi$ bzw. $f(x) = \sin(2\pi)$?

Aufgabe 3 b

✔ Sie finden die Stammfunktion zu $g(x) = \sin x$ in der Merkhilfe.

✔ Beachten Sie, dass $f(x) = \sin(2x)$ bei der Integration einer Funktion vom Typ $f(ax + b)$ mit $a = 2$ und $b = 0$ entspricht. Die entsprechende Formel entnehmen Sie der Merkhilfe.

✔ Zur Berechnung bestimmter Integrale finden Sie eine Formel in der Merkhilfe.

✔ Das bestimmte Integral gibt eine Flächenbilanz an.

✔ Oberhalb der x-Achse gelegene Flächen gehen positiv, unterhalb der x-Achse gelegene Flächen gehen negativ in die Flächenbilanz ein.

✔ Liegen im Integrationsintervall $[0; 2]$ Nullstellen von $f(x)$?

✔ Wie verläuft der Graph von $f(x)$ im Intervall $[0; 2]$?

Aufgabe 4

✔ Die Ableitung $f'(x)$ gibt die Steigung der Funktion $f(x)$ an.

✔ Die Steigung der Funktion für $x = 0$ entspricht der Steigung der Tangente an die Funktion für $x = 0$.

✔ Zeichnen Sie sich die Kurventangente im Punkt $(0 | 0)$ ein.

✔ Durch welche Punkte verläuft diese Tangente?

- Welche Steigung hat diese Tangente?

- Die Nullstelle von f' ist dort, wo f'(x) = 0 gilt, also dort, wo für den Graphen von f(x) eine waagrechte Tangente vorliegt.

- Jede Funktion besitzt in ihren Extrempunkten waagrechte Tangenten.

- Für $x \to 5$ fällt der Graph G_f immer steiler ab.

- Dem Fallen eines Graphen entspricht eine negative Steigung.

Teil 2

Aufgabe 1 a
- Es sind Schnittpunkte mit der x-Achse und mit der y-Achse möglich.

- Für alle Punkte auf der x-Achse gilt y = 0 (Nullstellen).

- Für alle Punkte auf der y-Achse gilt x = 0.

Aufgabe 1 b
- Beachten Sie: $\lim\limits_{x \to -\infty} e^x = 0$ und $\lim\limits_{x \to +\infty} e^x = +\infty$

- Der Bruch $\frac{\infty}{\infty}$ lässt sich nicht bestimmen.

- Klammern Sie e^x im Zähler und im Nenner aus und kürzen Sie.

- Beachten Sie: $\lim\limits_{x \to \infty} \frac{a}{e^x} = \frac{a}{\infty} = 0$ bzw. $\lim\limits_{x \to \infty} \frac{a}{e^x} = \lim\limits_{x \to \infty} a \cdot e^{-x} = 0$

Aufgabe 1 c
- Die Monotonie wird mit der 1. Ableitung bestimmt (siehe Merkhilfe).

- Verwenden Sie die Quotientenregel (siehe Merkhilfe).

- Beachten Sie: $(e^x)' = e^x$ (siehe Merkhilfe)

Aufgabe 1 d
- Jede Tangente hat als Gerade die allgemeine Gleichung $y = mx + t$.

- Die Steigung der Tangente ergibt sich mithilfe der 1. Ableitung (siehe Merkhilfe).

- Der Achsenabschnitt t der Tangente ergibt sich aus den Koordinaten von S.

Aufgabe 1 e
- Der Graph der Funktion verläuft im Intervall [0; 4] oberhalb der x-Achse (siehe Abbildung 2).

- Die gesuchte Fläche ergibt sich durch das bestimmte Integral.

✦ Um eine Stammfunktion von f(x) zu finden, beachte man den Zusammenhang von Zähler und Nenner von f(x).

✦ Was ergibt die Ableitung des Nenners?

✦ Ziehen Sie beim bestimmten Integral den Faktor 2 aus dem Zähler vor das Integralzeichen.

✦ Ist bei einem Bruch der Zähler die Ableitung des Nenners, so ergibt sich die Stammfunktion gemäß der Formel in der Merkhilfe.

✦ Der Wert des bestimmten Integrals ergibt sich durch Einsetzen der oberen und unteren Integrationsgrenze (siehe Merkhilfe).

Aufgabe 1 f

✦ Welche Eigenschaft muss eine Funktion besitzen, um umkehrbar zu sein?

✦ In Teilaufgabe 1 c wurde die Monotonie untersucht.

✦ Beim Umkehren werden x und y vertauscht, entsprechend vertauschen sich Definitions- und Wertemenge.

✦ Die Definitionsmenge von f(x) ist angegeben.

✦ Die Wertemenge lässt sich aus den Ergebnissen der Teilaufgaben 1 b und 1 c erschließen oder aus der Abbildung 2 ablesen.

✦ Der Graph der Umkehrfunktion ergibt sich durch Spiegelung von G_f an der Winkelhalbierenden $y = x$.

Aufgabe 2 a

✦ Welche Höhe hat die Sonnenblume zu Beginn der Beobachtung ($x = 0$)?

✦ Beachten Sie das Ergebnis von Teilaufgabe 1 a.

✦ Wie ergibt sich die Höhe der Sonnenblume nach den ersten beiden Monaten?

✦ Berechnen Sie f(2).

✦ Der Höhenunterschied gibt an, um wie viel die Sonnenblume gewachsen ist.

✦ Beachten Sie, dass f(x) die Höhe in Metern angibt, Sie aber nach Zentimetern gefragt werden.

Aufgabe 2 b

✦ Da f(x) die Höhe in Metern angibt, muss $f(x) = 1,5$ gelten.

✦ Lösen Sie die Gleichung nach x auf.

✦ Zeichnen Sie die Gerade $y = 1,5$ in Abbildung 2 ein.

✦ Wo schneidet diese Gerade den Funktionsgraphen? Lesen Sie den zugehörigen x-Wert ab.

Aufgabe 2 c

Die Sonnenblume wächst umso schneller, je schneller sich ihre Höhe vergrößert, je steiler also der Graph G_f verläuft.

Wo verläuft G_f am steilsten?

Es ist ein Näherungswert gesucht, Sie können also – bei genauem Hinschauen – ein bisschen „raten".

Ihr Näherungswert sollte sich im Intervall [2; 2,5] befinden.

Ein genauerer Wert lässt sich rechnerisch ermitteln (dies ist aber **nicht** verlangt).

Berechnen Sie die Wachstumsrate (= 1. Ableitung) an der von Ihnen abgelesenen Stelle.

Dieser Wert gibt an, wie groß das maximale Wachstum im Monat ist.

Wie groß ist dann das maximale Wachstum pro Tag?

Sie können für einen Monat 30 Tage veranschlagen.

Aufgabe 2 d

Welche Höhe besitzt die Sonnenblume beim Auskeimen?

Wo hat die Tangente den Funktionswert 0?

Lösen Sie die Gleichung $0 = 0,18x + 0,2$ nach x auf.

Wie lange vor dem Beobachtungsbeginn hätte die Sonnenblume die Höhe = 0?

Welcher Zeitraum ist vom Auskeimen bis zum Beobachtungsbeginn angegeben?

oder:

Durch welche Punkte muss eine Gerade verlaufen, die das Wachstum vom Auskeimen bis zum Beobachtungsbeginn darstellt?

Welche Höhe hat die Sonnenblume beim Beobachtungsbeginn? Dies liefert einen Geradenpunkt.

Zu welchem Zeitpunkt (in Monaten) keimt die Sonnenblume aus? Welche Höhe hat sie zu diesem Zeitpunkt? Dies liefert den zweiten Geradenpunkt.

Stellen Sie eine Geradengleichung auf und vergleichen Sie mit der Tangentengleichung aus Teilaufgabe 1 d.

Aufgabe 2 e

Welche Höhe besitzt eine Tramonto-Sonnenblume zu Beobachtungsbeginn?

Welchen Wert muss $g(0)$ haben?

Hat die Sorte Alba die Höhe h nach t Monaten, so hat die Sorte Tramonto die Höhe h nach $\frac{1}{2} \cdot t$ Monaten erreicht. Die Höhe h wird von f bzw. g angegeben.

2012-9

- Welcher Zusammenhang besteht zwischen beiden Funktionen?
- Es muss Höhe $= f(t) = g\left(\frac{1}{2}t\right)$ oder allgemein $f(x) = g\left(\frac{1}{2}x\right)$ gelten.
- Wie entsteht Gleichung I aus $f(x)$?
- Drücken Sie $g(0)$ durch f aus.
- Gilt $g(0) = f(0)$?
- Wie entsteht Gleichung II aus $f(x)$?
- Drücken Sie $g(0)$ durch f aus.
- Gilt $g(0) = f(0)$?

Aufgabe 2 f

- Wie entsteht Gleichung III aus $f(x)$?
- „Sorte Tramonto erreicht im Vergleich zu Sorte Alba jede Höhe in der Hälfte der Zeit" ist gleichbedeutend mit „Sorte Alba erreicht im Vergleich zu Sorte Tramonto jede Höhe in der doppelten Zeit".

Lösungen

Teil 1

1. a) $f(x) = \ln(x + 3)$

    $x + 3 > 0 \implies x > -3 \implies D_f =]-3; +\infty[$

    $$f'(x) = \frac{1}{x+3} \cdot 1 = \frac{1}{x+3}$$

    b) $g(x) = \dfrac{3}{x^2 - 1}$

    $x^2 - 1 = 0 \implies x^2 = 1 \implies x = \pm 1 \implies D = \mathbb{R} \setminus \{-1; 1\}$

    $$g'(x) = \frac{0 \cdot (x^2 - 1) - 3 \cdot 2x}{(x^2 - 1)^2} = \frac{-6x}{(x^2 - 1)^2}$$

2. a) Nach unten geöffnete Parabel mit dem Hochpunkt $(0|5)$, also an der x-Achse gespiegelte und um 5 Einheiten nach oben verschobene Normalparabel.

    $f(x) = -x^2 + 5$ mit $D = \mathbb{R}$

    b) Betragsfunktion mit Knick bei $x = 5$, also muss $y = |x|$ um 5 Einheiten nach rechts verschoben werden.

    $g(x) = |x - 5|$ mit $D = \mathbb{R}$

3. a) $f(x) = \sin(2x)$ mit $D = \mathbb{R}$

    Die Periode von $f(x) = \sin(2x)$ beträgt π, da der Argumentwert 2π für $x = \pi$ angenommen wird. Eine Periode des Graphen von $f(x)$ ist somit im Vergleich zu einer Periode des Graphen von $y = \sin x$ auf die Hälfte zusammengeschoben.

    Nullstellen im Periodenbereich $[0; \pi]$ sind somit:

    $x = 0; \ x = \dfrac{\pi}{2}; \ x = \pi$

    Als benachbarte Nullstellen können gewählt werden:

    $x = 0$ und $x = \dfrac{\pi}{2}$

    oder:

    $x = \dfrac{\pi}{2}$ und $x = \pi$

    oder:

    $x = 0$ und $x = -\dfrac{\pi}{2}$ (da $f(x)$ punktsymmetrisch zum Ursprung ist)

b) $\int_0^2 f(x)\,dx = \int_0^2 \sin(2x)\,dx = \left[\frac{1}{2}(-\cos(2x))\right]_0^2 = \left[-\frac{1}{2}\cos(2x)\right]_0^2$

$= -\frac{1}{2}\cos 4 + \frac{1}{2}\cos 0 \approx 0{,}827$

Im Integrationsintervall [0; 2] verläuft der Graph von f(x) zwischen den Nullstellen $x=0$ und $x = \frac{\pi}{2} \approx 1{,}57$ oberhalb der x-Achse und zwischen der Nullstelle $x = \frac{\pi}{2} \approx 1{,}57$ und der Integrationsgrenze $x=2$ unterhalb der x-Achse. Somit geht ein Teil der eingeschlossenen Fläche negativ in die Flächenbilanz (bestimmtes Integral) ein.

4. G_f verläuft im Intervall [−0,5; 0,5] näherungsweise durch die Punkte (−0,5 | −1); (0 | 0) und (0,5 | 1).

Die Tangente am Kurvenpunkt (0 | 0) hat also näherungsweise die Gleichung:
t: y = 2x

Somit: $f'(0) \approx 2$

Der Extremwert (Hochpunkt) befindet sich näherungsweise im Punkt (3,3 | 4,25).
Die Ableitungsfunktion f' besitzt also für $x \approx 3{,}3$ eine Nullstelle.

Somit: $f'(3{,}3) = 0$

Für $x \to 5$ läuft G_f näherungsweise senkrecht von oben auf den Kurvenrandpunkt (5 | 0) zu. Die Steigung beträgt also näherungsweise $-\infty$.

Somit: $\lim_{x \to 5} f'(x) = -\infty$ (senkrechte Asymptote $x = 5$)

Damit ergibt sich z. B. einer der beiden folgenden Graphen:

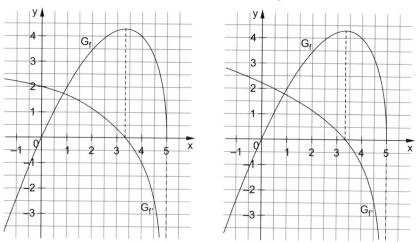

Anmerkung: Beide Graphen werden als richtig gewertet.

Teil 2

1. a) $f(x) = \dfrac{2e^x}{e^x + 9}$ mit $\mathbb{D} = \mathbb{R}$

   Schnitt mit der x-Achse: $y = 0$
   $f(x) = 0 \Rightarrow 2e^x = 0 \Rightarrow$ nicht möglich, da $e^x > 0$ für $x \in \mathbb{R} \Rightarrow$ Kein Schnittpunkt mit der x-Achse vorhanden.

   Schnitt mit der y-Achse: $x = 0$
   $f(0) = \dfrac{2e^0}{e^0 + 9} = \dfrac{2 \cdot 1}{1 + 9} = \dfrac{2}{10} = 0{,}2$

   Schnittpunkt mit der y-Achse: $S(0 | 0{,}2)$

   b) $\lim\limits_{x \to -\infty} \dfrac{2e^x}{e^x + 9} = \dfrac{2 \cdot 0}{0 + 9} = \dfrac{0}{9} = 0$

   $\lim\limits_{x \to +\infty} \dfrac{2e^x}{e^x + 9} = \lim\limits_{x \to +\infty} \dfrac{2e^x}{e^x \left(1 + \frac{9}{e^x}\right)} = \lim\limits_{x \to +\infty} \dfrac{2}{1 + \frac{9}{e^x}} = \text{„}\dfrac{2}{1 + \frac{9}{\infty}}\text{"} = \dfrac{2}{1 + 0} = 2$

   c) $f'(x) = \dfrac{2e^x(e^x + 9) - 2e^x \cdot e^x}{(e^x + 9)^2} = \dfrac{2e^x \cdot e^x + 18e^x - 2e^x \cdot e^x}{(e^x + 9)^2} = \dfrac{18e^x}{(e^x + 9)^2}$

   $f'(x) > 0$, da mit $e^x > 0$ für $x \in \mathbb{R}$ der Zähler positiv und auch der Nenner als Quadrat und wegen $e^x + 9 > 9$ positiv ist.

   Aus $f'(x) > 0$ folgt, dass G_f streng monoton in $\mathbb{R}$ steigt.

   d) Tangente: $y = mx + t$

   Steigung: $m = f'(0) = \dfrac{18 \cdot e^0}{(e^0 + 9)^2} = \dfrac{18 \cdot 1}{(1 + 9)^2} = \dfrac{18}{100} = 0{,}18 \Rightarrow y = 0{,}18x + t$

   Kurvenpunkt: $S(0 | 0{,}2)$ liegt auf der y-Achse $\Rightarrow t = 0{,}2$

   Tangente in S: $y = 0{,}18x + 0{,}2$

   e)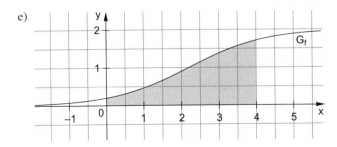

2012-13

Gesucht ist die grau unterlegte Fläche:

$$A = \int_0^4 \frac{2e^x}{e^x+9}\,dx = 2 \cdot \int_0^4 \frac{e^x}{e^x+9}\,dx = 2 \cdot [\ln|e^x+9|]_0^4$$

$$= 2 \cdot (\ln|e^4+9| - \ln|e^0+9|) \approx 3{,}7$$

Anmerkung: Beim Bruch $\frac{e^x}{e^x+9}$ ist der Zähler die Ableitung des Nenners, somit lässt sich die Formel

$$\int \frac{f'(x)}{f(x)}\,dx = \ln|f(x)| + C$$

aus der Merkhilfe anwenden.

f) Da nach Teilaufgabe 1 c der Graph G_f in $\mathbb{R}$ streng monoton steigt, ist $f(x)$ in $\mathbb{R}$ umkehrbar.

Aus der Angabe entnimmt man $\mathbb{D}_f = \mathbb{R}$, somit gilt $\mathbb{W}_{f^{-1}} = \mathbb{D}_f = \mathbb{R}$.

Aus den Teilaufgaben 1 b und 1 c bzw. Abb. 2 ist zu entnehmen: $\mathbb{W}_f =]0;\,2[$
Somit gilt $\mathbb{D}_{f^{-1}} = \mathbb{W}_f =]0;\,2[$.

Der Graph $G_{f^{-1}}$ der Umkehrfunktion ergibt sich durch Spiegelung des Graphen G_f an der Winkelhalbierenden $y = x$.

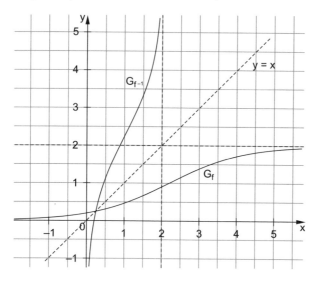

2. a) $f(0) = 0{,}2$ (siehe Teilaufgabe 1 a)

$f(2) = \dfrac{2e^2}{e^2+9} \approx 0{,}9$

Die Sonnenblume hat somit zu Beginn der Beobachtung eine Höhe von 0,2 m und nach 2 Monaten eine Höhe von 0,9 m.
Sie ist somit um 0,9 m − 0,2 m = 0,7 m = 70 cm gewachsen.

b) $f(x) = 1{,}5$

$\dfrac{2e^x}{e^x+9} = 1{,}5$

$2e^x = 1{,}5e^x + 13{,}5$

$0{,}5e^x = 13{,}5$

$e^x = 27$

$x = \ln 27$

$x \approx 3{,}3$

Nach ca. 3,3 Monaten hat die Sonnenblume eine Höhe von 1,5 m erreicht.

Grafische Lösung:

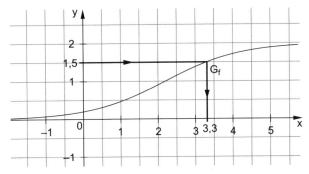

Ablesen des x-Wertes, für den $f(x) = 1{,}5$ gilt: Man bestimmt den Schnittpunkt der Geraden $y = 1{,}5$ mit dem Funktionsgraphen und liest den zugehörigen x-Wert ab.

c) Da $f(x)$ in [0; 4] die Höhe der Blume angibt, gibt die Steigung von $f(x)$ das Wachstum der Blume an. Die Blume wächst also dort am schnellsten, wo die Steigung am steilsten ist. Dies ist nach Abbildung 2 im Intervall [2; 2,5].

$\Rightarrow x_M \in\ ]2;\ 2{,}5[$

Anmerkung: Ein genauerer Wert ergibt sich rechnerisch, was hier aber **nicht** verlangt ist. Die Steigung ($f'(x)$) ist am steilsten (extrem), wenn $f''(x) = 0$ gilt.

$$f'(x) = \frac{18e^x}{(e^x+9)^2} \quad \text{(siehe Teilaufgabe 1 c)}$$

$$f''(x) = \frac{18e^x(e^x+9)^2 - 18e^x \cdot 2(e^x+9) \cdot e^x}{(e^x+9)^4} = \frac{(e^x+9) \cdot [18e^x(e^x+9) - 36e^x \cdot e^x]}{(e^x+9)^4}$$

$$= \frac{18e^x \cdot e^x + 162e^x - 36e^x \cdot e^x}{(e^x+9)^3} = \frac{162e^x - 18e^x \cdot e^x}{(e^x+9)^3} = \frac{18e^x(9-e^x)}{(e^x+9)^3}$$

$$f''(x) = 0 \quad \Rightarrow \quad 18e^x(9-e^x) = 0 \quad \Rightarrow \quad 9 - e^x = 0 \quad \Rightarrow \quad 9 = e^x \quad \Rightarrow \quad x = \ln 9 \approx 2{,}2$$

Also $x_M \approx 2{,}2$.

Hinweis: Liest man aus Abbildung 2 für $x_M = 2{,}1$ oder auch $x_M = 2{,}3$ oder $x_M = 2{,}4$ ab, so ergeben sich die zugehörigen Näherungswerte analog.

$$f'(2{,}2) = \frac{18 \cdot e^{2{,}2}}{(e^{2{,}2}+9)^2} \approx 0{,}5$$

oder: $f'(2{,}1) \approx 0{,}5$ bzw. $f'(2{,}3) \approx 0{,}5$ bzw. $f'(2{,}4) \approx 0{,}5$

Das maximale Wachstum beträgt somit ungefähr 0,5 m im Monat. Die maximale Wachstumsrate pro Tag beträgt (mit 1 Monat = 30 Tage) somit:

$$\frac{50\,\text{cm}}{30\,\text{Tage}} \approx 1{,}7 \, \frac{\text{cm}}{\text{Tag}}$$

d) Tangente aus Teilaufgabe 1 d: $y = 0{,}18x + 0{,}2$

Beschreibt die Tangente das Wachstum vom Auskeimen (Höhe = 0) bis zum Beobachtungsbeginn (Höhe = f(0) = 0,2), so muss die Tangente die x-Achse ($y = 0$) näherungsweise im Punkt $(-0{,}5 \,|\, 0)$ schneiden, da 2 Wochen = 14 Tage $\approx 0{,}5$ Monate gilt.

Schnitt der Tangente mit der x-Achse:

$$0 = 0{,}18x + 0{,}2$$

$$0{,}18x = -0{,}2$$

$$x = -\frac{0{,}2}{0{,}18}$$

$$x \approx -1{,}1$$

Verliefe das Wachstum näherungsweise wie die Tangente, so würde vom Auskeimen bis zum Beobachtungsbeginn mehr als ein Monat vergehen.

oder:

Eine Gerade, die das Wachstum der Sonnenblume vom Auskeimen (Höhe = 0) bis zum Beobachtungsbeginn (Höhe = 0,2) darstellt, müsste durch die Punkte

- $P\left(-\frac{14}{30} \mid 0\right)$ Auskeimen 14 Tage $\left(=\frac{14}{30}\text{ Monate}\right)$ vor Beobachtungsbeginn
- $Q(0 \mid 0{,}2)$ Beobachtungsbeginn

verlaufen.

Die Steigung dieser Geraden beträgt:

$m = \dfrac{0{,}2}{\frac{14}{30}} \approx 0{,}43$

Der Achsenabschnitt: $t = 0{,}2$

Gerade: $y = 0{,}43x + 0{,}2$

Sie verläuft also steiler als die Tangente aus Teilaufgabe 1 d, hat aber denselben Achsenabschnitt.

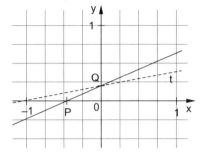

Die Annahme des Biologen steht also nicht in Einklang mit der Wirklichkeit.

e) Aus dem Text ist zu entnehmen:
- $g(0) = f(0) = 0{,}2$
  da: „zu Beobachtungsbeginn gleiche Höhe"
- $g\left(\dfrac{1}{2}x\right) = f(x)$
  da: „Sorte Tramonto erreicht im Vergleich zu Sorte Alba jede Höhe in der Hälfte der Zeit"

Beispiel: Nach Teilaufgabe 2 b erreicht die Sorte Alba in 3,3 Monaten eine Höhe von 1,5 m, also erreicht die Sorte Tramonto die Höhe von 1,5 m in $\frac{1}{2} \cdot 3{,}3 = 1{,}65$ Monaten.

$f(3{,}3) = 1{,}5$ und $g(1{,}65) = 1{,}5$

Funktionsgleichung I kommt nicht infrage, da:

$y = \dfrac{2e^{x+k}}{e^{x+k} + 9} = f(x + k)$

Hinweis: Dies entspricht einer Verschiebung des Graphen G_f um k in negative x-Richtung.

$g(0) = \dfrac{2e^{0+k}}{e^{0+k} + 9} = f(0 + k) = f(k)$ mit $k > 0$

Da der Graph von f(x) streng monoton steigt, gilt $f(k) > f(0)$ und somit $g(0) \neq f(0)$.

Funktionsgleichung II kommt nicht infrage, da:

$$y = k \cdot \frac{2e^x}{e^x + 9} = k \cdot f(x)$$

Hinweis: Dies entspricht einer Streckung des Graphen G_f um k in y-Richtung.

$g(0) = k \cdot f(0)$ mit $k > 0$

Somit ist $g(0) = f(0)$ nur für $k = 1$ erfüllt, dann wäre aber $g(x) = f(x)$.

f) $y = \dfrac{2e^{kx}}{e^{kx} + 9} = f(kx)$

Aus $g\left(\dfrac{1}{2}x\right) = f(x)$ folgt $g(x) = f(2x)$ und somit $k = 2$.

	Abitur Mathematik (Bayern): Abiturprüfung 2012
	Analysis II

Teil 1

BE

1. Gegeben ist die Funktion

$$f: x \mapsto \frac{2x+3}{x^2+4x+3}$$

mit maximaler Definitionsmenge $\mathbb{D}$. Bestimmen Sie $\mathbb{D}$ sowie die Nullstelle von f. 3

2. Gegeben ist die in $\mathbb{R}$ definierte Funktion

$$g: x \mapsto x \cdot e^{-2x}.$$

a) Bestimmen Sie die Koordinaten des Punktes, in dem der Graph von g eine waagrechte Tangente hat. 5

b) Geben Sie das Verhalten von g für $x \to -\infty$ und $x \to +\infty$ an. 2

3. Betrachtet wird die in $\mathbb{R}^+$ definierte Funktion

$$h: x \mapsto -\ln x + 3.$$

a) Geben Sie an, wie der Graph von h schrittweise aus dem Graphen der in $\mathbb{R}^+$ definierten Funktion $x \mapsto \ln x$ hervorgeht. 2

b) Bestimmen Sie die Gleichung der Tangente an den Graphen von h im Punkt $(1 \mid h(1))$. 4

4. a) Warum hat jede Integralfunktion mindestens eine Nullstelle? 1

b) Geben Sie den Term einer in $\mathbb{R}$ definierten Funktion f an, sodass die in $\mathbb{R}$ definierte Integralfunktion

$$F: x \mapsto \int_{-1}^{x} f(t)\, dt$$

genau zwei Nullstellen besitzt. Geben Sie die Nullstellen von F an. $\underline{3}$
20

2012-19

Teil 2

BE

1. An einer Wand im Innenhof der von Antoni Gaudí gestalteten Casa Batlló in Barcelona findet man ein Keramikkunstwerk (vgl. Abbildung 1). Der annähernd parabelförmige obere Rand des Kunstwerks soll durch den Graphen einer ganzrationalen Funktion modellhaft dargestellt werden. Auf dem Graphen sollen bei Verwendung des eingezeichneten Koordinatensystems die Punkte A(−2|0), B(2|0) und C(0|5) liegen (1 LE entspricht 1 m, d. h., das Kunstwerk ist 5 m hoch).

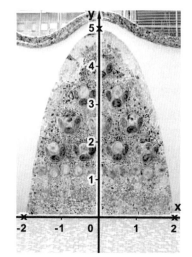

a) Ermitteln Sie den Term einer in $\mathbb{R}$ definierten quadratischen Funktion p, deren Graph durch die Punkte A, B und C verläuft.
   [zur Kontrolle: $p(x) = -1{,}25x^2 + 5$]

Abb. 1: Foto: Tony Hisgett, lizenziert unter cc-by-2.0

3

Ein den oberen Rand des Kunstwerks genauer darstellendes Modell liefert der Graph der in $\mathbb{R}$ definierten ganzrationalen Funktion q vierten Grades mit $q(x) = -0{,}11x^4 - 0{,}81x^2 + 5$. Der Graph von q wird mit G_q bezeichnet.

b) Weisen Sie rechnerisch nach, dass G_q symmetrisch bezüglich der y-Achse ist, durch die Punkte A und B verläuft und genau einen Extrempunkt besitzt. 7

Abbildung 2 zeigt die Graphen von p und q.

c) Welcher der beiden dargestellten Graphen ist G_q? Begründen Sie Ihre Antwort. 2

d) Im Intervall]0; 2[gibt es eine Stelle x_0, an der der Wert der Differenz $d(x) = q(x) - p(x)$ maximal wird. Berechnen Sie x_0 sowie den Wert der zugehörigen Differenz. 5

e) Berechnen Sie mithilfe der Funktion q einen Näherungswert für den Flächeninhalt A des vom Kunstwerk eingenommenen Teils der Wand.

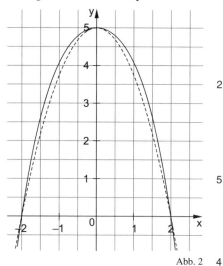

Abb. 2 4

2012-20

f) Die Gerade mit der Gleichung y = 1,1 teilt im Modell den vom Kunstwerk eingenommenen Teil der Wand in zwei unterschiedlich gestaltete Bereiche. Beschreiben Sie, wie man mithilfe der Funktion q das Verhältnis der Flächeninhalte dieser beiden Bereiche näherungsweise bestimmen kann. Geben Sie dazu geeignete Ansätze an und kommentieren Sie diese. 4

2. Unter dem Wasserdurchfluss eines Bachs an einer bestimmten Stelle versteht man das Volumen des Wassers, das an dieser Stelle in einer bestimmten Zeit vorbeifließt. Die Funktion f beschreibt die zeitliche Entwicklung des Wasserdurchflusses eines Bachs an einer Messstelle, nachdem zum Zeitpunkt $t=0$ eine bachaufwärts gelegene Schleuse geöffnet wurde. Abbildung 3 zeigt den Graphen G_f von f.

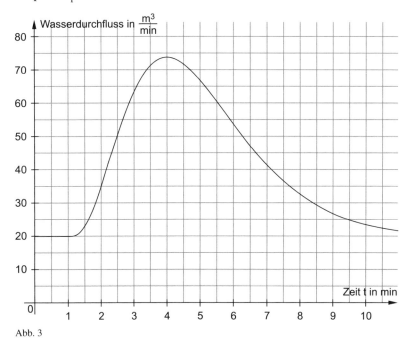

Abb. 3

a) Entnehmen Sie Abbildung 3 im Bereich $t > 1$ Näherungswerte für die Koordinaten des Hochpunkts sowie für die t-Koordinaten der beiden Wendepunkte von G_f und geben Sie unter Berücksichtigung dieser Näherungswerte die jeweilige Bedeutung der genannten Punkte im Sachzusammenhang an. 5

2012-21

b) Bestimmen Sie $\int_{1}^{4} f(t)\,dt$ näherungsweise mithilfe von Abbildung 3.

Deuten Sie den Wert des Integrals im Sachzusammenhang. 5

c) Bestimmen Sie mithilfe von G_f für $t = 4$ und $t = 3$ jeweils einen Näherungswert für die mittlere Änderungsrate von f im Zeitintervall $[2;\ t]$. Veranschaulichen Sie Ihr Vorgehen in Abbildung 3 durch geeignete Steigungsdreiecke. Welche Bedeutung hat der Grenzwert der mittleren Änderungsraten für $t \to 2$ im Sachzusammenhang? 5

40

Tipps und Hinweise

Teil 1

Aufgabe 1

✎ Um welche Art von Funktion handelt es sich?

✎ Was darf bei einem Bruch nie passieren?

✎ Division durch null ist nicht definiert.

✎ Für welche x-Werte hat der Nenner den Wert null?

✎ Die Merkhilfe liefert die Lösungsformel für quadratische Gleichungen.

✎ Ein Bruch hat den Wert null, wenn der Zähler den Wert null hat.

Aufgabe 2 a

✎ Welche Steigung besitzt eine waagrechte Tangente?

✎ Die Tangentensteigung wird durch die 1. Ableitung angegeben (siehe Merkhilfe).

✎ Beachten Sie beim Ableiten die Produktregel und denken Sie an die Kettenregel (nachdifferenzieren).

✎ Lösen Sie die Gleichung $g'(x)=0$ nach x auf. Bedenken Sie, dass $e^x>0$ für $x \in \mathbb{R}$ gilt.

✎ Gefragt ist nach den Punktkoordinaten. Sie müssen also auch den zugehörigen y-Wert berechnen.

Aufgabe 2 b

✎ Beachten Sie: $\lim\limits_{x \to +\infty} e^x = +\infty$ und $\lim\limits_{x \to -\infty} e^x = 0$

✎ Die Rechenregeln für Potenzen finden Sie in Ihrer Merkhilfe.

✎ Formen Sie den Term $x \cdot e^{-2x}$ entsprechend um.

✎ Der Grenzwert $\lim\limits_{x \to +\infty} \frac{x}{e^x} = 0$ steht in Ihrer Merkhilfe.

Aufgabe 3 a

✎ Es gilt: $f(x)+a$ Verschiebung um a in y-Richtung
          $f(x+a)$ Verschiebung um –a in x-Richtung
          $a \cdot f(x)$ Dehnung / Stauchung in y-Richtung
          $f(ax)$ Dehnung / Stauchung in x-Richtung
          $-f(x)$ Spiegelung an der x-Achse
          $f(-x)$ Spiegelung an der y-Achse

✎ Wie geht der Graph von $g(x)=-\ln x$ aus dem Graphen von $f(x)=\ln x$ hervor?

✎ Wie geht der Graph von $h(x)=-\ln x + 3$ aus dem Graphen von $g(x)=-\ln x$ hervor?

2012-23

Aufgabe 3 b

✓ Jede Tangente hat als Gerade die allgemeine Gleichung $y = mx + t$.

✓ Die Steigung der Tangente ergibt sich mithilfe der 1. Ableitung (siehe Merkhilfe).

✓ Einsetzen von Steigung und Punktkoordinaten (berechnen Sie dazu h(1)) in die allgemeine Geradengleichung liefert den Achsenabschnitt t.

Aufgabe 4 a

✓ Für die Berechnung bestimmter Integrale gilt:

$$\int_a^b f(x)\,dx = F(b) - F(a) \quad \text{(siehe Merkhilfe)}$$

✓ $$\int_a^a f(x)\,dx = F(a) - F(a) = 0$$

Aufgabe 4 b

✓ Welcher Art von Funktion muss F angehören, um genau zwei Nullstellen zu besitzen?

✓ Welche Art von Funktion muss f(t) sein, wenn die zugehörige Integralfunktion quadratisch ist?

✓ Wie lautet die Gleichung der einfachsten linearen Funktion?

✓ Bestimmen Sie die zugehörige Integralfunktion mit der unteren Grenze −1.

✓ Berechnen Sie die entsprechenden Nullstellen.

oder:

✓ Zeichnen Sie die lineare Funktion sowie die Gerade $x = -1$.

✓ Welche Parallele zu $x = -1$ müssen Sie wählen, damit die eingeschlossenen Teilflächen oberhalb und unterhalb der x-Achse gleich groß sind?

Teil 2

Aufgabe 1 a

✓ Wie lautet die allgemeine Gleichung einer quadratischen Funktion?

✓ Jeder Punkt, der auf dem Graphen einer Funktion liegt, muss die Funktionsgleichung erfüllen.

✓ Lösen Sie das Gleichungssystem aus drei Gleichungen mit drei Unbekannten.

oder:

✓ Wie lautet die allgemeine Scheitelform einer Parabel?

✔ Setzen Sie die Koordinaten des Scheitelpunkts C und eines weiteren Kurvenpunkts (z. B. A) ein.

✔ Berechnen Sie die Unbekannte.

oder:

✔ Der Grafik lässt sich entnehmen, dass die Parabel nach unten geöffnet ist, achsensymmetrisch zur y-Achse verläuft und ihren Scheitel in C hat und durch A und B verläuft.

✔ Es handelt sich also um eine an der x-Achse gespiegelte, in x-Richtung gestreckte und um 5 Einheiten in positive y-Richtung verschobene Normalparabel.

✔ Geben Sie die entsprechende Funktionsgleichung an und setzen Sie zur Berechnung der Unbekannten A oder B ein.

Aufgabe 1 b

✔ Ist der Graph einer Funktion symmetrisch zur y-Achse, so muss gelten: $f(-x) = f(x)$

✔ Jeder Punkt, der auf dem Graphen einer Funktion liegt, muss die Funktionsgleichung erfüllen.

✔ Beachten Sie die Ableitungsregel in der Merkhilfe.

✔ Bedingung für einen Extremwert: $f'(x) = 0$ (siehe Merkhilfe)

Aufgabe 1 c

✔ Abbildung 2 ist zu entnehmen, dass der gestrichelte Graph in $]-2; 0[$ und $]0; 2[$ unterhalb des durchgezogenen Graphen verläuft.

✔ Wählen Sie einen x-Wert aus $]0; 2[$ (oder auch $]-2; 0[$) und berechnen Sie den zugehörigen Funktionswert sowohl für $p(x)$ als auch für $q(x)$.

✔ Vergleichen Sie die beiden Funktionswerte.

Aufgabe 1 d

✔ Setzen Sie $q(x)$ und $p(x)$ in $d(x)$ ein und vereinfachen Sie den Term.

✔ $d(x)$ besitzt für x_0 einen Extremwert, wenn $d'(x_0) = 0$ und d' an der Stelle x_0 das Vorzeichen wechselt (siehe Merkhilfe).

✔ An der Stelle x_0 befindet sich ein Maximum, wenn $d(x)$ für $x < x_0$ steigt ($d'(x) > 0$) und für $x > x_0$ fällt ($d'(x) < 0$).

✔ Es ist auch nach dem Wert $d(x_0)$ gefragt.

Aufgabe 1 e

✔ Der Flächeninhalt lässt sich mithilfe eines bestimmten Integrals berechnen.

✔ Beachten Sie die Symmetrie der Fläche – das erleichtert das Rechnen.

✔ Die Formel zur Bestimmung der Stammfunktion finden Sie in der Merkhilfe.

✔ In welcher Einheit ergibt sich die Fläche? Beachten Sie die gegebene Längeneinheit.

Aufgabe 1 f

✔ Welcher Zusammenhang besteht zwischen den beiden Teilflächen und der in Teilaufgabe 1 e berechneten Fläche?

✔ Welches Verhältnis ist gesucht?

✔ Wie lässt sich die obere Fläche berechnen?

✔ Wie ergeben sich die Integrationsgrenzen der oberen Fläche?

✔ Welcher Art ist die Gleichung $q(x) = 1{,}1$?

✔ Wie löst man eine biquadratische Gleichung?

Aufgabe 2 a

✔ Die y-Koordinate des Hochpunkts gibt den maximalen Wasserdurchfluss an.

✔ Wendepunkte befinden sich dort, wo $f''(t) = 0$ gilt, wo also $f'(t)$ extrem wird.

✔ Die 1. Ableitung gibt die Änderungsrate von $f(x)$, hier also die Änderung des Wasserdurchflusses an.

✔ Steigt $f(x)$, so wird der Wasserdurchfluss größer, fällt $f(x)$, so wird der Wasserdurchfluss geringer.

Aufgabe 2 b

✔ Mithilfe des bestimmten Integrals wird eine Fläche ermittelt.

✔ Welche Wassermenge wird durch ein „Einheitsquadrat" (Einheit in x-Richtung: 2 Kästchen $\triangleq$ 1 min; Einheit in y-Richtung: 2 Kästchen $\triangleq$ 10 $\frac{m^3}{min}$) dargestellt?

✔ Wie viele komplette Einheitsquadrate sind in der Fläche enthalten?

✔ Wie lassen sich Teil-Einheitsquadrate näherungsweise zu kompletten Einheitsquadraten zusammenfügen?

✔ Welche Fläche ergibt sich insgesamt?

✔ Beschreiben Sie, in welchem Zeitraum die durch die Fläche dargestellte Wassermenge fließt.

Aufgabe 2 c

✔ In der Merkhilfe finden Sie eine Formel für die mittlere Änderungsrate (Differenzenquotient).

✔ Zeichnen Sie die beiden Steigungsdreiecke ein.

✔ Der Grenzwert ergibt die 1. Ableitung an der Stelle $t = 2$ (siehe Merkhilfe).

✔ Die Tangentensteigung gibt die momentane Änderungsrate an.

Lösungen

Teil 1

1. $f(x) = \dfrac{2x+3}{x^2+4x+3}$

$x^2+4x+3=0 \;\Rightarrow\; x_{1/2} = \dfrac{-4 \pm \sqrt{16-4\cdot1\cdot3}}{2} = \dfrac{-4\pm2}{2} \;\Rightarrow\; x_1 = -1; \; x_2 = -3$

$\mathbb{D} = \mathbb{R} \setminus \{-1; -3\}$

$f(x)=0 \;\Rightarrow\; 2x+3=0 \;\Rightarrow\;$ Nullstelle: $x = -\dfrac{3}{2}$

2. a) $g(x) = x \cdot e^{-2x}$ mit $\mathbb{D} = \mathbb{R}$

waagrechte Tangente $\;\Leftrightarrow\; g'(x)=0$

$g'(x) = 1 \cdot e^{-2x} + x \cdot e^{-2x} \cdot (-2) = e^{-2x} \cdot (1-2x)$

$g'(x)=0 \;\Rightarrow\; 1-2x=0 \quad$ da $e^{-2x} > 0$ für $x \in \mathbb{R}$

$\qquad\qquad\qquad -2x = -1$

$\qquad\qquad\qquad\quad x = \dfrac{1}{2}$

$g\left(\dfrac{1}{2}\right) = \dfrac{1}{2} \cdot e^{-2\cdot\frac{1}{2}} = \dfrac{1}{2} \cdot e^{-1} = \dfrac{1}{2e}$

Im Punkt $\left(\frac{1}{2} \mid \frac{1}{2e}\right)$ hat der Graph von g eine waagrechte Tangente.

b) $\lim\limits_{x \to -\infty} x \cdot e^{-2x} = \text{„}-\infty \cdot \infty\text{“} = -\infty$

$\lim\limits_{x \to +\infty} x \cdot e^{-2x} = \lim\limits_{x \to +\infty} \dfrac{x}{e^{2x}} = \lim\limits_{x \to +\infty} \dfrac{x}{e^x \cdot e^x} = \lim\limits_{x \to +\infty} \dfrac{x}{e^x} \cdot \dfrac{1}{e^x}$

$\qquad\qquad = \lim\limits_{x \to +\infty} \dfrac{x}{e^x} \cdot \lim\limits_{x \to +\infty} e^{-x} = 0 \cdot 0 = 0 \qquad$ (siehe Merkhilfe)

3. a) $h(x) = -\ln x + 3$ mit $\mathbb{D} = \mathbb{R}^+$

Durch Spiegelung des Graphen von $f(x) = \ln x$ an der x-Achse entsteht der Graph von $g(x) = -\ln x$.

Durch Verschiebung des Graphen von $g(x) = -\ln x$ um 3 Einheiten in positive y-Richtung („nach oben") erhält man den Graphen von $h(x) = -\ln x + 3$.

b) Tangente: $y = mx + t$

Steigung: $m = h'(1)$ $\Rightarrow$ $h'(x) = -\dfrac{1}{x}$ $\Rightarrow$ $h'(1) = -1$

Punkt: $h(1) = -\ln 1 + 3 = 0 + 3 = 3$ $\Rightarrow$ $P(1\,|\,3)$

Steigung und Punkt eingesetzt, ergibt: $3 = -1 \cdot 1 + t$ $\Rightarrow$ $t = 4$
Tangente: $y = -x + 4$

4. a) Da $\int\limits_a^a f(t)\,dt = 0$ gilt, ist bei jeder Integralfunktion die untere Integrationsgrenze eine Nullstelle.

b) $F(x) = \int\limits_{-1}^{x} f(t)\,dt$

F(x) besitzt genau zwei Nullstellen, wenn F(x) eine quadratische Funktion ist (mit Scheitel unterhalb der x-Achse, falls nach oben geöffnet, bzw. mit Scheitel oberhalb der x-Achse, falls nach unten geöffnet).

Wenn F(x) eine quadratische Funktion sein soll, muss f(t) eine lineare Funktion sein. Einfachste Möglichkeit:

$f(t) = t$

Somit:

$F(x) = \int\limits_{-1}^{x} t\,dt = \left[\dfrac{1}{2}t^2\right]_{-1}^{x} = \dfrac{1}{2}x^2 - \dfrac{1}{2}$

$\dfrac{1}{2}x^2 - \dfrac{1}{2} = 0$ $\Rightarrow$ $x^2 = 1$ $\Rightarrow$ Nullstellen: $x_1 = -1$, $x_2 = 1$

oder grafisch:

$F(-1) = \int\limits_{-1}^{-1} t\,dt = 0$

(siehe Teilaufgabe 4 a)

$F(1) = \int\limits_{-1}^{1} t\,dt = 0$

(da Fläche oberhalb der x-Achse
= Fläche unterhalb der x-Achse)

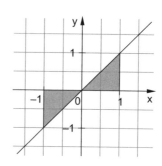

Teil 2

1. a) $p(x) = ax^2 + bx + c$

Einsetzen von A: $\quad a \cdot (-2)^2 + b \cdot (-2) + c = 0 \quad \Rightarrow \quad \text{I} \quad 4a - 2b + c = 0$
Einsetzen von B: $\quad\quad a \cdot 2^2 + b \cdot 2 + c = 0 \quad \Rightarrow \quad \text{II} \quad 4a + 2b + c = 0$
Einsetzen von C: $\quad\quad a \cdot 0^2 + b \cdot 0 + c = 5 \quad \Rightarrow \quad \text{III} \quad\quad\quad\quad c = 5$

$\text{I} - \text{II}: \quad\quad -4b = 0 \quad \Rightarrow \quad b = 0$

b und c in I: $\quad 4a + 5 = 0 \quad \Rightarrow \quad a = -\dfrac{5}{4} = -1,25$

$p(x) = -\dfrac{5}{4}x^2 + 5 = -1,25x^2 + 5$

oder mit der Scheitelform:

$\begin{aligned} p(x) &= a(x - x_S)^2 + y_S \\ &= a(x - 0)^2 + 5 \\ &= ax^2 + 5 \end{aligned}$

Einsetzen von A:

$0 = a \cdot (-2)^2 + 5 \quad \Rightarrow \quad 0 = 4a + 5 \quad \Rightarrow \quad a = -\dfrac{5}{4}$

$p(x) = -\dfrac{5}{4}x^2 + 5 = -1,25x^2 + 5$

oder mit der Grafik:

Der Graph von p(x) ist eine nach unten geöffnete Parabel, die den Scheitel im Punkt C(0|5) hat (und damit achsensymmetrisch zur y-Achse ist).

$p(x) = ax^2 + 5$

Einsetzen von A:

$0 = a \cdot (-2)^2 + 5 \quad \Rightarrow \quad 0 = 4a + 5 \quad \Rightarrow \quad a = -\dfrac{5}{4}$

$p(x) = -\dfrac{5}{4}x^2 + 5 = -1,25x^2 + 5$

b) $q(x) = -0,11x^4 - 0,81x^2 + 5$

$q(-x) = -0,11(-x)^4 - 0,81(-x)^2 + 5 = -0,11x^4 - 0,81x^2 + 5 = q(x)$

$\Rightarrow \quad G_q$ ist symmetrisch zur y-Achse.

oder:

G_q ist symmetrisch zur y-Achse, da q(x) nur geradzahlige Potenzen von x aufweist.

$q(-2) = -0,11 \cdot (-2)^4 - 0,81 \cdot (-2)^2 + 5 = -1,76 - 3,24 + 5 = 0 \quad \Rightarrow \quad A \in G_q$

$q(2) = -0,11 \cdot 2^4 - 0,81 \cdot 2^2 + 5 = -1,76 - 3,24 + 5 = 0 \quad \Rightarrow \quad B \in G_q$

oder:

$B \in G_q$, da q symmetrisch zur y-Achse und $A \in G_q$.

$q'(x) = -0,44x^3 - 1,62x$

$q'(x) = 0 \quad \Rightarrow \quad -0,44x^3 - 1,62x = 0$

$\qquad\qquad\qquad x(-0,44x^2 - 1,62) = 0$

$\qquad \Rightarrow \quad x_1 = 0 \quad \text{bzw.} \quad -0,44x^2 - 1,62 = 0$

$\qquad\qquad\qquad\qquad\qquad\qquad -0,44x^2 = 1,62$

$\qquad\qquad\qquad\qquad\qquad\qquad x^2 = -\dfrac{1,62}{0,44} \quad \text{╗} \quad \text{(Quadrat} \geq 0!)$

Somit besitzt G_q nur für $x = 0$ einen Extrempunkt, nämlich $(0 \mid 5)$.

Hinweis: Ein Nachweis der Art des Extremwerts ist nicht verlangt!

c) Im Intervall $]0; 2[$ verläuft der gestrichelte Graph unterhalb des durchgezogenen Graphen. Man überprüft für ein x aus diesem Intervall, welcher Funktionswert kleiner ist.

$p(1) = -1,25 \cdot 1^2 + 5 = 3,75$

$q(1) = -0,11 \cdot 1^4 - 0,81 \cdot 1^2 + 5 = 4,08$

$\Rightarrow \quad q(1) > p(1)$

G_q ist durch die durchgezogene Linie dargestellt.

d) $d(x) = q(x) - p(x) \quad \text{mit } x \in]0; 2[$

$d(x) = -0,11x^4 - 0,81x^2 + 5 - (-1,25x^2 + 5)$

$\qquad = -0,11x^4 + 0,44x^2$

$\qquad = -0,11(x^4 - 4x^2)$

$d(x)$ ist extrem, wenn $d'(x) = 0$ gilt.

$d'(x) = -0,11(4x^3 - 8x)$

$d'(x) = 0 \quad \Rightarrow \quad 4x^3 - 8x = 0$

$\qquad\qquad\qquad\quad x(4x^2 - 8) = 0$

$\qquad \Rightarrow \quad x_1 = 0 \notin]0; 2[\quad \text{bzw.} \quad 4x^2 - 8 = 0$

$\qquad\qquad\qquad\qquad\qquad\qquad\qquad\quad x^2 = 2$

$\qquad\qquad\qquad\qquad\qquad\qquad\quad x = \underset{(-)}{\pm}\sqrt{2}, \quad \text{nur } x = \sqrt{2}, \text{ da } x \in]0; 2[$

Für $x \in]0; \sqrt{2}[$ gilt:

$x > 0$ und $4x^2 - 8 < 0$, da $x^2 < 2 \quad \Rightarrow \quad d'(x) = -0,11x(4x^2 - 8) > 0$

Für $x \in]\sqrt{2}; 2[$ gilt:

$x > 0$ und $4x^2 - 8 > 0$, da $x^2 > 2$ $\Rightarrow$ $d'(x) = -0,11x(4x^2 - 8) < 0$

$d(x)$ besitzt also für $x = \sqrt{2}$ ein Maximum.

oder Nachweis der Art des Extremums mithilfe der 2. Ableitung:

$d''(x) = -0,11(12x^2 - 8)$

$d''(\sqrt{2}) = -0,11(12 \cdot 2 - 8) < 0$ $\Rightarrow$ für $x_0 = \sqrt{2}$ maximaler Wert

Wert der zugehörigen Differenz:

$d(\sqrt{2}) = -0,11(\sqrt{2}^4 - 4 \cdot \sqrt{2}^2) = -0,11 \cdot (4 - 8) = 0,44$

e) $A = \int\limits_{-2}^{2} q(x)\,dx = 2 \cdot \int\limits_{0}^{2} q(x)\,dx = 2 \cdot \int\limits_{0}^{2} (-0,11x^4 - 0,81x^2 + 5)\,dx$

$= 2 \cdot \left[-\dfrac{0,11}{5}x^5 - \dfrac{0,81}{3}x^3 + 5x \right]_0^2 = 2 \cdot [-0,022x^5 - 0,27x^3 + 5x]_0^2$

$= 2 \cdot [-0,022 \cdot 2^5 - 0,27 \cdot 2^3 + 5 \cdot 2 - 0] = 2 \cdot 7,136 = 14,272$

Da die LE 1 m entspricht, beträgt die Fläche 14,272 m².

f) Die Parallele zur x-Achse $y = 1,1$ teilt die Fläche A (aus Teilaufgabe 1 e) in einen unteren Bereich A_1 und einen oberen Bereich A_2, wobei gilt:

$A_1 = A - A_2$

Das Verhältnis von oberer zu unterer Fläche berechnet sich somit zu:

$\dfrac{A_2}{A_1} = \dfrac{A_2}{A - A_2}$

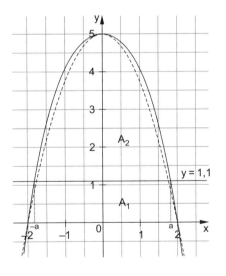

Um einen Näherungswert für dieses Verhältnis angeben zu können, benötigt man also die Größe der Fläche A_2. Es gilt:

$A_2 = 2 \cdot \int\limits_{0}^{a} (q(x) - 1,1)\,dx$,

wobei a die positive Schnittstelle von $q(x)$ mit der Geraden $y = 1,1$ ist.

$q(x) = 1{,}1 \quad \Rightarrow \quad -0{,}11x^4 - 0{,}81x^2 + 5 = 1{,}1$

$\qquad\qquad\qquad -0{,}11x^4 - 0{,}81x^2 + 3{,}9 = 0$

Substitution: $x^2 = z$

$-0{,}11z^2 - 0{,}81z + 3{,}9 = 0$

Man löst diese quadratische Gleichung mithilfe der Formel aus der Merkhilfe nach z auf. $z = x^2$ liefert dann die x-Werte.
a ist diejenige Lösung, für die $a > 0$ gilt.

oder:

Man gibt einen Näherungswert für das Verhältnis $\dfrac{A_2}{A_1} = \dfrac{A - A_1}{A_1}$ an, indem man A_1 durch eine Trapezfläche annähert.

Die große Parallele des Trapezes ist die Strecke zwischen $A(-2\,|\,0)$ und $B(2\,|\,0)$, hat also die Länge 4.

Die kleine Parallele des Trapezes ist die Strecke zwischen $(-a\,|\,1{,}1)$ und $(a\,|\,1{,}1)$, hat also die Länge 2a, wobei a die positive Schnittstelle von $q(x)$ mit der Geraden $y = 1{,}1$ ist. a lässt sich wie im ersten Lösungsweg berechnen.

Die Höhe des Trapezes beträgt 1,1.

Somit ergibt sich: $A_1 = \dfrac{1}{2} \cdot (4 + 2a) \cdot 1{,}1$

2. a) Hochpunkt $(\approx 4\,|\approx 74)$

   4 Minuten nach Öffnen der Schleuse fließt an der Beobachtungsstelle die maximale Wassermenge pro Minute, nämlich $74 \,\frac{m^3}{min}$ vorbei.

   oder:

   4 Minuten nach Öffnen der Schleuse ist der Wasserdurchfluss mit $74 \,\frac{m^3}{min}$ an der Beobachtungsstelle maximal.

   Wendepunkt 1 bei $t \approx 2{,}5$.

   2,5 Minuten nach Öffnen der Schleuse steigt der Wasserdurchfluss an der Beobachtungsstelle am stärksten an.

   Wendepunkt 2 bei $t \approx 5{,}8$.

   5,8 Minuten nach Öffnen der Schleuse fällt der Wasserdurchfluss an der Beobachtungsstelle am stärksten ab.

b) $\int_{1}^{4} f(t)\,dt \approx 143\text{ m}^3$

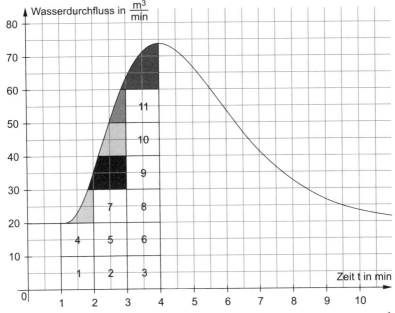

Jedes Quadrat aus 4 Kästchen liefert 10 m³, da 2 Kästchen nach oben 10 $\frac{m^3}{min}$ und 2 Kästchen nach rechts 1 min darstellen. Es ergeben sich 11 vollständige Quadrate. Die Teilquadrate lassen sich entsprechend ihrer Einfärbung zu jeweils ungefähr einem Quadrat ergänzen ($\hat{=}$ 3 weitere Quadrate). Es verbleibt ein Rest neben Quadrat 11.
Es vergeht 1 Minute nach Öffnen der Schleuse. In den folgenden 3 Minuten fließen ca. 143 m³ Wasser an der Beobachtungsstelle vorbei.

c)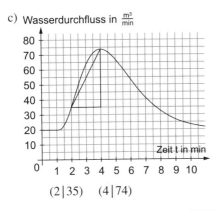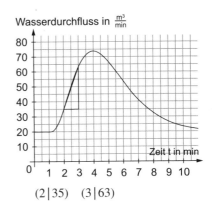

(2|35)   (4|74)   (2|35)   (3|63)

2012-33

$$m = \frac{f(4) - f(2)}{4 - 2} \approx \frac{74 - 35}{4 - 2} = 19,5 \qquad\qquad m = \frac{f(3) - f(2)}{3 - 2} \approx \frac{63 - 35}{3 - 2} = 28$$

$\lim\limits_{t \to 2} \frac{f(t) - f(2)}{t - 2}$ beschreibt die Steigung der Tangente im Punkt $P(2 \mid f(2) \approx 35)$

und somit die momentane Änderungsrate des Wasserdurchflusses an der Beobachtungsstelle 2 Minuten nach Öffnen der Schleuse.

Abitur Mathematik (Bayern): Abiturprüfung 2012
Stochastik I

BE

Für eine Quizshow sucht ein Fernsehsender Abiturientinnen und Abiturienten als Kandidaten. Jeder Bewerber gibt in einem online auszufüllenden Formular die Durchschnittsnote seines Abiturzeugnisses an.

1. Insgesamt bewerben sich dreimal so viele weibliche wie männliche Personen, wobei 80 % der weiblichen und 75 % der männlichen Bewerber eine Durchschnittsnote von 1,5 oder besser angeben. Bestimmen Sie den Anteil der Personen unter allen Bewerbern, die eine schlechtere Durchschnittsnote als 1,5 angeben.   4

2. Aus dem Bewerberfeld werden zwanzig weibliche und zehn männliche Personen zu einem Casting eingeladen, das in zwei Gruppen durchgeführt wird. Fünfzehn der Eingeladenen werden für die erste Gruppe zufällig ausgewählt. Die Wahrscheinlichkeit dafür, dass für die erste Gruppe zehn weibliche und fünf männliche Personen ausgewählt werden, wird mit p bezeichnet.

   a) Begründen Sie im Sachzusammenhang, dass p nicht durch den Term
   $\binom{15}{5} \cdot \left(\frac{1}{3}\right)^5 \cdot \left(\frac{2}{3}\right)^{10}$ beschrieben wird.   2

   b) Bestimmen Sie die Wahrscheinlichkeit p mithilfe eines geeigneten Terms.   4

Nach dem Casting stehen die zehn Kandidaten der Quizshow fest.

3. Im Rahmen der Show müssen Aufgaben aus verschiedenen Fachgebieten gelöst werden. Die Anzahl der von einem Kandidaten zu lösenden Aufgaben aus dem Fachgebiet Mathematik ist gleich der Augensumme, die von ihm bei einmaligem Werfen zweier Würfel erzielt wird. Die beiden Würfel tragen jeweils auf zwei Seitenflächen die Augenzahl 0, auf drei Seitenflächen die Augenzahl 1 und auf einer Seitenfläche die Augenzahl 2.

   a) Berechnen Sie die Wahrscheinlichkeit dafür, dass der erste Kandidat genau zwei Aufgaben aus dem Fachgebiet Mathematik lösen muss.   4

   b) Die Zufallsgröße X beschreibt die Anzahl der von einem Kandidaten zu lösenden Aufgaben aus dem Fachgebiet Mathematik. Der Tabelle kann die Wahrscheinlichkeitsverteilung von X entnommen werden. Ermitteln Sie den fehlenden Wert der Wahrscheinlichkeitsverteilung sowie den Erwartungswert von X.

x	0	1	2	3	4
$P(X=x)$	$\frac{1}{9}$	$\frac{1}{3}$	$\frac{13}{36}$		$\frac{1}{36}$

3

c) Bestimmen Sie die Wahrscheinlichkeit dafür, dass genau einer der zehn Kandidaten keine Aufgabe aus dem Fachgebiet Mathematik lösen muss.   2

d) Bestimmen Sie, wie viele Kandidaten an der Quizshow mindestens teilnehmen müssten, damit mit einer Wahrscheinlichkeit von mehr als 90 % wenigstens ein Kandidat darunter ist, der keine Aufgabe aus dem Fachgebiet Mathematik lösen muss.   4

Für eine Aufgabe aus dem Fachgebiet Mathematik kommen zwei Kuverts zum Einsatz, die jeweils fünf Spielkarten enthalten. Es ist bekannt, dass das eine Kuvert genau zwei und das andere genau drei rote Spielkarten enthält. Der Showmaster wählt, jeweils zufällig, ein Kuvert und aus diesem zwei Karten aus.

e) Bestätigen Sie rechnerisch, dass die Wahrscheinlichkeit dafür, dass die beiden ausgewählten Karten rot sind, 20 % beträgt.   4

f) Der Showmaster zeigt die beiden ausgewählten Karten; sie sind tatsächlich rot. Der Kandidat wird nach der Wahrscheinlichkeit dafür gefragt, dass die beiden Karten aus dem Kuvert mit den drei roten Karten stammen. Bestimmen Sie diese Wahrscheinlichkeit.   <u>3</u>

   30

Tipps und Hinweise

Aufgabe 1

✦ Wie groß ist der Anteil der männlichen bzw. der weiblichen Bewerber?

✦ Wenn es dreimal so viele weibliche wie männliche Bewerber gibt, gibt es insgesamt vier Teile, von denen die Frauen drei und die Männer einen haben.

✦ $\frac{1}{4} = 0,25 = 25\,\%$ und $\frac{3}{4} = 0,75 = 75\,\%$

✦ Berechnen Sie zunächst den Anteil derer, die eine Durchschnittsnote $\leq 1,5$ haben.

✦ x % von y % = x % · y %
Vor der Multiplikation die Prozente in Kommazahlen verwandeln.

✦ Wer keine Durchschnittsnote $\leq 1,5$ hat, hat eine schlechtere Durchschnittsnote als 1,5. Gegenereignis!

oder:

✦ Fertigen Sie eine Vierfeldertafel mit den Ereignissen „Geschlecht" (männlich/weiblich) und „Durchschnittsnote" ($\leq 1,5$ / $> 1,5$) an.

✦ Berechnen Sie hierzu den Anteil Männer/Frauen mit Durchschnittsnote $\leq 1,5$.

✦ x % von y % = x % · y %
Vor der Multiplikation die Prozente in Kommazahlen verwandeln.

✦ Der gesuchte Wert lässt sich aus der Vierfeldertafel ablesen.

oder:

✦ Fertigen Sie ein Baumdiagramm (1. Ast „Geschlecht", 2. Ast „Durchschnittsnote").

✦ $P(D > 1,5) = P(\male \cap D > 1,5) + P(\female \cap D > 1,5)$

Aufgabe 2 a

✦ Welcher Formel der Merkhilfe entspricht der angegebene Term?

✦ Bei welcher Art des Ziehens wird mit diesem Term gerechnet?

✦ Passt diese Art des Ziehens zum Sachzusammenhang „Bewerberauswahl"?

✦ Beim Ziehen mit Zurücklegen kann eine Kugel auch mehrfach gezogen werden – sie liegt vor jedem Zug wieder in der Urne.

Aufgabe 2 b

✦ Die Merkhilfe bietet auch eine Formel für das Ziehen ohne Zurücklegen.

✦ Es werden insgesamt 15 aus den 30 Bewerbern (20 weibliche, 10 männliche) ausgewählt.

✦ In der Gruppe sollen 10 Frauen und 5 Männer sein.

Aufgabe 3 a

Der Würfel besitzt 6 Seitenflächen, jedoch nur die drei Augenzahlen 0 (zweimal), 1 (dreimal) und 2 (einmal).

Bestimmen Sie die Wahrscheinlichkeiten der einzelnen Augenzahlen beim einmaligen Werfen eines Würfels.

Mit welchen Augenzahlen lässt sich beim zweimaligen Werfen (= einmaliges Werfen zweier Würfel) die Augenzahl 2 erzielen?

In Teilaufgabe 3 b ist das richtige Ergebnis aufgelistet.

Aufgabe 3 b

Die Anzahl der Mathematikaufgaben entspricht der erwürfelten Augensumme.

Mögliche Augensummen sind 0, 1, 2, 3, 4. Ihre Wahrscheinlichkeiten sind in der Tabelle angegeben.

Die Summe der Wahrscheinlichkeiten aller Augensummen muss 1 ergeben.

oder:

Mit welchen Augenzahlen lässt sich beim zweimaligen Werfen die Augensumme 3 erzielen?

Der Erwartungswert lässt sich mithilfe der Formel in der Merkhilfe berechnen.

Aufgabe 3 c

Die Wahrscheinlichkeit, keine Mathematikaufgabe lösen zu müssen, ist für alle 10 Kandidaten gleich $\left(P(0) = \frac{1}{9}\right)$.

Es handelt sich um eine Bernoulli-Kette der Länge $n = 10$ mit genau einem Treffer (siehe Merkhilfe).

Aufgabe 3 d

Formulieren Sie „wenigstens ein Kandidat" über das Gegenereignis.

Die Anzahl n der Kandidaten ist gesucht.

Lösungsansatz: $1 - \left(\frac{8}{9}\right)^n > 0{,}9$

Beim Auflösen der Ungleichung hilft Logarithmieren.

Bedenken Sie, dass $\ln a < 0$ für alle $0 < a < 1$ gilt.

n muss eine natürliche Zahl sein.

Aufgabe 3 e

Mit welcher Wahrscheinlichkeit wird aus dem Kuvert mit 2 roten Karten als Erstes eine rote Karte gezogen?

Mit welcher Wahrscheinlichkeit wird aus diesem Kuvert als Zweites wieder eine rote Karte gezogen?

Bestimmen Sie die entsprechenden Wahrscheinlichkeiten für das Kuvert mit 3 roten Karten.

Die Wahrscheinlichkeit, gewählt zu werden, ist für beide Kuverts gleich groß.

Die gesuchte Wahrscheinlichkeit lässt sich auch mithilfe eines Baumdiagramms bestimmen.

Aufgabe 3 f

Gesucht ist die Wahrscheinlichkeit, dass das Kuvert mit den 3 roten Karten gewählt wurde, unter der Bedingung, dass beide Karten rot sind.

Berechnen Sie $P_{2\,rot}$(Kuvert mit 3 roten Karten) nach der Formel in der Merkhilfe.

P(2 rot) kennen Sie aus Teilaufgabe 3 e.

P(2 rot $\cap$ Kuvert mit 3 roten Karten) = P(es wird das Kuvert mit 3 roten Karten gezogen und daraus werden 2 rote Karten gewählt)

Lösungen

1. Da es dreimal so viele weibliche wie männliche Bewerber gibt, sind 75 % weiblich und 25 % männlich.

   Eine Durchschnittsnote $\leq 1{,}5$ haben insgesamt:
   80 % von 75 % + 75 % von 25 % = $0{,}8 \cdot 0{,}75 + 0{,}75 \cdot 0{,}25 = 0{,}7875$

   Eine Durchschnittsnote $> 1{,}5$ haben insgesamt:
   $1 - 0{,}7875 = 0{,}2125 = 21{,}25 \%$

   oder:

	männlich	weiblich	
Durchschnittsnote $\leq 1{,}5$	$0{,}75 \cdot 0{,}25 = 0{,}1875$	$0{,}8 \cdot 0{,}75 = 0{,}6$	**0,7875**
Durchschnittsnote $> 1{,}5$	**0,0625**	**0,15**	0,2125
	0,25	0,75	1

   Die fett gedruckten Werte sind aus der Vierfeldertafel heraus zu berechnen.

   P(Durchschnittsnote $> 1{,}5$) = $0{,}2125 = 21{,}25 \%$

   oder:
   P(Durchschnittsnote $> 1{,}5$)
   $= 0{,}25 \cdot 0{,}25 + 0{,}75 \cdot 0{,}2$
   $= 0{,}0625 + 0{,}15$
   $= 0{,}2125$
   $= 21{,}25 \%$

   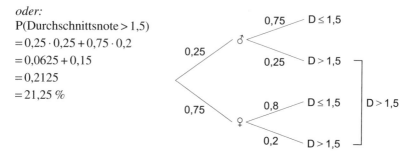

2. a) Der Term $\binom{15}{5} \cdot \left(\frac{1}{3}\right)^5 \cdot \left(\frac{2}{3}\right)^{10}$ entspricht einem Ziehen **mit** Zurücklegen (siehe Merkhilfe). Die Urne, aus der 15-mal mit Zurücklegen gezogen wird, besitzt einen Trefferanteil von einem Drittel. Es sollen genau 5 Treffer erzielt werden.
   Zwar ist der Anteil der männlichen Personen hier ein Drittel (20 weibliche und 10 männliche Personen) und es sollen auch 5 männliche Personen ausgewählt werden, aber jeder Bewerber kann nur höchstens einmal teilnehmen. Es handelt sich beim Casting also um ein Ziehen **ohne** Zurücklegen.

   b) $p = \dfrac{\binom{20}{10} \cdot \binom{10}{5}}{\binom{30}{15}} = \dfrac{184\,756 \cdot 252}{155\,117\,520} \approx 0{,}30015 = 30{,}015 \%$ (siehe Merkhilfe)

3. a) Für jeden Würfel gilt:

Augenzahl	0	1	2
P(Augenzahl)	$\frac{2}{6}$	$\frac{3}{6}$	$\frac{1}{6}$

Die Augensumme 2 kann erzielt werden durch (0│2) oder (2│0) oder (1│1).

Somit gilt:

$$P(\text{Augensumme } 2) = \frac{2}{6} \cdot \frac{1}{6} + \frac{1}{6} \cdot \frac{2}{6} + \frac{3}{6} \cdot \frac{3}{6} = \frac{13}{36}$$

Anmerkung: Die Überprüfung des Ergebnisses kann in der Tabelle der Teilaufgabe 3 b erfolgen.

b) Da die Summe aller Wahrscheinlichkeiten 1 ergeben muss, erhält man:

$$P(X = 3) = 1 - \frac{1}{9} - \frac{1}{3} - \frac{13}{36} - \frac{1}{36} = \frac{1}{6}$$

oder:

Augensumme 3 ergibt sich durch (1│2) oder (2│1):

$$P(X = 3) = \frac{3}{6} \cdot \frac{1}{6} + \frac{1}{6} \cdot \frac{3}{6} = \frac{1}{6}$$

$$E(X) = 0 \cdot \frac{1}{9} + 1 \cdot \frac{1}{3} + 2 \cdot \frac{13}{36} + 3 \cdot \frac{1}{6} + 4 \cdot \frac{1}{36} = \frac{5}{3} = 1\frac{2}{3} \quad \text{(siehe Merkhilfe)}$$

c) $P = \binom{10}{1} \cdot \left(\frac{1}{9}\right)^1 \cdot \left(\frac{8}{9}\right)^9 \approx 0,38493 = 38,493\,\% \quad \text{(siehe Merkhilfe)}$

d) P(wenigstens 1 Kandidat ohne Mathe-Aufgabe) > 90 %
   1 − P(kein Kandidat ohne Mathe-Aufgabe) > 0,9

$$1 - \binom{n}{0} \cdot \left(\frac{1}{9}\right)^0 \cdot \left(\frac{8}{9}\right)^n > 0,9$$

$$-\left(\frac{8}{9}\right)^n > -0,1$$

$$\left(\frac{8}{9}\right)^n < 0,1$$

$$\ln\left(\frac{8}{9}\right)^n < \ln 0,1$$

$$n \cdot \ln\left(\frac{8}{9}\right) < \ln 0,1$$

$$n > \frac{\ln 0{,}1}{\ln\left(\frac{8}{9}\right)} \quad \text{Vorsicht: } \ln\left(\frac{8}{9}\right) < 0, \text{ da } \frac{8}{9} < 1$$

$$n > 19{,}55$$

Es müssten mindestens 20 Kandidaten teilnehmen.

e) Kuvert A enthält 2 rote Karten $\Rightarrow$ $P_A(\text{rot}_1) = \frac{2}{5}$ und $P_A(\text{rot}_2) = \frac{1}{4}$

Kuvert B enthält 3 rote Karten $\Rightarrow$ $P_B(\text{rot}_1) = \frac{3}{5}$ und $P_B(\text{rot}_2) = \frac{2}{4}$

Jedes Kuvert wird mit gleicher Wahrscheinlichkeit gewählt: $P(A) = P(B) = \frac{1}{2}$

$P(2 \text{ rot}) = P(A) \cdot P_A(\text{rot}_1) \cdot P_A(\text{rot}_2) + P(B) \cdot P_B(\text{rot}_1) \cdot P_B(\text{rot}_2)$

$$= \frac{1}{2} \cdot \frac{2}{5} \cdot \frac{1}{4} + \frac{1}{2} \cdot \frac{3}{5} \cdot \frac{2}{4} = \frac{1}{5} = 0{,}2 = 20\,\%$$

oder:

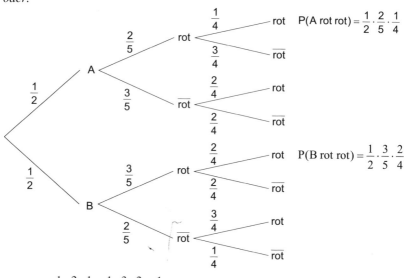

$$P(2 \text{ rot}) = \frac{1}{2} \cdot \frac{2}{5} \cdot \frac{1}{4} + \frac{1}{2} \cdot \frac{3}{5} \cdot \frac{2}{4} = \frac{1}{5} = 0{,}2 = 20\,\%$$

f) Gesucht ist die bedingte Wahrscheinlichkeit:

$$P_{2\,\text{rot}}(B) = \frac{P(2\,\text{rot} \cap B)}{P(2\,\text{rot})} = \frac{\frac{1}{2} \cdot \frac{3}{5} \cdot \frac{2}{4}}{\frac{1}{5}} = \frac{3}{4} = 0{,}75 = 75\,\% \quad \text{(siehe Merkhilfe)}$$

	BE

Abitur Mathematik (Bayern): Abiturprüfung 2012
Stochastik II

1. Nachdem die Verfilmung eines bekannten Romans erfolgreich in den Kinos gezeigt wurde, veröffentlicht eine Tageszeitung das Ergebnis einer repräsentativen Umfrage unter Jugendlichen. Der Umfrage zufolge hatten 88 % der befragten Jugendlichen den Roman zum Zeitpunkt des Kinostarts noch nicht gelesen, 18 % sahen die Verfilmung. Von den Befragten, die laut Umfrage den Roman zum Zeitpunkt des Kinostarts bereits gelesen hatten, gaben 60 % an, die Verfilmung gesehen zu haben.

   Betrachtet werden folgende Ereignisse:

   R: „Eine aus den Befragten zufällig ausgewählte Person hatte laut Umfrage den Roman zum Zeitpunkt des Kinostarts bereits gelesen."

   V: „Eine aus den Befragten zufällig ausgewählte Person sah laut Umfrage die Verfilmung."

   a) Bestimmen Sie die Wahrscheinlichkeit dafür, dass eine aus den Befragten zufällig ausgewählte Person, die laut Umfrage den Roman zum Zeitpunkt des Kinostarts noch nicht gelesen hatte, angab, die Verfilmung gesehen zu haben.   5

   b) Beschreiben Sie das Ereignis $\overline{R} \cup \overline{V}$ im Sachzusammenhang und bestimmen Sie die Wahrscheinlichkeit dieses Ereignisses.   4

2. Ein Jahr später möchte die Tageszeitung ermitteln, ob sich durch die Verfilmung der Anteil p der Jugendlichen, die den Roman gelesen haben, wesentlich erhöht hat. Die Nullhypothese H_0: $p \leq 0{,}15$ soll mithilfe einer Stichprobe von 100 Jugendlichen auf einem Signifikanzniveau von 10 % getestet werden. Bestimmen Sie die zugehörige Entscheidungsregel.   5

Der Kurs Theater und Film eines Gymnasiums führt die Bühnenversion des Romans auf.

3. Für die Premiere wird die Aula der Schule bestuhlt; in der ersten Reihe werden acht Plätze für Ehrengäste reserviert. Bestimmen Sie die Anzahl der Möglichkeiten, die die fünf erschienenen Ehrengäste haben, sich auf die reservierten Plätze zu verteilen, wenn

   α) die Personen nicht unterschieden werden;

   β) die Personen unterschieden werden.

   Nennen Sie im Sachzusammenhang einen möglichen Grund dafür, dass die möglichen Anordnungen der Ehrengäste auf den reservierten Plätzen nicht gleichwahrscheinlich sind – unabhängig davon, ob die Personen unterschieden werden oder nicht.   4

4. Bei jeder Aufführung wird der Vorhang 15-mal geschlossen; dafür ist ein automatischer Mechanismus vorgesehen. Erfahrungsgemäß funktioniert der Mechanismus bei jedem Schließen des Vorhangs mit einer Wahrscheinlichkeit von 90 %. Nur dann, wenn der Mechanismus nicht funktioniert, wird der Vorhang von Hand zugezogen.

a) Bestimmen Sie die Wahrscheinlichkeiten folgender Ereignisse:

A: „Bei einer Aufführung wird der Vorhang kein einziges Mal von Hand zugezogen."

B: „Bei einer Aufführung lässt sich der Vorhang zunächst viermal automatisch schließen, insgesamt wird der Vorhang jedoch genau zweimal von Hand zugezogen."   5

b) Beschreiben Sie ein Urnenexperiment, mit dem sich das Verhalten des Mechanismus bei 15-maligem Schließen des Vorhangs simulieren lässt.   2

c) Die Zufallsgröße X beschreibt, wie oft der Mechanismus beim Schließen des Vorhangs im Verlauf einer Aufführung nicht funktioniert. Bestimmen Sie die Wahrscheinlichkeit dafür, dass der Wert von X um mehr als eine Standardabweichung vom Erwartungswert der Zufallsgröße abweicht.   5

                                                                                        30

Tipps und Hinweise

Aufgabe 1 a

- Dem Text zu entnehmen sind die Wahrscheinlichkeiten $P(\overline{R})$, $P(V)$ und die bedingte Wahrscheinlichkeit $P_R(V)$.

- Berechnen Sie $P(R \cap V)$.

- Die Formel für die bedingte Wahrscheinlichkeit (siehe Merkhilfe) lässt sich umformen:

$$P_A(B) = \frac{P(A \cap B)}{P(A)} \;\Rightarrow\; P(A \cap B) = P_A(B) \cdot P(A)$$

- Welche Wahrscheinlichkeit ist gesucht?

- Was ist die Bedingung?

- Welche Wahrscheinlichkeiten benötigen Sie zur Berechnung von $P_{\overline{R}}(V)$?

- Wie ergibt sich $P(\overline{R} \cap V)$ aus den Ihnen schon bekannten Wahrscheinlichkeiten?

oder:

- Fertigen Sie eine Vierfeldertafel mit den beiden im Text definierten Ereignissen an.

- Die gesuchte bedingte Wahrscheinlichkeit lässt sich mithilfe der Formel aus der Merkhilfe berechnen.

- Die benötigten Wahrscheinlichkeiten $P(\overline{R} \cap V)$ und $P(\overline{R})$ können der Vierfeldertafel entnommen werden.

oder:

- Fertigen Sie ein Baumdiagramm (1. Ast: Ereignis R, 2. Ast: Ereignis V) an.

- Aus welchen Pfaden setzt sich $P(V) = 0,18$ zusammen?

Aufgabe 1 b

- Die Vereinigungsmenge umfasst alle Elemente, die in der einen **oder** in der anderen Menge (oder auch in beiden Mengen) enthalten sind.

- Die Wahrscheinlichkeit einer Vereinigungsmenge lässt sich mithilfe des Additionssatzes berechnen.

- $P(A \cup B) = P(A) + P(B) - P(A \cap B)$

- Die benötigten Wahrscheinlichkeiten ergeben sich aus Teilaufgabe 1 a.

oder:

- Es gilt: $\overline{A} \cup \overline{B} = \overline{A \cap B}$

- $\overline{A \cap B}$ ist das Gegenereignis zu $A \cap B$.

2012-45

$P(\overline{A \cap B}) = 1 - P(A \cap B)$

Die Wahrscheinlichkeit von $R \cap V$ wurde in Teilaufgabe 1 a bereits bestimmt.

Aufgabe 2

Die Nullhypothese ist gegeben.

Stimmt man für $p \le 0,15$, wenn möglichst viele oder möglichst wenige Jugendliche den Roman gelesen haben?

Die Wahrscheinlichkeit, gegen p zu sein, obwohl $p = 0,15$, soll höchstens 10 % betragen.

Lesen Sie in der Tabelle das kleinstmögliche k ab.

In welchem Bereich spricht man sich gegen p aus? (Ablehnungsbereich)

Aufgabe 3

Werden die Personen nicht unterschieden, so geht es nur darum, ob ein Platz besetzt wird oder nicht.

Auf wie viele Arten können von 8 Plätzen 5 besetzt werden?

Aus den 8 Plätzen werden 5 ausgewählt.

Wenn die Personen unterschieden werden, so geht es nicht nur darum, ob ein Platz besetzt wird, sondern auch von wem.

Wie viele Wahlmöglichkeiten hat der 1. Ehrengast?

Wie viele Wahlmöglichkeiten verbleiben dann für den 2. Ehrengast?

Fahren Sie entsprechend bis zum 5. Ehrengast fort.

Kann es eine Verbindung zwischen den Ehrengästen geben?

Bedenken Sie mögliche Sym- oder auch Antipathien.

Aufgabe 4 a

Das Schließen des Vorhangs entspricht einer Bernoulli-Kette der Länge 15 mit der Trefferwahrscheinlichkeit von 90 %.

Wenn der Vorhang kein einziges Mal von Hand zugezogen wird, funktioniert der Mechanismus jedes Mal.

Wie oft wird der Vorhang noch geschlossen, wenn der Mechanismus bereits viermal funktioniert hat?

Beim anschließenden elfmaligen Schließen funktioniert der Mechanismus genau zweimal nicht.

Aufgabe 4 b

✐ Welche Bedingungen gelten für eine Bernoulli-Kette?

✐ Handelt es sich um ein Ziehen mit oder ohne Zurücklegen?

✐ Wie oft wird gezogen?

✐ Welche Farbverteilung der Kugeln muss vorliegen, damit die Trefferwahrscheinlichkeit 90 % beträgt?

Aufgabe 4 c

✐ X ist eine binomialverteilte Zufallsgröße (siehe Teilaufgaben 4 a und 4 b).

✐ Wie berechnen sich Erwartungswert und Standardabweichung einer binomialverteilten Zufallsgröße?

✐ Beachten Sie die Merkhilfe.

✐ Standardabweichung $= \sqrt{\text{Varianz}}$

✐ Welche Werte kann X annehmen, wenn X um mehr als eine Standardabweichung vom Erwartungswert abweichen soll?

✐ Es muss gelten: $X < E(X) - \sigma(X)$ oder $X > E(X) + \sigma(X)$

oder:

✐ Wie lautet das Gegenereignis zu „X soll um mehr als eine Standardabweichung vom Erwartungswert abweichen"?

✐ Es muss gelten: $E(X) - \sigma(X) \leq X \leq E(X) + \sigma(X)$ darf nicht eintreten.

Lösungen

1. $P(\overline{R}) = 88\,\% = 0{,}88 \Rightarrow P(R) = 12\,\% = 0{,}12$
   $P(V) = 18\,\% = 0{,}18 \Rightarrow P(\overline{V}) = 82\,\% = 0{,}82$
   $P_R(V) = 60\,\% = 0{,}6 \Rightarrow P(R \cap V) = P_R(V) \cdot P(R) = 0{,}6 \cdot 0{,}12 = 0{,}072$ (Merkhilfe)

a) Gesucht ist die bedingte Wahrscheinlichkeit:

$$P_{\overline{R}}(V) = \frac{P(\overline{R} \cap V)}{P(\overline{R})} \quad \text{(siehe Merkhilfe)}$$

Wegen $P(V) = P(R \cap V) + P(\overline{R} \cap V)$ gilt:
$P(\overline{R} \cap V) = P(V) - P(R \cap V) = 0{,}18 - 0{,}072 = 0{,}108$

oder:

	R	$\overline{R}$	
V	0,072	**0,108**	0,18
$\overline{V}$	**0,048**	**0,772**	0,82
	0,12	0,88	1

Die fett gedruckten Werte sind aus der Vierfeldertafel heraus zu berechnen.

$$P_{\overline{R}}(V) = \frac{P(\overline{R} \cap V)}{P(\overline{R})} = \frac{0{,}108}{0{,}88} \approx 0{,}12273 = 12{,}273\,\%$$

oder:

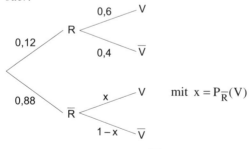

mit $x = P_{\overline{R}}(V)$

$P(V) = P(R \cap V) + P(\overline{R} \cap V)$
$0{,}18 = 0{,}12 \cdot 0{,}6 + 0{,}88 \cdot x$
$0{,}18 - 0{,}072 = 0{,}88 \cdot x$

$$x = \frac{0{,}108}{0{,}88}$$

$x \approx 0{,}12273 = 12{,}273\,\%$

b) $\overline{R} \cup \overline{V}$:

Eine aus den Befragten zufällig ausgewählte Person hat den Roman zum Zeitpunkt des Kinostarts noch nicht gelesen oder die Verfilmung nicht gesehen.

$$P(\overline{R} \cup \overline{V}) = P(\overline{R}) + P(\overline{V}) - P(\overline{R} \cap \overline{V}) \qquad \text{(Additionssatz)}$$
$$= 0,88 + 0,82 - 0,772 = 0,928 = 92,8\ \%$$

oder:

$$P(\overline{R} \cup \overline{V}) = P(\overline{R \cap V}) = 1 - P(R \cap V) = 1 - 0,072 = 0,928 = 92,8\ \%$$

2.

	für p 0 … k	gegen p k + 1 … 100	Romanleser
p ≤ 0,15		⊂ ≤ 10 % ⊃	

$$P = \sum_{i=k+1}^{100} B(100; 0,15; i) \le 0,1 \qquad oder: \quad P_{0,15}^{100}(X \ge k+1) \le 0,1$$

$$1 - \sum_{i=0}^{k} B(100; 0,15; i) \le 0,1 \qquad\qquad 1 - P_{0,15}^{100}(X \le k) \le 0,1$$

$$\sum_{i=0}^{k} B(100; 0,15; i) \ge 0,9 \qquad\qquad P_{0,15}^{100}(X \le k) \ge 0,9$$

Ablesen in der Tabelle liefert: k = 20
Ablehnungsbereich: {21 … 100}
Haben mindestens 21 Jugendliche den Roman gelesen, so wird die Nullhypothese abgelehnt.

3. α) $\binom{8}{5} = 56$

Es werden 5 der 8 Plätze besetzt.

β) $8 \cdot 7 \cdot 6 \cdot 5 \cdot 4 = 6\,720$
Der 1. Ehrengast hat 8 mögliche Plätze zur Auswahl,
der 2. Ehrengast hat 7 mögliche Plätze zur Auswahl,
⋮
der 5. Ehrengast hat 4 mögliche Plätze zur Auswahl.

Ehrengäste kommen möglicherweise gemeinsam oder kennen sich, sodass sie sich nebeneinandersetzen, oder aber sie möchten gerade nicht neben einem anderen Ehrengast sitzen.

4. a) Ereignis A: Der Vorhangmechanismus funktioniert immer.

$P(A) = 0,9^{15} \approx 0,20589 = 20,589\%$

Ereignis B: Bei den weiteren 11 Schließvorgängen des Vorhangs funktioniert der Mechanismus zweimal nicht.

$P(B) = 0,9^4 \cdot B(11; 0,1; 2) = 0,9^4 \cdot \binom{11}{2} \cdot 0,1^2 \cdot 0,9^9 = 0,13980 = 13,980\%$

b) Aus einer Urne mit 9 roten Kugeln und 1 weißen Kugel wird 15-mal mit Zurücklegen eine Kugel gezogen. Die roten Kugeln entsprechen dem funktionierenden Mechanismus.

c) Da es sich bei X um eine binomialverteilte Zufallsgröße handelt, gilt (siehe Merkhilfe):

$E(X) = n \cdot p = 15 \cdot 0,1 = 1,5$

$\sigma(X) = \sqrt{\text{Var}(X)} = \sqrt{n \cdot p \cdot (1-p)} = \sqrt{15 \cdot 0,1 \cdot 0,9} = \sqrt{1,35} \approx 1,2$

X weicht von E(X) um mehr als $\sigma(X)$ ab, wenn $X < 1,5 - 1,2 = 0,3$ oder wenn $X > 1,5 + 1,2 = 2,7$.

$$P = P(X = 0) + P(X \geq 3) = B(15; 0,1; 0) + \sum_{i=3}^{15} B(15; 0,1; i)$$

$$= B(15; 0,1; 0) + \left(1 - \sum_{i=0}^{2} B(15; 0,1; i)\right) \approx 0,20589 + 1 - 0,81594 = 0,38995$$

Anmerkung: Statt $\sum_{i=3}^{15} B(15; 0,1; i)$ und $\sum_{i=0}^{2} B(15; 0,1; i)$ können Sie auch $P_{0,1}^{15}(X \geq 3)$ und $P_{0,1}^{15}(X \leq 2)$ schreiben.

oder:

P(X weicht um mehr als eine Standardabweichung vom Erwartungswert ab)
$= 1 - $ P(X weicht höchstens um eine Standardabweichung vom Erwartungswert ab)
$= 1 - P(0,3 \leq X \leq 2,7) = 1 - P(1 \leq X \leq 2) = 1 - (P(X = 1) + P(X = 2))$
$= 1 - (B(15; 0,1; 1) + B(15; 0,1; 2)) \approx 1 - (0,34315 + 0,26690) = 0,38995$

Abitur Mathematik (Bayern): Abiturprüfung 2012
Geometrie I

BE

Abbildung 1 zeigt modellhaft ein Dachzimmer in der Form eines geraden Prismas. Der Boden und zwei der Seitenwände liegen in den Koordinatenebenen. Das Rechteck ABCD liegt in einer Ebene E und stellt den geneigten Teil der Deckenfläche dar.

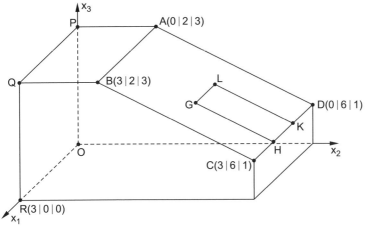

Abb. 1

a) Bestimmen Sie eine Gleichung der Ebene E in Normalenform.
   [mögliches Ergebnis: E: $x_2 + 2x_3 - 8 = 0$]   4

b) Berechnen Sie den Abstand des Punktes R von der Ebene E.   2

Im Koordinatensystem entspricht eine Längeneinheit 1 m, d. h., das Zimmer ist an seiner höchsten Stelle 3 m hoch.

Das Rechteck GHKL mit $G(2|4|2)$ hat die Breite $\overline{GL} = 1$. Es liegt in der Ebene E, die Punkte H und K liegen auf der Geraden CD. Das Rechteck stellt im Modell ein Dachflächenfenster dar; die Breite des Fensterrahmens soll vernachlässigt werden.

c) Geben Sie die Koordinaten der Punkte L, H und K an und bestimmen Sie den Flächeninhalt des Fensters.
   [zur Kontrolle: $\overline{GH} = \sqrt{5}$]   5

d) Durch das Fenster einfallendes Sonnenlicht wird im Zimmer durch parallele Geraden mit dem Richtungsvektor $\vec{v} = \begin{pmatrix} -2 \\ -8 \\ -1 \end{pmatrix}$ repräsentiert. Eine dieser Geraden verläuft durch den Punkt G und schneidet die Seitenwand OPQR im Punkt S. Berechnen Sie die Koordinaten von S sowie die Größe des Winkels, den diese Gerade mit der Seitenwand OPQR einschließt. 6

e) Das Fenster ist drehbar um eine Achse, die im Modell durch die Mittelpunkte der Strecken [GH] und [LK] verläuft. Die Unterkante des Fensters schwenkt dabei in das Zimmer; das Drehgelenk erlaubt eine zum Boden senkrechte Stellung der Fensterfläche.
Bestimmen Sie die Koordinaten des Mittelpunkts M der Strecke [GH] und bestätigen Sie rechnerisch, dass das Fenster bei seiner Drehung den Boden nicht berühren kann.
[Teilergebnis: M(2|5|1,5)] 4

Abbildung 2 zeigt ein quaderförmiges Möbelstück, das 40 cm hoch ist. Es steht mit seiner Rückseite flächenbündig an der Wand unter dem Fenster. Seine vordere Oberkante liegt im Modell auf der Geraden

$$k: \vec{X} = \begin{pmatrix} 0 \\ 5,5 \\ 0,4 \end{pmatrix} + \lambda \cdot \begin{pmatrix} 1 \\ 0 \\ 0 \end{pmatrix}, \lambda \in \mathbb{R}.$$

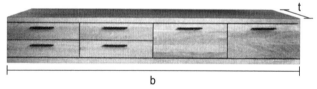

Abb. 2

f) Ermitteln Sie mithilfe von Abbildung 2 die Breite b des Möbelstücks möglichst genau.
Bestimmen Sie mithilfe der Gleichung der Geraden k die Tiefe t des Möbelstücks und erläutern Sie Ihr Vorgehen. 4

g) Überprüfen Sie rechnerisch, ob das Fenster bei seiner Drehung am Möbelstück anstoßen kann. 5

30

Tipps und Hinweise

Aufgabe a

- Welche Vektoren lassen sich als Richtungsvektoren der Ebene E verwenden?

- Sie benötigen einen Normalenvektor der Ebene E.

- Der Normalenvektor steht auf den Richtungsvektoren der Ebene senkrecht.

- Der Normalenvektor lässt sich mithilfe des Vektorprodukts zweier nicht-paralleler Richtungsvektoren bestimmen (siehe Merkhilfe).

- Setzen Sie den Normalenvektor und einen Ebenenpunkt (A, B, C oder D) in die Formel für die Normalenform der Ebene ein (siehe Merkhilfe).

Aufgabe b

- Für die Berechnung des Abstands eines Punktes von einer Ebene gibt es eine Formel.

- Die Formel entsteht aus der Normalenform der Ebene. Diese wird durch die Länge des Normalenvektors dividiert (Hessesche Normalenform).

- In der Normalenform muss jedes x_i durch die entsprechende Koordinate des Punktes, dessen Abstand von der Ebene berechnet werden soll, ersetzt werden. Man dividiert den Absolutbetrag des sich ergebenden Werts durch die Länge des Normalenvektors.

- Verwenden Sie die Formel $d(P; E) = \dfrac{|n_1 p_1 + n_2 p_2 + n_3 p_3 + n_0|}{|\vec{n}|}$.

Aufgabe c

- Welche besondere Lage hat die Strecke [CD] im Koordinatensystem?

- Auch die Fensterkanten [GL] und [HK] haben diese Lage.

- Die Koordinaten von G und L (und auch die von H und K) unterscheiden sich also nur in der x_1-Koordinate, und zwar um 1, da $\overline{GL} = 1$.

- Zu welchen Zimmerkanten sind [GH] und [LK] parallel?

- Welche besondere Lage hat [AD] im Koordinatensystem?

- G und H (bzw. L und K) besitzen also dieselbe x_1-Koordinate.

- H und K liegen auf der Geraden g_{CD}, die parallel zur x_1-Achse verläuft. H und K besitzen also dieselben x_2- und x_3-Koordinaten wie C bzw. D.
  oder:

- Stellen Sie eine Gleichung der Geraden CD auf. Sie kennen die 1. Koordinate von H (bzw. K). Damit lassen sich der Parameter der Geradengleichung und daraus die weiteren Punktkoordinaten bestimmen.

- Die Flächenformel für das Rechteck lautet: $A = a \cdot b$

$a = \overline{GL}$ ist Ihnen bekannt. Berechnen Sie $b = \overline{GH} = \left| \overrightarrow{GH} \right|$ mithilfe der Formel für den Betrag eines Vektors (siehe Merkhilfe).

Aufgabe d

Stellen Sie für die „Sonnenstrahl"-Gerade durch G mit dem gegebenen Richtungsvektor eine Gleichung auf.

Welche besondere Lage hat die Seitenwand OPQR im Koordinatensystem?

Geben Sie eine Gleichung der Ebene OPQR in Normalenform an.

Berechnen Sie die Koordinaten des Schnittpunkts S von Gerade und Ebene.

Um den Schnittpunkt einer Geraden mit einer Ebene zu bestimmen, setzt man die Geradengleichung in die Normalenform der Ebene ein.

Es ergibt sich eine Gleichung für den Parameter der Geraden.

Berechnen Sie diesen Parameter.

Einsetzen des Parameterwerts in die Geradengleichung liefert die Koordinaten des Schnittpunkts.

Berechnen Sie den Winkel zwischen dem Sonnenstrahl und dem Normalenvektor der Ebene OPQR.

Die Formel zur Berechnung des Winkels zwischen zwei Vektoren finden Sie in der Merkhilfe.

Da Sie den spitzen Winkel zwischen Normalenvektor und Richtungsvektor suchen, setzen Sie Betragsstriche in der Formel.

Der gesuchte Winkel ergänzt den berechneten zu $90°$.

Aufgabe e

Bestimmen Sie die Koordinaten des Mittelpunkts M mithilfe der Formel aus der Merkhilfe.

Berechnen Sie die Länge des „Radius" des Fensterdrehkreises.

Der Radius entspricht der Länge $\overline{MH}$ bzw. der halben Fensterlänge.

Vergleichen Sie diesen Radius mit der Höhe des Punktes M über dem Boden.

Die x_3-Koordinate von M gibt die Höhe von M über dem Boden an, da der Boden durch die x_1-x_2-Ebene dargestellt wird.

Aufgabe f

Das Möbelstück ist so dargestellt, dass die Vorderseite maßstabsgetreu zu sehen ist.

Die Höhe ist mit 40 cm angegeben.

2012-54

- Messen Sie die abgebildete Höhe und Breite möglichst genau aus.
- Welcher Länge im Bild entspricht die wirkliche Höhe von 40 cm?
- Welcher wirklichen Breite entspricht die im Bild gemessene Breite?
- Welche besondere Lage hat die Gerade k im Koordinatensystem?
- Welche Koordinaten sind für alle Punkte der Geraden k gleich?
- Die hintere Oberkante des Möbelstücks liegt in der Ebene, die durch die Wand unter dem Fenster gebildet wird und die parallel zur x_1-x_3-Ebene verläuft. Welche Gleichung hat diese Ebene?
- Die Tiefe t entspricht dem Abstand zwischen der hinteren und der vorderen Oberkante in x_2-Richtung.

Aufgabe g

- Die Fensterkante [GH] bewegt sich in einem Kreis um M mit dem Radius $\overline{MH} = \sqrt{1{,}25}$. Dieser Kreis liegt in einer Ebene parallel zur x_2-x_3-Ebene. Wie lautet eine Gleichung dieser Ebene?
- Berechnen Sie den Schnittpunkt der Kreisebene mit der Geraden k, die die vordere Oberkante darstellt.
- Vergleichen Sie die Entfernung dieses Schnittpunkts von M mit dem Radius.
- Wie müsste der Vergleich ausfallen, wenn das Fenster die vordere Oberkante berühren oder gar am Möbelstück anstoßen würde?

oder:

- Welchen Abstand muss der Punkt M von der vorderen Oberkante k haben, damit das Fenster die Kante weder berührt noch an das Möbelstück anstößt?
- Berechnen Sie den Abstand des Punktes M von der Geraden k.

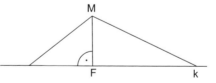

- Beachten Sie, dass der Abstand der Länge des Lots von M auf k entspricht.
- Sie haben die Bedingungen $\overrightarrow{MF} \perp k$ und $F \in k$.
- Ein Vektor steht auf einer Geraden senkrecht, wenn er auf dem Richtungsvektor der Geraden senkrecht steht.
- Zwei Vektoren stehen aufeinander senkrecht, wenn ihr Skalarprodukt null ergibt (siehe Merkhilfe).
- Ein Punkt liegt auf einer Geraden, wenn seine Koordinaten die Geradengleichung erfüllen.

Lösungen

a) Aus den beiden Richtungsvektoren aus E: $\vec{X} = \vec{A} + \lambda \cdot \overrightarrow{AB} + \mu \cdot \overrightarrow{AD}$, λ, $\mu \in \mathbb{R}$, lässt sich der Normalenvektor berechnen:

$$\vec{n}_E = \overrightarrow{AB} \times \overrightarrow{AD}$$

Mit $\overrightarrow{AB} = \vec{B} - \vec{A} = \begin{pmatrix} 3 \\ 2 \\ 3 \end{pmatrix} - \begin{pmatrix} 0 \\ 2 \\ 3 \end{pmatrix} = \begin{pmatrix} 3 \\ 0 \\ 0 \end{pmatrix}$ und $\overrightarrow{AD} = \vec{D} - \vec{A} = \begin{pmatrix} 0 \\ 6 \\ 1 \end{pmatrix} - \begin{pmatrix} 0 \\ 2 \\ 3 \end{pmatrix} = \begin{pmatrix} 0 \\ 4 \\ -2 \end{pmatrix}$ ergibt sich:

$$\vec{n}_E = \begin{pmatrix} 3 \\ 0 \\ 0 \end{pmatrix} \times \begin{pmatrix} 0 \\ 4 \\ -2 \end{pmatrix} = \begin{pmatrix} 0-0 \\ 0+6 \\ 12-0 \end{pmatrix} = \begin{pmatrix} 0 \\ 6 \\ 12 \end{pmatrix} \triangleq \begin{pmatrix} 0 \\ 1 \\ 2 \end{pmatrix}$$

E: $\qquad \vec{n}_E \circ [\vec{X} - \vec{A}] = 0 \qquad$ (siehe Merkhilfe)

$$\begin{pmatrix} 0 \\ 1 \\ 2 \end{pmatrix} \circ \left[\vec{X} - \begin{pmatrix} 0 \\ 2 \\ 3 \end{pmatrix} \right] = 0$$

$$\begin{pmatrix} 0 \\ 1 \\ 2 \end{pmatrix} \circ \vec{X} - \begin{pmatrix} 0 \\ 1 \\ 2 \end{pmatrix} \circ \begin{pmatrix} 0 \\ 2 \\ 3 \end{pmatrix} = 0$$

$$x_2 + 2x_3 - 8 = 0$$

b) $d(R; E) = \dfrac{|0 \cdot 3 + 1 \cdot 0 + 2 \cdot 0 - 8|}{\sqrt{0^2 + 1^2 + 2^2}} = \dfrac{8}{\sqrt{5}} = \dfrac{8 \cdot \sqrt{5}}{\sqrt{5} \cdot \sqrt{5}} = \dfrac{8}{5} \sqrt{5}$

c) Da [GL] $\|$ [HK] und

$$\overrightarrow{CD} = \vec{D} - \vec{C} = \begin{pmatrix} 0 \\ 6 \\ 1 \end{pmatrix} - \begin{pmatrix} 3 \\ 6 \\ 1 \end{pmatrix} = \begin{pmatrix} -3 \\ 0 \\ 0 \end{pmatrix} \triangleq \begin{pmatrix} 1 \\ 0 \\ 0 \end{pmatrix},$$

verlaufen [GL] und [HK] parallel zur x_1-Achse.

Die Koordinaten von G und L unterscheiden sich also nur in der x_1-Koordinate. Da $\overline{GL} = 1$, unterscheiden sie sich nur um 1, womit folgt:

$$\vec{L} = \vec{G} - \begin{pmatrix} 1 \\ 0 \\ 0 \end{pmatrix} = \begin{pmatrix} 2 \\ 4 \\ 2 \end{pmatrix} - \begin{pmatrix} 1 \\ 0 \\ 0 \end{pmatrix} = \begin{pmatrix} 1 \\ 4 \\ 2 \end{pmatrix} \quad \Rightarrow \quad L(1 \,|\, 4 \,|\, 2)$$

[GH] und [LK] verlaufen parallel zu [AD] und somit parallel zur x_2-x_3-Ebene. G und H (bzw. L und K) besitzen also dieselbe x_1-Koordinate.

$H(2 \,|\, h_2 \,|\, h_3)$ und $K(1 \,|\, k_2 \,|\, k_3)$

H und K liegen auf der Geraden CD und haben somit dieselben x_2- und x_3-Koordinaten wie C bzw. D:

H(2|6|1) und K(1|6|1)

oder:

Man kann auch die Gerade CD aufstellen und eine Punktprobe durchführen.

$$g_{CD}: \vec{X} = \begin{pmatrix} 0 \\ 6 \\ 1 \end{pmatrix} + \sigma \begin{pmatrix} 1 \\ 0 \\ 0 \end{pmatrix} \qquad \sigma \in \mathbb{R}$$

$$H \in g_{CD} \quad \Rightarrow \quad \begin{pmatrix} 2 \\ h_2 \\ h_3 \end{pmatrix} = \begin{pmatrix} 0 \\ 6 \\ 1 \end{pmatrix} + \sigma \begin{pmatrix} 1 \\ 0 \\ 0 \end{pmatrix} \quad \Rightarrow \quad \sigma = 2 \text{ und } H(2|6|1)$$

$$K \in g_{CD} \quad \Rightarrow \quad \begin{pmatrix} 1 \\ k_2 \\ k_3 \end{pmatrix} = \begin{pmatrix} 0 \\ 6 \\ 1 \end{pmatrix} + \sigma \begin{pmatrix} 1 \\ 0 \\ 0 \end{pmatrix} \quad \Rightarrow \quad \sigma = 1 \text{ und } K(1|6|1)$$

Für den Flächeninhalt des Fensters ergibt sich:

$$|\overrightarrow{GH}| = |\vec{H} - \vec{G}| = \left| \begin{pmatrix} 2 \\ 6 \\ 1 \end{pmatrix} - \begin{pmatrix} 2 \\ 4 \\ 2 \end{pmatrix} \right| = \left| \begin{pmatrix} 0 \\ 2 \\ -1 \end{pmatrix} \right| = \sqrt{0^2 + 2^2 + (-1)^2} = \sqrt{5}$$

$$A_{GHKL} = \overline{GH} \cdot \overline{GL} = \sqrt{5} \cdot 1 = \sqrt{5}$$

Die Fläche des Fensters beträgt $\sqrt{5}$ m^2.

d) Sonnenstrahl: $\vec{X} = \begin{pmatrix} 2 \\ 4 \\ 2 \end{pmatrix} + \rho \cdot \begin{pmatrix} -2 \\ -8 \\ -1 \end{pmatrix} \qquad \rho \in \mathbb{R}$

Seitenwand OPQR $\hat{=}$ x_1-x_3-Ebene mit der Gleichung $x_2 = 0$

Sonnenstrahl $\cap$ x_1-x_3-Ebene: $4 - 8\rho = 0 \quad \Rightarrow \quad \rho = \dfrac{1}{2}$

$$\vec{S} = \begin{pmatrix} 2 \\ 4 \\ 2 \end{pmatrix} + \frac{1}{2} \cdot \begin{pmatrix} -2 \\ -8 \\ -1 \end{pmatrix} = \begin{pmatrix} 1 \\ 0 \\ 1,5 \end{pmatrix} \quad \Rightarrow \quad S(1|0|1,5)$$

Der gesuchte Winkel ergänzt den spitzen Winkel zwischen Normalenvektor der Ebene OPQR und Richtungsvektor des Sonnenstrahls zu 90°.

$$\cos \alpha' = \left| \frac{\begin{pmatrix} 0 \\ 1 \\ 0 \end{pmatrix} \circ \begin{pmatrix} -2 \\ -8 \\ -1 \end{pmatrix}}{\sqrt{0^2 + 1^2 + 0^2} \cdot \sqrt{(-2)^2 + (-8)^2 + (-1)^2}} \right| = \left| \frac{-8}{1 \cdot \sqrt{69}} \right| = \frac{8}{\sqrt{69}} \quad \Rightarrow \quad \alpha' \approx 15,6°$$

Der Einfallswinkel beträgt $90° - 15,6° = 74,4°$.

e) $\vec{M}_{GH} = \dfrac{1}{2}(\vec{G}+\vec{H}) = \dfrac{1}{2}\left[\begin{pmatrix} 2 \\ 4 \\ 2 \end{pmatrix} + \begin{pmatrix} 2 \\ 6 \\ 1 \end{pmatrix}\right] = \begin{pmatrix} 2 \\ 5 \\ 1,5 \end{pmatrix} \quad \Rightarrow \quad M(2\,|\,5\,|\,1,5)$

Länge des Fensterstücks, das ins Zimmer ragt:

$\overline{MH} = |\overrightarrow{MH}| = |\vec{H}-\vec{M}| = \left|\begin{pmatrix} 2 \\ 6 \\ 1 \end{pmatrix} - \begin{pmatrix} 2 \\ 5 \\ 1,5 \end{pmatrix}\right| = \left|\begin{pmatrix} 0 \\ 1 \\ -0,5 \end{pmatrix}\right| = \sqrt{0^2 + 1^2 + (-0,5)^2}$

$\qquad = \sqrt{1,25} \approx 1,12$

oder:

$\overline{MH} = \dfrac{1}{2}\overline{GH} = \dfrac{1}{2}\sqrt{5}$ (siehe Teilaufgabe c)

Der Punkt M liegt 1,5 m über dem Boden (x_3-Koordinate ist 1,5), das Fenster hat einen „Radius" von ca. 1,12 m, bleibt also ca. 0,38 m über dem Boden.

f) In Abbildung 2 werden Höhe und Breite des Möbelstücks im gleichen Maßstab dargestellt (die Tiefe ist jedoch verzerrt).

Durch Abmessen der Höhe in der Abbildung 2 ergibt sich:

$12\ \text{mm} \mathrel{\hat{=}} 40\ \text{cm} \quad \Rightarrow \quad 3\ \text{mm} \mathrel{\hat{=}} 10\ \text{cm}$

Die Breite misst in der Abbildung 78 mm.

$78\ \text{mm} = 26 \cdot 3\ \text{mm} \mathrel{\hat{=}} 260\ \text{cm}$

Die Breite des Möbelstücks beträgt somit etwa 2,6 m.

Für alle Punkte der Geraden k, die parallel zur x_1-Achse und damit auch parallel zu CD verläuft, gilt $x_2 = 5,5$.

Für alle Punkte der Wand unterhalb des Fensters gilt $x_2 = 6$.

Die Tiefe t des Möbelstucks beträgt somit:

$t = 6 - 5,5 = 0,5$

Die Tiefe beträgt 0,5 m.

g) Die Fensterkante [GH] bewegt sich in der zur x_2-x_3-Ebene parallelen Ebene T.

$T: x_1 = 2$

Die Kante k schneidet die Ebene T im Punkt F.

$T \cap k: \lambda = 2 \quad \Rightarrow \quad F(2\,|\,5,5\,|\,0,4)$

Ist $\overline{MF} > \overline{MH}$, so lässt sich das Fenster schwenken, ohne das Möbelstück zu berühren.

$$\overline{MF} = |\overrightarrow{MF}| = |\vec{F} - \vec{M}| = \left| \begin{pmatrix} 2 \\ 5,5 \\ 0,4 \end{pmatrix} - \begin{pmatrix} 2 \\ 5 \\ 1,5 \end{pmatrix} \right| = \left| \begin{pmatrix} 0 \\ 0,5 \\ -1,1 \end{pmatrix} \right| = \sqrt{0^2 + 0,5^2 + (-1,1)^2}$$

$$= \sqrt{1,46} \approx 1,21$$

Somit: $\overline{MF} > \overline{MH}$ ($\approx 1,12$ siehe Teilaufgabe e)

oder:

Ist der Abstand $d(M; k) > \overline{MH}$, so lässt sich das Fenster schwenken, ohne das Möbelstück zu berühren.

F sei der Fußpunkt des Lots von M auf k. Es muss gelten:

$$\overrightarrow{MF} \perp k \quad \Rightarrow \quad \overrightarrow{MF} \perp \vec{u}_k$$

$$\Rightarrow \qquad \overrightarrow{MF} \circ \vec{u}_k = 0$$

$$\left[\vec{F} - \begin{pmatrix} 2 \\ 5 \\ 1,5 \end{pmatrix} \right] \circ \begin{pmatrix} 1 \\ 0 \\ 0 \end{pmatrix} = 0$$

Da $F \in k$, gilt:

$$\left[\begin{pmatrix} \lambda \\ 5,5 \\ 0,4 \end{pmatrix} - \begin{pmatrix} 2 \\ 5 \\ 1,5 \end{pmatrix} \right] \circ \begin{pmatrix} 1 \\ 0 \\ 0 \end{pmatrix} = 0$$

$$\lambda - 2 = 0 \quad \Rightarrow \quad \lambda = 2 \quad \Rightarrow \quad F(2|5,5|0,4)$$

$$d(M; k) = |\overrightarrow{MF}| = |\vec{F} - \vec{M}| = \left| \begin{pmatrix} 2 \\ 5,5 \\ 0,4 \end{pmatrix} - \begin{pmatrix} 2 \\ 5 \\ 1,5 \end{pmatrix} \right| = \left| \begin{pmatrix} 0 \\ 0,5 \\ -1,1 \end{pmatrix} \right| = \sqrt{0^2 + 0,5^2 + (-1,1)^2}$$

$$= \sqrt{1,46} \approx 1,21$$

Somit $\overline{MF} > \overline{MH}$.

Abitur Mathematik (Bayern): Abiturprüfung 2012
Geometrie II

In einem kartesischen Koordinatensystem sind die Punkte $A(10|2|0)$, $B(10|8|0)$, $C(10|4|3)$, $R(2|2|0)$, $S(2|8|0)$ und $T(2|4|3)$ gegeben. Der Körper ABCRST ist ein gerades dreiseitiges Prisma mit der Grundfläche ABC, der Deckfläche RST und rechteckigen Seitenflächen.

a) Zeichnen Sie das Prisma in ein kartesisches Koordinatensystem (vgl. Abbildung) ein. Welche besondere Lage im Koordinatensystem hat die Grundfläche ABC? Berechnen Sie das Volumen des Prismas.

b) Ermitteln Sie eine Gleichung der Ebene E, in der die Seitenfläche BSTC liegt, in Normalenform.
[mögliches Ergebnis: E: $3x_2 + 4x_3 - 24 = 0$]

c) Berechnen Sie die Größe des spitzen Winkels, den die Seitenkanten [CA] und [CB] einschließen.

d) Die Ebene F enthält die Gerade CT und zerlegt das Prisma in zwei volumengleiche Teilkörper. Wählen Sie einen Punkt P so, dass er gemeinsam mit den Punkten C und T die Ebene F festlegt; begründen Sie Ihre Wahl.
Tragen Sie die Schnittfigur von F mit dem Prisma in Ihre Zeichnung ein.

e) Die Punkte A, B und T legen die Ebene H fest; diese zerlegt das Prisma ebenfalls in zwei Teilkörper. Beschreiben Sie die Form eines der beiden Teilkörper. Begründen Sie, dass die beiden Teilkörper nicht volumengleich sind.

Das Prisma ist das Modell eines Holzkörpers, der auf einer durch die x_1-x_2-Ebene beschriebenen horizontalen Fläche liegt. Der Punkt $M(5|6,5|3)$ ist der Mittelpunkt einer Kugel, die die Seitenfläche BSTC im Punkt W berührt.

f) Berechnen Sie den Radius r der Kugel sowie die Koordinaten von W.
[Teilergebnis: $r = 1,5$]

g) Die Kugel rollt nun den Holzkörper hinab. Im Modell bewegt sich der Kugelmittelpunkt vom Punkt M aus parallel zur Kante [CB] auf einer Geraden g. Geben Sie eine Gleichung von g an und berechnen Sie im Modell die Länge des Wegs, den der Kugelmittelpunkt zurücklegt, bis die Kugel die x_1-x_2-Ebene berührt.

Tipps und Hinweise

Aufgabe a

* Die Form des Koordinatensystems ist Ihnen vorgegeben.
* Beachten Sie die Verzerrung auf der x_1-Achse (Längeneinheit kürzer als bei x_2- und x_3-Achse).
* Welche Koordinate stimmt bei den Punkten A, B und C überein?
* Wie lautet die Gleichung der Ebene, in der A, B und C liegen?
* Zu welcher Koordinatenebene verläuft die Ebene durch A, B und C parallel?
* Das Volumen des Prismas lässt sich elementargeometrisch oder vektoriell berechnen.
* Die elementargeometrische Formel für das Volumen des Prismas finden Sie in der Merkhilfe.
* Die Längen aller Strecken, die parallel zur x_2-x_3-Ebene bzw. parallel zur x_1-Achse verlaufen, können unmittelbar abgelesen werden.
* Die Länge eines Vektors lässt sich mithilfe der Formel für den Betrag eines Vektors aus der Merkhilfe berechnen.

oder:

* Zur vektoriellen Berechnung des Volumens benutzen Sie das Spatprodukt, verwenden aber nicht wie bei der dreiseitigen Pyramide (siehe Merkhilfe) den Vorfaktor $\frac{1}{6}$, sondern nur $\frac{1}{2}$, da das dreiseitige Prisma ein halber Spat ist bzw. in das dreiseitige Prisma drei volumengleiche dreiseitige Pyramiden passen.

Aufgabe b

* Welche Vektoren lassen sich als Richtungsvektoren der Ebene E verwenden?
* Sie benötigen einen Normalenvektor der Ebene E.
* Der Normalenvektor steht auf den Richtungsvektoren senkrecht.
* Der Normalenvektor lässt sich mithilfe des Vektorprodukts zweier nicht-paralleler Richtungsvektoren bestimmen (siehe Merkhilfe).
* Setzen Sie den Normalenvektor und einen Ebenenpunkt (B, S, T oder C) in die Formel für die Normalenform der Ebene ein (siehe Merkhilfe).

Aufgabe c

* Die Formel zur Berechnung eines Winkels zwischen zwei Vektoren finden Sie in der Merkhilfe.
* Da sich bei Verwendung der angegebenen Vektoren $\overrightarrow{CA}$ und $\overrightarrow{CB}$ ein spitzer Winkel ergibt, ist das Setzen von Betragsstrichen nicht nötig.

2012-61

Aufgabe d

Welche Größe des Prismas ist durch $\overline{CT}$ gegeben?

Was muss mit der Grundfläche ABC geschehen, damit bei gleichbleibender Höhe das Prismenvolumen halbiert wird?

Mit welchem Punkt der Grundlinie [AB] muss C verbunden werden, um die Fläche des Dreiecks ABC zu halbieren?

Der Mittelpunkt einer Strecke berechnet sich nach der Formel in der Merkhilfe.

Vervollständigen Sie Ihre Zeichnung durch die Strecke [CP].

Wo schneidet die Ebene durch T, C und P die Seitenfläche ABSR bzw. die Deckfläche RST? Zeichnen Sie auch diese Strecken ein.

Aufgabe e

Zeichnen Sie sich die Ebene H in die Zeichnung von Teilaufgabe a ein.

Welche Form hat der entstandene Teilkörper ABCT?

Was kann als Grundfläche, was als Höhe der Pyramide betrachtet werden?

Welcher Zusammenhang besteht zwischen den Volumina von Prisma und Pyramide? Nutzen Sie Ihre Merkhilfe.

Das Prismenvolumen haben Sie in Teilaufgabe a berechnet. Wie groß ist das Volumen des Teilkörpers ABCT?

Wie groß ist somit das Volumen des anderen Teilkörpers ABSRT?

Sind die beiden Volumina gleich groß?

Aufgabe f

Die Strecke [MW] stellt einen Radius der Kugel dar.

Dieser Radius muss auf der Seitenfläche BSTC senkrecht stehen.

$\overline{MW} = r$ ist der Abstand des Punktes M von der Ebene BSTC.

Für die Berechnung des Abstands eines Punktes von einer Ebene gibt es eine Formel.

Die Formel entsteht aus der Normalenform der Ebene. Diese wird durch die Länge des Normalenvektors dividiert (Hessesche Normalenform).

In der Normalenform muss jedes x_i durch die entsprechende Koordinate des Punktes, dessen Abstand von der Ebene berechnet werden soll, ersetzt werden. Man dividiert den Absolutbetrag des sich ergebenden Werts durch die Länge des Normalenvektors.

Verwenden Sie die Formel $d(P; E) = \dfrac{|n_1 p_1 + n_2 p_2 + n_3 p_3 + n_0|}{|\vec{n}|}$.

✔ Da [MW] auf BSTC senkrecht steht, liegt W sowohl auf dem Lot zu BSTC durch M als auch auf der Ebene BSTC.

✔ Richtungsvektor des Lots ist der Normalenvektor der Ebene.

✔ Um den Schnittpunkt einer Geraden mit einer Ebene zu bestimmen, setzt man die Geradengleichung in die Normalenform der Ebene ein.

✔ Es ergibt sich eine Gleichung für den Parameter der Geraden.

✔ Berechnen Sie diesen Parameter.

✔ Einsetzen des Parameterwerts in die Geradengleichung liefert die Koordinaten des Schnittpunkts.

Aufgabe g

✔ Stellen Sie die Gleichung der Geraden g durch M und parallel zu [CB] auf.

✔ Wo liegt der Mittelpunkt der Kugel, wenn die Kugel die x_1-x_2-Ebene berührt?

✔ Wenn die Kugel den Holzkörper so weit hinabgerollt ist, dass die Kugel die x_1-x_2-Ebene berührt, liegt der Kugelmittelpunkt M' sowohl auf der Geraden g als auch auf der Ebene $x_3 = r = 1,5$. Berechnen Sie die Koordinaten von M'.

✔ Um den Schnittpunkt einer Geraden mit einer Ebene zu bestimmen, setzt man die Geradengleichung in die Normalenform der Ebene ein.

✔ Es ergibt sich eine Gleichung für den Parameter der Geraden.

✔ Berechnen Sie diesen Parameter.

✔ Einsetzen des Parameterwerts in die Geradengleichung liefert die Koordinaten des Schnittpunkts.

✔ Die Länge des Weges, den der Kugelmittelpunkt zurücklegt, entspricht der Länge der Strecke [MM'].

✔ Berechnen Sie die Länge des Vektors $\overline{MM'}$ mithilfe der Formel für den Betrag eines Vektors aus der Merkhilfe.

Lösungen

a)
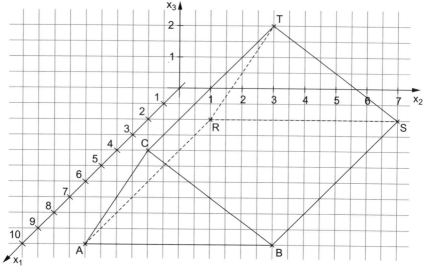

Für die Ebene durch A, B und C gilt $x_1 = 10$, sie ist also parallel zur x_2-x_3-Ebene.

Anmerkung: Auch die Ebene durch R, S und T ist parallel zur x_2-x_3-Ebene. Für sie gilt $x_1 = 2$.

Das Volumen kann entweder elementargeometrisch oder vektoriell berechnet werden.

- elementargeometrisch: (siehe Merkhilfe)
  Da die Grundfläche parallel zur x_2-x_3-Ebene verläuft, lassen sich die Längen $\overline{AB} = 6$ und $h_A = 3$ unmittelbar aus der Zeichnung ablesen. Die Prismenhöhe entspricht dem Abstand (= 8) der beiden Ebenen $x_1 = 10$ und $x_1 = 2$ bzw. der Länge der zur x_1-Achse parallelen Strecke [AR] mit A(10|2|0) und R(2|2|0).

Oder etwas umständlicher:

$$\overline{AB} = |\vec{AB}| = |\vec{B} - \vec{A}| = \left| \begin{pmatrix} 10 \\ 8 \\ 0 \end{pmatrix} - \begin{pmatrix} 10 \\ 2 \\ 0 \end{pmatrix} \right| = \left| \begin{pmatrix} 0 \\ 6 \\ 0 \end{pmatrix} \right| = 6$$

$$h_\Delta = x_{3_C} - x_{3_A} = 3 - 0 = 3$$

$$h_{Prisma} = \overline{AR} = |\vec{AR}| = |\vec{R} - \vec{A}| = \left| \begin{pmatrix} 2 \\ 2 \\ 0 \end{pmatrix} - \begin{pmatrix} 10 \\ 2 \\ 0 \end{pmatrix} \right| = \left| \begin{pmatrix} -8 \\ 0 \\ 0 \end{pmatrix} \right| = 8$$

Somit:

$$V_{Prisma} = G \cdot h_{Prisma} = \frac{1}{2} \cdot \overline{AB} \cdot h_\Delta \cdot h_{Prisma} = \frac{1}{2} \cdot 6 \cdot 3 \cdot 8 = 72$$

- vektoriell:

$$V_{Prisma} = \frac{1}{2} \cdot |\overrightarrow{AB} \circ (\overrightarrow{AC} \times \overrightarrow{AR})| = \frac{1}{2} \cdot \left| \begin{pmatrix} 0 \\ 6 \\ 0 \end{pmatrix} \circ \left[\begin{pmatrix} 0 \\ 2 \\ 3 \end{pmatrix} \times \begin{pmatrix} -8 \\ 0 \\ 0 \end{pmatrix} \right] \right|$$

$$= \frac{1}{2} \cdot \left| \begin{pmatrix} 0 \\ 6 \\ 0 \end{pmatrix} \circ \left[\begin{pmatrix} 0-0 \\ -24-0 \\ 0+16 \end{pmatrix} \right] \right| = \frac{1}{2} \cdot |0 - 144 + 0| = 72$$

b) Aus den beiden Richtungsvektoren aus E: $\overrightarrow{X} = \overrightarrow{B} + \lambda \cdot \overrightarrow{BS} + \mu \cdot \overrightarrow{BC}, \lambda, \mu \in \mathbb{R}$, lässt sich der Normalenvektor berechnen:

$$\vec{n}_E = \overrightarrow{BS} \times \overrightarrow{BC} = \begin{pmatrix} 2-10 \\ 8-8 \\ 0-0 \end{pmatrix} \times \begin{pmatrix} 10-10 \\ 4-8 \\ 3-0 \end{pmatrix} = \begin{pmatrix} -8 \\ 0 \\ 0 \end{pmatrix} \times \begin{pmatrix} 0 \\ -4 \\ 3 \end{pmatrix} = \begin{pmatrix} 0-0 \\ 0+24 \\ 32-0 \end{pmatrix} = \begin{pmatrix} 0 \\ 24 \\ 32 \end{pmatrix} \triangleq \begin{pmatrix} 0 \\ 3 \\ 4 \end{pmatrix}$$

E: $\vec{n}_E \circ [\overrightarrow{X} - \overrightarrow{B}] = 0$ (siehe Merkhilfe)

$$\begin{pmatrix} 0 \\ 3 \\ 4 \end{pmatrix} \circ \left[\overrightarrow{X} - \begin{pmatrix} 10 \\ 8 \\ 0 \end{pmatrix} \right] = 0$$

$$3x_2 + 4x_3 - (0 + 24 + 0) = 0$$

$$3x_2 + 4x_3 - 24 = 0$$

c) $\cos\alpha = \dfrac{\overrightarrow{CA} \circ \overrightarrow{CB}}{|\overrightarrow{CA}| \cdot |\overrightarrow{CB}|}$ (siehe Merkhilfe)

$$\cos\alpha = \frac{\begin{pmatrix} 0 \\ -2 \\ -3 \end{pmatrix} \circ \begin{pmatrix} 0 \\ 4 \\ -3 \end{pmatrix}}{\sqrt{0^2 + (-2)^2 + (-3)^2} \cdot \sqrt{0^2 + 4^2 + (-3)^2}} = \frac{0 - 8 + 9}{\sqrt{13} \cdot 5} = \frac{1}{5\sqrt{13}}$$

$$\alpha = 86{,}8°$$

Anmerkung: Es können auch Betragsstriche gesetzt werden, sie sind hier aber nicht nötig.

d) Die Kante [CT] entspricht der Höhe des Prismas. Damit die beiden Teilkörper volumengleich sind, muss die Grundfläche ABC in zwei gleich große Dreiecke zerlegt werden. Da der Punkt C beiden Teilgrundflächen angehören muss, muss P der Mittelpunkt der Strecke [AB] sein.

$$\overrightarrow{P} = \frac{1}{2}(\overrightarrow{A} + \overrightarrow{B}) = \frac{1}{2} \cdot \left[\begin{pmatrix} 10 \\ 2 \\ 0 \end{pmatrix} + \begin{pmatrix} 10 \\ 8 \\ 0 \end{pmatrix} \right] = \begin{pmatrix} 10 \\ 5 \\ 0 \end{pmatrix} \Rightarrow P(10|5|0)$$

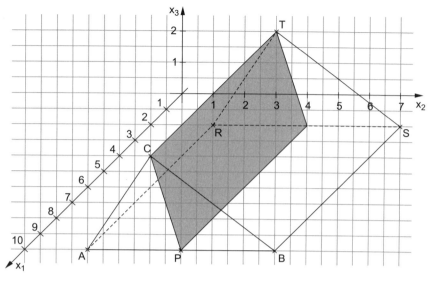

e)

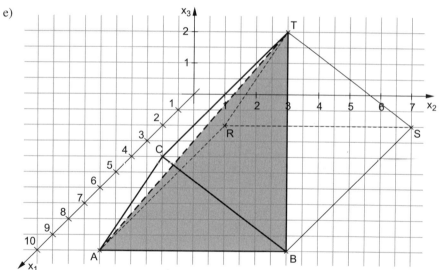

Der Teilkörper ABCT ist eine Pyramide mit der Grundfläche ABC und der Höhe [CT] = Prismenhöhe.

Das dreiseitige Prisma ABCRST hat das halbe Spatvolumen (siehe Teilaufgabe a), die dreiseitige Pyramide ABCT hat den sechsten Teil des Spatvolumens (siehe Merkhilfe), somit nimmt die Pyramide den dritten Teil des Prismenvolumens ein.

2012-66

Für das Volumen von ABCT gilt somit:

$V_{ABCT} = \frac{1}{3} \cdot V_{Prisma} = \frac{1}{3} \cdot 72 = 24$

Der andere Teilkörper ABSRT hat somit das Volumen:

$V_{ABSRT} = 72 - 24 = 48$ *oder:* $V_{ABSRT} = \frac{2}{3} \cdot V_{Prisma} = \frac{2}{3} \cdot 72 = 48$

Die beiden Teilkörper sind also nicht volumengleich.

f) Betrachtet man den Holzkörper von vorn in Richtung der x_1-Achse, so erscheint die Seitenfläche BSTC als Strecke und die Kugel als Kreis.

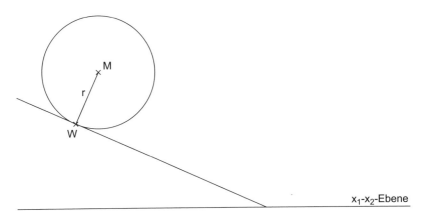

Der Radius r entspricht dem Abstand des Mittelpunkts M von der Seitenfläche BSTC:

$r = d(M; BSTC) = \dfrac{|0 \cdot 5 + 3 \cdot 6{,}5 + 4 \cdot 3 - 24|}{\sqrt{0^2 + 3^3 + 4^2}} = \dfrac{7{,}5}{5} = 1{,}5$

Der Berührpunkt W ist der Schnittpunkt des Lots ℓ durch M auf die Seitenfläche mit der Seitenfläche. Der Normalenvektor der Ebene E, in der die Seitenfläche liegt, ist gleich dem Richtungsvektor der Geraden durch M, die senkrecht auf E steht.

$\ell: \vec{X} = \begin{pmatrix} 5 \\ 6{,}5 \\ 3 \end{pmatrix} + \sigma \cdot \begin{pmatrix} 0 \\ 3 \\ 4 \end{pmatrix}$ $\sigma \in \mathbb{R}$

$\ell \cap E: 3(6{,}5 + 3\sigma) + 4(3 + 4\sigma) - 24 = 0$
$\qquad\qquad 19{,}5 + 9\sigma + 12 + 16\sigma - 24 = 0$
$\qquad\qquad\qquad\qquad\qquad 7{,}5 + 25\sigma = 0$
$\qquad\qquad\qquad\qquad\qquad\qquad \sigma = -0{,}3$

$$\vec{W} = \begin{pmatrix} 5 \\ 6,5 \\ 3 \end{pmatrix} - 0,3 \cdot \begin{pmatrix} 0 \\ 3 \\ 4 \end{pmatrix} = \begin{pmatrix} 5 \\ 5,6 \\ 1,8 \end{pmatrix} \quad \Rightarrow \quad W(5 \mid 5,6 \mid 1,8)$$

g) Die Gerade g verläuft durch M und ist parallel zu [CB].

$$g: \vec{X} = \vec{M} + \rho \cdot \vec{CB} = \begin{pmatrix} 5 \\ 6,5 \\ 3 \end{pmatrix} + \rho \cdot \begin{pmatrix} 0 \\ 4 \\ -3 \end{pmatrix} \quad \rho \in \mathbb{R}$$

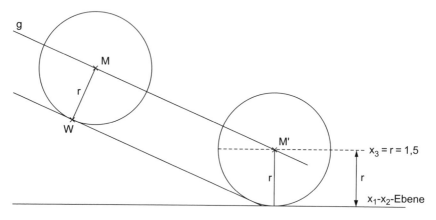

Die Kugel berührt die x_1-x_2-Ebene, wenn sich der Kugelmittelpunkt um $r = 1,5$ oberhalb der x_1-x_2-Ebene befindet. In der Gleichung von g muss also $x_3 = 1,5$ gelten.

$$1,5 = 3 - 3\rho \quad \Rightarrow \quad \rho = 0,5 \quad \Rightarrow \quad \vec{M}' = \begin{pmatrix} 5 \\ 6,5 \\ 3 \end{pmatrix} + 0,5 \cdot \begin{pmatrix} 0 \\ 4 \\ -3 \end{pmatrix} = \begin{pmatrix} 5 \\ 8,5 \\ 1,5 \end{pmatrix} \quad \Rightarrow \quad M'(5 \mid 8,5 \mid 1,5)$$

Die Länge des Weges, den der Kugelmittelpunkt zurücklegt, entspricht $\overline{MM'}$.

$$\overline{MM'} = |\overrightarrow{MM'}| = |\vec{M}' - \vec{M}| = \left| \begin{pmatrix} 5 \\ 8,5 \\ 1,5 \end{pmatrix} - \begin{pmatrix} 5 \\ 6,5 \\ 3 \end{pmatrix} \right| = \left| \begin{pmatrix} 0 \\ 2 \\ -1,5 \end{pmatrix} \right| = \sqrt{0^2 + 2^2 + (-1,5)^2} = 2,5$$

Abitur Mathematik (Bayern): Abiturprüfung 2013
Analysis I

Teil 1

BE

1. Gegeben ist die Funktion g: $x \mapsto \sqrt{3x+9}$ mit maximaler Definitionsmenge $\mathbb{D}$.

   a) Bestimmen Sie $\mathbb{D}$ und geben Sie die Nullstelle von g an.   3

   b) Ermitteln Sie die Gleichung der Tangente an den Graphen von g im Punkt P(0|3).   4

2. Geben Sie jeweils den Term einer in $\mathbb{R}$ definierten Funktion an, die die angegebene Wertemenge W hat.

   a) $W = [2; +\infty[$ 2

   b) $W = [-2; 2]$ 2

3. Geben Sie für $x \in \mathbb{R}^+$ die Lösungen der folgenden Gleichung an:

   $(\ln x - 1) \cdot (e^x - 2) \cdot \left(\dfrac{1}{x} - 3\right) = 0$ 3

4. Abbildung 1 zeigt den Graphen G_f einer in $\mathbb{R}$ definierten Funktion f. Skizzieren Sie in Abbildung 1 den Graphen der in $\mathbb{R}$ definierten Integralfunktion

   $F: x \mapsto \displaystyle\int_1^x f(t)\, dt$.

   Berücksichtigen Sie dabei mit jeweils angemessener Genauigkeit insbesondere die Nullstellen und Extremstellen von F sowie F(0).

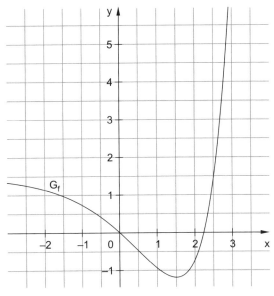

Abb. 1

6

20

2013-1

Teil 2

BE

Gegeben ist die in $\mathbb{R}$ definierte Funktion f: $x \mapsto 2x \cdot e^{-0,5x^2}$. Abbildung 2 zeigt den Graphen G_f von f.

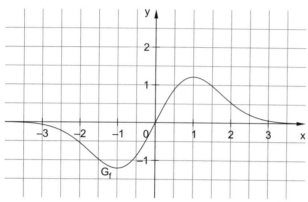

Abb. 2

1. a) Weisen Sie rechnerisch nach, dass G_f punktsymmetrisch bezüglich des Koordinatenursprungs ist, und machen Sie anhand des Funktionsterms von f plausibel, dass $\lim\limits_{x \to +\infty} f(x) = 0$ gilt. 2

   b) Bestimmen Sie rechnerisch Lage und Art der Extrempunkte von G_f.
   [zur Kontrolle: $f'(x) = 2e^{-0,5x^2} \cdot (1-x^2)$; y-Koordinate des Hochpunkts: $\frac{2}{\sqrt{e}}$] 6

   c) Berechnen Sie die mittlere Änderungsrate m_S von f im Intervall $[-0{,}5;\, 0{,}5]$ sowie die lokale Änderungsrate m_T von f an der Stelle $x = 0$.
   Berechnen Sie, um wie viel Prozent m_S von m_T abweicht. 4

   d) Der Graph von f, die x-Achse und die Gerade $x = u$ mit $u \in \mathbb{R}^+$ schließen für $0 \leq x \leq u$ ein Flächenstück mit dem Inhalt A(u) ein.
   Zeigen Sie, dass $A(u) = 2 - 2e^{-0,5u^2}$ gilt.
   Geben Sie $\lim\limits_{u \to +\infty} A(u)$ an und deuten Sie das Ergebnis geometrisch. 6

   e) Die Ursprungsgerade h mit der Gleichung $y = \frac{2}{e^2} \cdot x$ schließt mit G_f für $x \geq 0$ ein Flächenstück mit dem Inhalt B vollständig ein.
   Berechnen Sie die x-Koordinaten der drei Schnittpunkte der Geraden h mit G_f und zeichnen Sie die Gerade in Abbildung 2 ein. Berechnen Sie B.
   [Teilergebnis: x-Koordinate eines Schnittpunkts: 2] 6

2013-2

Im Folgenden wird die Schar der in $\mathbb{R}$ definierten Funktionen $g_c: x \mapsto f(x) + c$ mit $c \in \mathbb{R}$ betrachtet.

2. a) Geben Sie in Abhängigkeit von c ohne weitere Rechnung die Koordinaten des Hochpunkts des Graphen von g_c sowie das Verhalten von g_c für $x \to +\infty$ an.　　2

   b) Die Anzahl der Nullstellen von g_c hängt von c ab.
   Geben Sie jeweils einen möglichen Wert von c an, sodass gilt:

   α) g_c hat keine Nullstelle.

   β) g_c hat genau eine Nullstelle.

   γ) g_c hat genau zwei Nullstellen.　　3

   c) Begründen Sie für $c > 0$ anhand einer geeigneten Skizze, dass
   $$\int_0^3 g_c(x)\,dx = \int_0^3 f(x)\,dx + 3c \text{ gilt.}$$　　2

3. Die Anzahl der Kinder, die eine Frau im Laufe ihres Lebens durchschnittlich zur Welt bringt, wird durch eine sogenannte Geburtenziffer angegeben, die jedes Jahr statistisch ermittelt wird.

   Die Funktion $g_{1,4}: x \mapsto 2x \cdot e^{-0,5x^2} + 1,4$ beschreibt für $x \geq 0$ modellhaft die zeitliche Entwicklung der Geburtenziffer in einem europäischen Land. Dabei ist x die seit dem Jahr 1955 vergangene Zeit in Jahrzehnten (d. h. $x = 1$ entspricht dem Jahr 1965) und $g_{1,4}(x)$ die Geburtenziffer. Damit die Bevölkerungszahl in diesem Land langfristig näherungsweise konstant bleibt, ist dort eine Geburtenziffer von etwa 2,1 erforderlich.

   a) Zeichnen Sie den Graphen von $g_{1,4}$ in Abbildung 2 ein und ermitteln Sie graphisch mit angemessener Genauigkeit, in welchem Zeitraum die Geburtenziffer mindestens 2,1 beträgt.　　4

   b) Welche künftige Entwicklung der Bevölkerungszahl ist auf der Grundlage des Modells zu erwarten? Begründen Sie Ihre Antwort.　　2

   c) Im betrachteten Zeitraum gibt es ein Jahr, in dem die Geburtenziffer am stärksten abnimmt. Geben Sie mithilfe von Abbildung 2 einen Näherungswert für dieses Jahr an. Beschreiben Sie, wie man auf der Grundlage des Modells rechnerisch nachweisen könnte, dass die Abnahme der Geburtenziffer von diesem Jahr an kontinuierlich schwächer wird.　　<u>3</u>
   40

2013-3

Tipps und Hinweise

Teil 1

Aufgabe 1 a

✔ Welche Werte dürfen unter einer Wurzel nicht auftreten?

✔ Lösen Sie die Ungleichung nach x auf.

✔ Der Definitionsbereich lässt sich als Intervall angeben.

✔ Wann hat eine Wurzel den Wert null?

✔ Lösen Sie die Gleichung nach x auf.

Aufgabe 1 b

✔ Jede Tangente hat als Gerade die allgemeine Gleichung $y = mx + t$.

✔ Die Steigung m der Tangente ergibt sich mithilfe der 1. Ableitung (siehe Merkhilfe).

✔ $\sqrt{a} = a^{\frac{1}{2}}$ (siehe Merkhilfe)

✔ Die Ableitung von x^r finden Sie ebenfalls auf der Merkhilfe.

✔ Beachten Sie die Kettenregel (nachdifferenzieren).

✔ Einsetzen von Steigung und Punktkoordinaten in die allgemeine Geradengleichung liefert den Achsenabschnitt t.

Aufgabe 2

✔ Achten Sie darauf, dass mit dem jeweiligen Intervall die Wertemenge (Menge aller angenommenen y-Werte), nicht die Definitionsmenge (Menge aller möglichen x-Werte) angegeben ist.

Aufgabe 2 a

✔ Welche Funktionen kennen Sie, die die Wertemenge $[0; +\infty[\, = R_0^+$ besitzen?

✔ Die Graphen dieser Funktionen verlaufen oberhalb der x-Achse und dürfen diese nur berühren, nicht schneiden.

✔ Auf der Merkhilfe finden Sie sowohl unter „Ableitungen der Grundfunktionen" als auch unter „unbestimmte Integrale" zahlreiche Funktionen aufgelistet.

✔ Welche dieser Funktionen besitzen die Wertemenge $[0; +\infty[\, = R_0^+$?

✔ Wie erhalten Sie aus einer Funktion mit der Wertemenge $\mathbb{W} = [0; +\infty[\, = R_0^+$ eine Funktion mit der Wertemenge $\mathbb{W} = [2; +\infty[$?

✔ Der Graph der Funktion $f(x) + a$ entsteht aus dem Graphen der Funktion $f(x)$ durch Verschiebung um a in y-Richtung.

2013-4

Aufgabe 2 b

- Welche Funktionen kennen Sie, die die Wertemenge $[-1; +1]$ besitzen?

- Die Graphen dieser Funktionen verlaufen zwischen den beiden waagrechten Geraden $y = -1$ und $y = +1$.

- Auf der Merkhilfe finden Sie sowohl unter „Ableitungen der Grundfunktionen" als auch unter „unbestimmte Integrale" zahlreiche Funktionen aufgelistet.

- Welche dieser Funktionen besitzen die Wertemenge $[-1; +1]$?

- Wie erhalten Sie aus einer Funktion mit der Wertemenge $W = [-1; +1]$ eine Funktion mit der Wertemenge $W = [-2; +2]$?

- Der Graph der Funktion $a \cdot f(x)$ entsteht aus dem Graphen der Funktion $f(x)$ durch Dehnung/Stauchung in y-Richtung.

Aufgabe 3

- Welche Art Rechenausdruck soll den Wert null annehmen?

- Wann wird ein Produkt zu null?

- Die Lösungen der Gleichung erhalten Sie, wenn Sie jeden einzelnen Faktor null setzen.

- Lösen Sie jede der drei Gleichungen nach x auf.

Aufgabe 4

- Für jede Integralfunktion $F(x)$ gilt: $F'(x) = f(x)$

- Welcher Zusammenhang besteht somit zwischen den Extremstellen von $F(x)$ und den Nullstellen von $f(x)$?

- Aus dem Vorzeichen von $f(x)$ lässt sich das Monotonieverhalten von $F(x)$ ablesen.

- Ist $f(x)$ positiv, so steigt der Graph von $F(x)$.
  Ist $f(x)$ negativ, so fällt der Graph von $F(x)$.

- Lesen Sie aus dem Graphen von $f(x)$ ab, wo die Extremstellen von $F(x)$ liegen und welcher Art sie sind.

- Jede Integralfunktion besitzt eine Nullstelle.

- Der Wert eines Integrals ist null, wenn obere und untere Integrationsgrenze gleich sind.

- Die Werte der Integralfunktion lassen sich durch Abschätzen der eingeschlossenen Flächen näherungsweise bestimmen.

- Achten Sie bei der Flächenabschätzung auf die angegebenen Einheiten.

In der Skizze entspricht die Längeneinheit 2 Kästchen. Die Flächeneinheit umfasst somit 4 Kästchen.

Bestimmen Sie durch Abzählen der Kästchen den Funktionswert an den beiden Extremstellen von F(x).

Der Wert eines bestimmten Integrals ist eine Flächenbilanz. Dabei zählen (bei Integration in die positive x-Richtung) die Flächen oberhalb der x-Achse positiv, die Flächen unterhalb der x-Achse negativ.

Der Wert eines Integrals ist null, wenn im Integrationsintervall die oberhalb der x-Achse eingeschlossenen Flächen genauso groß sind wie die unterhalb der x-Achse eingeschlossenen Flächen (Flächenbilanz = 0).

Suchen Sie sowohl rechts als auch links der unteren Integrationsgrenze 1 nach Werten, sodass im Intervall [1; ?] bzw. im Intervall [?; 1] die Flächenbilanz null ergibt.

Sie kennen nun die drei Nullstellen sowie die Extremwerte der Funktion F(x).

Zeichnen Sie diese in die Abbildung 1 ein und vervollständigen Sie den Graphen.

Teil 2

Aufgabe 1 a

Bestimmen Sie f(−x) und vergleichen Sie mit dem gegebenen Funktionsterm.

Ist der Graph einer Funktion punktsymmetrisch zum Ursprung, so gilt: $f(-x) = -f(x)$

Der Funktionsterm kann in einen Bruch verwandelt werden.

Beachten Sie die Rechenregeln für Potenzen auf Ihrer Merkhilfe.

Ihre Merkhilfe liefert Ihnen den Grenzwert $\lim\limits_{x \to +\infty} \dfrac{x^r}{e^x} = 0$.

Aufgabe 1 b

Bedingung für einen Extrempunkt an der Stelle x_0 ist $f'(x_0) = 0$ (siehe Merkhilfe).

Beachten Sie Produkt- und Kettenregel (nachdifferenzieren). Sie finden beide auf Ihrer Merkhilfe.

Klammern Sie so weit wie möglich aus.

Ein Produkt ist null, wenn einer der Faktoren null ist.

Jede Potenz von e ist stets positiv.

Da nach den Extrempunkten gefragt ist, müssen Sie auch die zugehörigen y-Werte bestimmen.

Die Art eines Extrempunkts können Sie entweder mithilfe des Monotonieverhaltens oder mithilfe der 2. Ableitung bestimmen.

2013-6

✓ Wechselt das Vorzeichen von f'(x) vom Positiven (f steigt) zum Negativen (f fällt), so liegt ein Hochpunkt vor.

✓ Wechselt das Vorzeichen von f'(x) vom Negativen (f fällt) zum Positiven (f steigt), so liegt ein Tiefpunkt vor.

✓ Aus $f'(x_0) = 0$ und $f''(x_0) < 0$ folgt: an der Stelle x_0 befindet sich ein Hochpunkt.

✓ Aus $f'(x_0) = 0$ und $f''(x_0) > 0$ folgt: an der Stelle x_0 befindet sich ein Tiefpunkt.

Aufgabe 1 c

✓ Ihre Merkhilfe liefert Ihnen die Formel für die mittlere Änderungsrate.

✓ Die lokale Änderungsrate entspricht der Tangentensteigung $f'(x_0)$.

✓ Der Prozentsatz ergibt sich als Quotient aus der Differenz der beiden Werte und dem Wert von m_T.

✓ Verschiebt man bei der Dezimalzahl das Komma um zwei Stellen nach rechts, so erhält man den Prozentsatz.

Aufgabe 1 d

✓ Markieren Sie sich für ein beliebiges $u > 0$ die mit A(u) bezeichnete Fläche in der Abbildung.

✓ Derartige Flächen werden mithilfe eines Integrals berechnet. Wie lautet dieses Integral hier?

✓ Sie sollen zeigen, dass dieses Integral gleich $2 - 2e^{-0,5u^2}$ ist.

✓ Beachten Sie den Hauptsatz der Differential- und Integralrechnung (siehe Merkhilfe).

✓ Beim Ableiten die Kettenregel (nachdifferenzieren) nicht vergessen.

✓ Der Limes einer Differenz ist gleich der Differenz der Limeswerte.

✓ Die Potenz mit negativem Exponenten lässt sich in einen Bruch verwandeln (siehe Rechnen mit Potenzen auf der Merkhilfe).

✓ Ein Bruch mit konstantem Zähler, dessen Nenner beliebig groß wird, hat den Wert null.

✓ Was lässt sich anschaulich über die Fläche A(u) aussagen, wenn $u \to +\infty$ geht?

✓ Was lässt sich aufgrund des Ergebnisses des Grenzwerts über die Größe dieser sich bis ins Unendliche erstreckenden Fläche aussagen?

Aufgabe 1 e

✔ Die Schnittstellen ergeben sich durch Gleichsetzen von Geraden- und Funktionsgleichung.

✔ Bringen Sie alles auf eine Seite und formen Sie durch Ausklammern in ein Produkt um.

✔ Wann hat ein Produkt den Wert null?

✔ Die Exponentialgleichung lässt sich durch Logarithmieren vereinfachen.

✔ Beachten Sie $\ln e^a = a$.

✔ Zeichnen Sie die Gerade ein und markieren Sie sich die Fläche B.

✔ Teilaufgabe 1 d liefert Ihnen eine Formel für die Berechnung einer Fläche, die vom Funktionsgraphen, der positiven x-Achse und einer beliebigen Senkrechten $x = u$ eingeschlossen wird.

✔ Berechnen Sie die Fläche B als Differenz zweier Flächen. Eine der beiden Flächen ist ein rechtwinkliges Dreieck.

Aufgabe 2 a

✔ Wie ändert sich der Graph einer Funktion, wenn zu jedem Funktionswert f(x) die Konstante c addiert wird?

✔ Sie haben in Teilaufgabe 1 b die Extrempunkte von f(x) bestimmt.

✔ Wie bei allen Punkten der Funktion wird auch bei den Extrempunkten zum Funktionswert die Konstante c addiert.

✔ Sie haben in Teilaufgabe 1 a das Verhalten von f(x) für $x \to +\infty$ bestimmt.

✔ Für f(x) ergab sich dabei die waagrechte Asymptote $y = 0$.

✔ Auch diese waagrechte Asymptote wird um die Konstante c verschoben.

Aufgabe 2 b

✔ Wie die Abbildung zeigt, besitzt f(x) genau eine Nullstelle.

✔ Verschieben Sie den Funktionsgraphen in Gedanken entlang der y-Achse nach oben bzw. unten.

✔ Wie weit müssen Sie den Funktionsgraphen nach oben schieben, damit kein Schnitt mit der x-Achse mehr erfolgt?

✔ Sie können die entsprechende Überlegung auch für ein Verschieben des Funktionsgraphen nach unten machen.

✔ Gibt es eine Verschiebung in y-Richtung, nach der – wie in der Abbildung – nur eine Nullstelle vorhanden ist?

Wie weit dürfen Sie den Funktionsgraphen nach oben verschieben, damit die x-Achse vom Funktionsgraphen zweimal geschnitten wird?

Sie können die entsprechende Überlegung auch für ein Verschieben des Funktionsgraphen nach unten machen.

Aufgabe 2 c

Wählen Sie ein beliebiges $c > 0$ (z. B. $c = 2$) und zeichnen Sie den Graphen von g_c (z. B. g_2) in die Abbildung ein (Anmerkung: Sie kommen bei $c = 2$ z. T. etwas über das vorgegebene Karo hinaus).

Zeichnen Sie auch die waagrechte Asymptote ein, die sich gemäß Teilaufgabe 2 a für g_c ergibt.

Vergleichen Sie die beiden Flächen, die im Intervall [0; 3] von den Graphen von f bzw. g_c und der jeweiligen waagrechten Asymptote eingeschlossen werden.

Die durch $\int\limits_{0}^{3} g_c(x)\, dx$ dargestellte Fläche umfasst auch noch eine Teilfläche unterhalb der waagrechten Asymptote $y = c$.

Welche Form hat diese Teilfläche?

Wie berechnet sich die Fläche eines Rechtecks?

Aufgabe 3 a

In Teilaufgabe 2 haben Sie allgemeine Aussagen über g_c gemacht. Hier gilt nun $c = 1{,}4$.

Es soll gelten: $g_{1,4} \geq 2{,}1$

Sie sollen das Intervall bestimmen, in dem die Funktionswerte von $g_{1,4}$ auf oder oberhalb der Geraden $y = 2{,}1$ liegen.

Ermitteln Sie die x-Werte, für die $g_{1,4} = 2{,}1$ gilt.

Sie können diese x-Werte auch mithilfe des Graphen von f ermitteln. Da dieser Graph vorgegeben ist, ist er ggf. genauer als der von Ihnen eingezeichnete Graph von $g_{1,4}$.

Welche Bedingung muss für f(x) gelten?

Bedenken Sie, dass die von Ihnen abgelesenen x-Werte nun im entsprechenden Maßstab (1 Einheit $\hat{=}$ 10 Jahren) mit dem vorgegebenen Anfangswert ($x = 0$ bezeichnet das Jahr 1955) zu betrachten sind.

Aufgabe 3 b

/ Was lässt sich aufgrund des Funktionsgraphen von $g_{1,4}$ über die Geburtenziffer in den Jahren nach 1973 aussagen?

/ Was bedeutet $g_{1,4} < 2,1$ für die Bevölkerungszahl?

/ Beachten Sie den letzten Satz der Angabe vor der Aufgabenstellung 3 a.

/ Wohin streben die Funktionswerte von $g_{1,4}$ in der Zukunft?

/ Auch in der Zukunft gilt somit $g_{1,4} < 2,1$ mit der entsprechenden Auswirkung auf die Bevölkerungszahl.

Aufgabe 3 c

/ In welchem Zeitraum nimmt die Geburtenziffer ab?

/ Wo finden Sie die stärkste Abnahme der Geburtenziffer? Wo ist das Fallen am steilsten?

/ Lesen Sie diesen x-Wert aus der Abbildung ab. Wie schon bei Teilaufgabe 3 a können Sie auch hier den vorgegebenen Graphen von f verwenden, der ggf. genauer ist als der von Ihnen eingezeichnete Graph von $g_{1,4}$.

/ Beachten Sie auch hier wieder den Maßstab und den Anfangswert.

/ Das Fallen eines Funktionsgraphen (die „Abnahme") lässt sich mithilfe der 1. Ableitung darstellen (siehe Merkhilfe).

/ Welche Bedingung muss für einen Extremwert erfüllt sein? (siehe Merkhilfe)

/ Welche Bedingung ergibt sich somit für eine „stärkste Abnahme"?

/ „Abnahme wird schwächer" bedeutet, dass in gleichen Intervallen die Abnahme immer weniger wird, die Abnahme also steigt.

/ Unter welcher Bedingung steigt die Abnahme? (siehe Merkhilfe)

Lösungen

Teil 1

1. $g(x) = \sqrt{3x + 9}$

   a) Unter einer Wurzel dürfen keine negativen Werte stehen, daher:

   $$3x + 9 \geq 0$$
   $$3x \geq -9$$
   $$x \geq -3$$
   $$\Rightarrow \quad \mathbb{D} = [-3; +\infty[$$

   $$\sqrt{3x + 9} = 0$$
   $$3x + 9 = 0$$
   $$x = -3$$
   $$\Rightarrow \quad \text{Nst: } x = -3$$

   b) Tangente: $y = m \cdot x + t$ mit $m = g'(x_0)$ (siehe Merkhilfe)

   $$g'(x) = \frac{1}{2\sqrt{3x + 9}} \cdot 3 = \frac{3}{2\sqrt{3x + 9}}$$

   $$g'(0) = \frac{3}{2\sqrt{3 \cdot 0 + 9}} = \frac{3}{2\sqrt{9}} = \frac{3}{2 \cdot 3} = \frac{1}{2}$$

   Somit:

   $$y = \frac{1}{2}x + t$$

   Einsetzen des Punktes P: $3 = \frac{1}{2} \cdot 0 + t \Rightarrow t = 3$

   Tangente: $y = \frac{1}{2}x + 3$

2. a) $f(x) = x^2 + 2$

   oder:

   $g(x) = \sqrt{x} + 2$

   b) $f(x) = 2 \cdot \sin x$

   oder:

   $g(x) = 2 \cdot \cos x$

3. $(\ln x - 1) \cdot (e^x - 2) \cdot \left(\dfrac{1}{x} - 3\right) = 0$

$\ln x - 1 = 0$ $\qquad$ $e^x - 2 = 0$ $\qquad$ $\dfrac{1}{x} - 3 = 0$
$\ln x = 1$ $\qquad\quad$ $e^x = 2$ $\qquad\qquad$ $\dfrac{1}{x} = 3$
$x = e$ $\qquad\qquad$ $x = \ln 2$ $\qquad\quad$ $x = \dfrac{1}{3}$

Die Gleichung besitzt die drei Lösungen e, ln 2 und $\frac{1}{3}$.

4. Wegen f(0) = 0 muss F(x) bei x = 0 einen Extremwert haben. Da der Graph von f(x) bei x = 0 vom Positiven ins Negative wechselt, muss es sich um ein Maximum handeln.

Wegen f(2,25) = 0 muss F(x) bei x = 2,25 einen Extremwert haben. Da der Graph von f(x) bei x = 2,25 vom Negativen ins Positive wechselt, muss es sich um ein Minimum handeln.

Wegen $F(1) = \int\limits_{1}^{1} f(t)\,dt = 0$ muss F(x) für x = 1 eine Nullstelle haben.

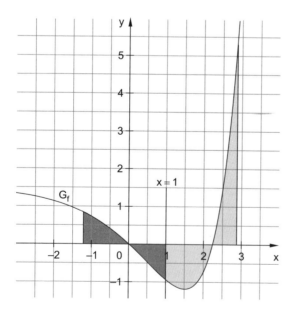

Durch das Abzählen von Kästchen (je vier Kästchen ergeben die Fläche 1) erhält man außerdem:

F(0) ≈ 0,5   Positiv, da sich die Fläche zwar unterhalb der x-Achse befindet, aber in die „falsche" (= negative) Richtung integriert wird.
⇒ Max (0 | ≈ 0,5)

F(2,25) ≈ −1,2   Negativ, da sich die Fläche unterhalb der x-Achse befindet.
⇒ Min (≈ 2,25 | ≈ −1,2)

F(≈ 2,8) = 0   Die im Intervall [1; 2,25] eingeschlossene Fläche unterhalb der x-Achse ist ungefähr genauso groß wie die im Intervall [2,25; 2,8] eingeschlossene Fläche oberhalb der x-Achse.
(Flächenbilanz = 0)

F(≈ −1,2) = 0   Die im Intervall [−1,2; 0] eingeschlossene Fläche oberhalb der x-Achse ist ungefähr genauso groß wie die im Intervall [0; 1] eingeschlossene Fläche unterhalb der x-Achse.
(Flächenbilanz = 0)

Daraus ergibt sich für den Graphen von F(x) in etwa der Verlauf:

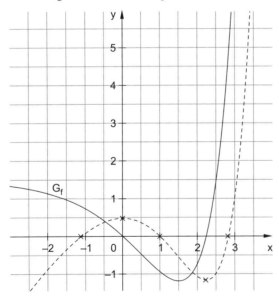

Teil 2

1. $f(x) = 2x \cdot e^{-0,5x^2}$ mit $D = \mathbb{R}$

a) $f(-x) = 2(-x) \cdot e^{-0,5(-x)^2} = -2x \cdot e^{-0,5x^2} = -f(x)$

$\Rightarrow$ G_f ist punktsymmetrisch zum Ursprung

$$\lim_{x \to +\infty} 2x \cdot e^{-0,5x^2} = \lim_{x \to +\infty} \frac{2x}{e^{0,5x^2}} = \lim_{x \to +\infty} 2 \cdot \frac{x}{e^{0,5x^2}} = 2 \cdot 0 = 0 \quad \text{(s. Merkhilfe)}$$

Die x-Achse ist somit – wie in der Abbildung erkennbar – waagrechte Asymptote.

b) $f'(x) = 2 \cdot e^{-0,5x^2} + 2x \cdot e^{-0,5x^2} \cdot (-x) = 2 \cdot e^{-0,5x^2}(1-x^2)$

$f'(x) = 0 \quad \Rightarrow \quad 1-x^2 = 0 \quad (\text{da } e^{-0,5x^2} > 0)$
$$x = \pm 1$$

$f(1) = 2 \cdot 1 \cdot e^{-0,5 \cdot 1^2} = 2e^{-0,5} = \dfrac{2}{e^{0,5}} = \dfrac{2}{\sqrt{e}}$

$f(-1) = 2 \cdot (-1) \cdot e^{-0,5 \cdot (-1)^2} = -2e^{-0,5} = -\dfrac{2}{e^{0,5}} = -\dfrac{2}{\sqrt{e}}$

Bestimmung der Art der Extrempunkte über Monotoniebetrachtung

$f'(x) > 0 \quad \Rightarrow \quad 1-x^2 > 0 \quad \Rightarrow \quad -1 < x < 1$
$f'(x) < 0 \quad \Rightarrow \quad 1-x^2 < 0 \quad \Rightarrow \quad -\infty < x < -1 \quad \text{oder} \quad 1 < x < +\infty$

	$-\infty < x < -1$	$-1 < x < 1$	$1 < x < +\infty$
$f'(x)$	< 0	> 0	< 0
$f(x)$	fällt	steigt	fällt

Bestimmung der Art der Extrempunkte über 2. Ableitung

$f''(x) = 2 \cdot e^{-0,5x^2} \cdot (-x)(1-x^2) + 2 \cdot e^{-0,5x^2} \cdot (-2x)$
$\qquad = 2 \cdot e^{-0,5x^2} \cdot (-x + x^3 - 2x)$
$\qquad = 2 \cdot e^{-0,5x^2} \cdot (x^3 - 3x)$

$f''(1) = 2 \cdot e^{-0,5 \cdot 1^2} \cdot (1^3 - 3 \cdot 1) = -4e^{-0,5} < 0$

$f''(-1) = 2 \cdot e^{-0,5 \cdot (-1)^2} \cdot ((-1)^3 - 3 \cdot (-1)) = 4e^{-0,5} > 0$

Ergebnis

$\left(-1 \left| -\dfrac{2}{\sqrt{e}}\right.\right)$ Tiefpunkt

$\left(1 \left| \dfrac{2}{\sqrt{e}}\right.\right)$ Hochpunkt

c) $m_S = \dfrac{f(0,5) - f(-0,5)}{0,5 - (-0,5)}$ (siehe Merkhilfe)

$= \dfrac{2 \cdot 0,5 \cdot e^{-0,5(0,5)^2} - 2 \cdot (-0,5) \cdot e^{-0,5(-0,5)^2}}{1}$

$= 1 \cdot e^{-0,5 \cdot 0,25} + 1 \cdot e^{-0,5 \cdot 0,25}$

$= 2e^{-0,125} \approx 1,765$

$m_T = f'(0)$ (siehe Merkhilfe)
$= 2 \cdot e^{-0,5 \cdot 0^2}(1 - 0^2) = 2$

$\dfrac{m_T - m_S}{m_T} = \dfrac{2 - 1,765}{2} = 0,1175 = 11,75\,\%$

d)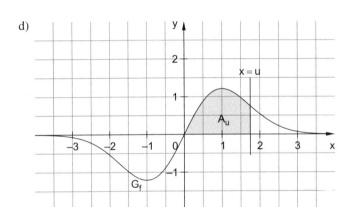

$A(u) = \displaystyle\int_0^u 2x \cdot e^{-0,5x^2}\,dx = 2 - 2 \cdot e^{-0,5u^2}$ (vgl. Angabe)

Diese Gleichung stimmt, wenn gilt:
$(2 - 2 \cdot e^{-0,5u^2})' = 2u \cdot e^{-0,5u^2}$ (siehe Merkhilfe)

$(2 - 2 \cdot e^{-0,5u^2})' = 0 - 2 \cdot e^{-0,5u^2} \cdot (-u) = 2u \cdot e^{-0,5u^2}$ ✓

$\displaystyle\lim_{u \to +\infty} 2 - 2 \cdot e^{-0,5u^2} = \lim_{u \to +\infty} 2 - \lim_{u \to +\infty} 2 \cdot e^{-0,5u^2} = 2 - \lim_{u \to +\infty} \dfrac{2}{e^{0,5u^2}}$

$= 2 - "\dfrac{2}{e^{+\infty}}" = 2 - "\dfrac{2}{+\infty}" = 2 - 0 = 2$

Die vom Graphen der Funktion f und der positiven x-Achse eingeschlossene, sich ins Unendliche erstreckende Fläche hat den endlichen Inhalt 2 (FE).

e) $\quad h(x) = f(x)$

$$\frac{2}{e^2} \cdot x = 2x \cdot e^{-0{,}5x^2}$$

$$\frac{2}{e^2} \cdot x - 2x \cdot e^{-0{,}5x^2} = 0$$

$$2x\left(\frac{1}{e^2} - e^{-0{,}5x^2}\right) = 0$$

$\Rightarrow \quad 2x = 0 \quad$ und $\quad \dfrac{1}{e^2} - e^{-0{,}5x^2} = 0$

$\quad\quad\; x = 0$

$$e^{-0{,}5x^2} = \frac{1}{e^2}$$

$$\ln e^{-0{,}5x^2} = \ln \frac{1}{e^2}$$

$$\ln e^{-0{,}5x^2} = \ln e^{-2}$$

$$-0{,}5x^2 = -2$$

$$x^2 = 4 \quad \Rightarrow \quad x = \pm 2$$

Gerade h und Funktionsgraph schneiden sich für $x = -2$, $x = 0$ und $x = 2$.

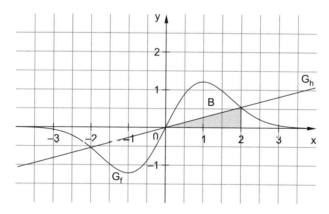

Die Fläche, die vom Graphen von f(x), der positiven x-Achse und der Geraden $x = 2$ eingeschlossen wird, setzt sich zusammen aus der Fläche B und dem rechtwinkligen Dreieck mit den Katheten 2 und f(2).

Mit der Formel aus Teilaufgabe 1 d erhält man somit:

$$B = \int_0^2 2x \cdot e^{-0{,}5x^2} dx - \frac{1}{2} \cdot 2 \cdot f(2) = 2 - 2 \cdot e^{-0{,}5 \cdot 2^2} - \frac{1}{2} \cdot 2 \cdot (2 \cdot 2 \cdot e^{-0{,}5 \cdot 2^2})$$

$$= 2 - 2 \cdot e^{-2} - 4 \cdot e^{-2} = 2 - 6 \cdot e^{-2} \approx 1{,}188$$

2. $g_c(x) = f(x) + c$

Der Graph der Funktion g_c entsteht aus dem Graphen der Funktion f durch Verschiebung um c in y-Richtung.

a) Hochpunkt von f: $\left(1 \mid \frac{2}{\sqrt{e}}\right)$ $\quad \Rightarrow \quad$ Hochpunkt von g_c: $\left(1 \mid \frac{2}{\sqrt{e}} + c\right)$

Verhalten von f: $\lim\limits_{x \to +\infty} f(x) = 0$ $\quad \Rightarrow \quad$ Verhalten von g_c: $\lim\limits_{x \to +\infty} g_c(x) = c$

b) α) g_c hat keine Nullstelle, wenn der Graph

- entweder so weit nach oben geschoben wird, dass der Tiefpunkt oberhalb der x-Achse liegt: $c > \frac{2}{\sqrt{e}} \approx 1{,}213$

  Mögliche Werte sind z. B.: $c = 1{,}5$ oder $c = 2$ oder $c = 4$ oder …

- oder so weit nach unten geschoben wird, dass der Hochpunkt unterhalb der x-Achse liegt: $c < -\frac{2}{\sqrt{e}} \approx -1{,}213$

  Mögliche Werte sind z. B.: $c = -1{,}5$ oder $c = -2$ oder $c = -4$ oder …

β) g_c hat genau eine Nullstelle, wenn der Graph

- weder nach oben noch nach unten verschoben wird: $c = 0$

- oder so weit nach oben geschoben wird, dass der Tiefpunkt die x-Achse berührt: $c = \frac{2}{\sqrt{e}} \approx 1{,}213$

- oder so weit nach unten geschoben wird, dass der Hochpunkt die x-Achse berührt: $c = -\frac{2}{\sqrt{e}} \approx -1{,}213$

γ) g_c hat genau zwei Nullstellen, wenn der Graph

- entweder nur so weit nach oben geschoben wird, dass der Tiefpunkt noch unterhalb der x-Achse liegt, also gilt: $0 < c < \frac{2}{\sqrt{e}} \approx 1{,}213$

  Mögliche Werte sind z. B.: $c = 1$ oder $c = 0{,}5$ oder …

- oder nur so weit nach unten geschoben wird, dass der Hochpunkt noch oberhalb der x-Achse liegt, also gilt: $-\frac{2}{\sqrt{e}} \approx -1{,}213 < c < 0$

  Mögliche Werte sind z. B.: $c = -1$ oder $c = -0{,}5$ oder …

2013-17

c)

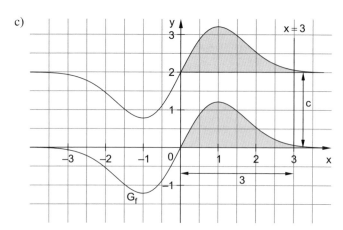

Da c > 0 gefordert ist, wird der Graph von f um c nach oben verschoben. Die Fläche $\int_0^3 g_c(x)\,dx$ setzt sich also aus der Fläche $\int_0^3 f(x)\,dx$ und dem Rechteck mit den Seitenlängen 3 und c (also der Fläche $3 \cdot c$) zusammen. Somit gilt:

$$\int_0^3 g_c(x)\,dx = \int_0^3 f(x)\,dx + 3c$$

3. $g_{1,4} = 2x \cdot e^{-0,5x^2} + 1,4$

a)

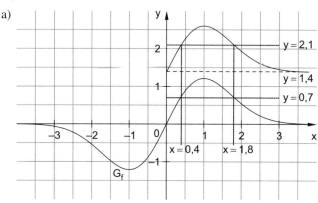

Gesucht ist das Intervall, in dem $g_{1,4} \geq 2,1$ gilt.

$x_1 = 0,4 \;\hat{=}\; 4$ Jahre nach 1955

$x_2 = 1,8 \;\hat{=}\; 18$ Jahre nach 1955

Im Zeitraum von 1959 bis 1973 beträgt die Geburtenziffer mindestens 2,1.

Hinweis: Sie können den gesuchten Zeitraum entweder am Graphen von $g_{1,4}$ oder auch am (ggf. genaueren) Graphen von f ablesen.

Hier muss $f(x) = 2,1 - 1,4 = 0,7$ gelten.

b) Gemäß Teilaufgabe 3 a gilt nach dem Jahr 1973: $g_{1,4} < 2,1$

Die Geburtenziffer unterschreitet also nach dem Jahr 1973 den „kritischen Wert" 2,1. Gemäß Teilaufgabe 2 a gilt ferner: $\lim\limits_{x \to +\infty} g_{1,4}(x) = 1,4$

Somit sinkt nach 1973 die Geburtenziffer unter 2,1 und strebt dem Wert 1,4 zu. Also sinkt die Bevölkerungszahl in diesem Land schon seit 1974. Auch in der Zukunft ist eine Abnahme der Bevölkerungszahl in diesem Land zu erwarten.

c) Die größte Abnahme befindet sich dort, wo der Graph am stärksten (steilsten) fällt.

In der Abbildung lässt sich näherungsweise $x = 1,7$ ablesen, also ist im Jahre 1972 (17 Jahre nach 1955) die Abnahme am größten.

Im Jahr 1965 hat die Geburtenziffer ihren Hochpunkt und nimmt dann ab. Diese Abnahme (das Fallen des Graphen) wird durch die 1. Ableitung dargestellt (siehe Merkhilfe). Es gilt also:

$g'_{1,4}(x) < 0$ für $x > 1$

Ein Extremwert der Abnahme ergibt sich nur dann, wenn die Ableitung der Abnahme den Wert null annimmt.

Für die stärkste Abnahme muss also gelten:

$[g'_{1,4}(x)]' = g''_{1,4}(x) = 0$

Die Abnahme wird schwächer (steigt), wenn die Ableitung der Abnahme positiv ist, wenn also gilt:

$[g'_{1,4}(x)]' = g''_{1,4}(x) > 0$

Man müsste also nachweisen, dass für $x > 1,7$ gilt: $g''_{1,4}(x) > 0$

Abitur Mathematik (Bayern): Abiturprüfung 2013
Analysis II

Teil 1

BE

1. Geben Sie für die Funktion f mit $f(x) = \ln(2013 - x)$ den maximalen Definitionsbereich $\mathbb{D}$, das Verhalten von f an den Grenzen von $\mathbb{D}$ sowie die Schnittpunkte des Graphen von f mit den Koordinatenachsen an.   5

2. Der Graph der in $\mathbb{R}$ definierten Funktion $f: x \mapsto x \cdot \sin x$ verläuft durch den Koordinatenursprung. Berechnen Sie $f''(0)$ und geben Sie das Krümmungsverhalten des Graphen von f in unmittelbarer Nähe des Koordinatenursprungs an.   4

3. Gegeben sind die in $\mathbb{R}$ definierten Funktionen $g: x \mapsto e^{-x}$ und $h: x \mapsto x^3$.

   a) Veranschaulichen Sie durch eine Skizze, dass die Graphen von g und h genau einen Schnittpunkt haben.   2

   b) Bestimmen Sie einen Näherungswert x_1 für die x-Koordinate dieses Schnittpunkts, indem Sie für die in $\mathbb{R}$ definierte Funktion $d: x \mapsto g(x) - h(x)$ den ersten Schritt des Newton-Verfahrens mit dem Startwert $x_0 = 1$ durchführen.   4

4. Abbildung 1 zeigt den Graphen G_f der Funktion f mit Definitionsbereich $[-2; 2]$. Der Graph besteht aus zwei Halbkreisen, die die Mittelpunkte $(-1 | 0)$ bzw. $(1 | 0)$ sowie jeweils den Radius 1 besitzen. Betrachtet wird die in $[-2; 2]$ definierte Integralfunktion

   $$F: x \mapsto \int_0^x f(t)\,dt.$$

   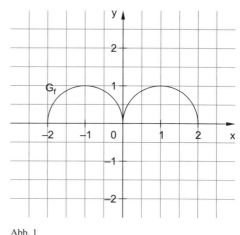
   Abb. 1

   a) Geben Sie $F(0)$, $F(2)$ und $F(-2)$ an.   3

   b) Skizzieren Sie den Graphen von F in Abbildung 1.   2

   $\overline{20}$

2013-20

Teil 2

BE

Gegeben ist die Funktion

f: $x \mapsto \frac{1}{2}x - \frac{1}{2} + \frac{8}{x+1}$

mit Definitionsbereich $\mathbb{R} \setminus \{-1\}$. Abbildung 2 zeigt den Graphen G_f von f.

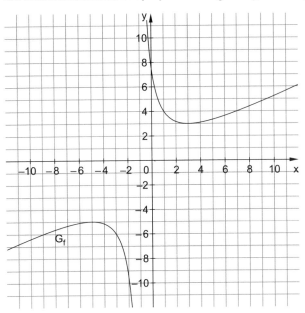

Abb. 2

1. a) Geben Sie die Gleichungen der Asymptoten von G_f an und zeigen Sie rechnerisch, dass G_f seine schräge Asymptote nicht schneidet. Zeichnen Sie die Asymptoten in Abbildung 2 ein. 6

   b) Bestimmen Sie rechnerisch Lage und Art der Extrempunkte von G_f. 8

2. Abbildung 2 legt die Vermutung nahe, dass G_f bezüglich des Schnittpunkts P(−1|−1) seiner Asymptoten symmetrisch ist. Zum Nachweis dieser Symmetrie von G_f kann die Funktion g betrachtet werden, deren Graph aus G_f durch Verschiebung um 1 in positive x-Richtung und um 1 in positive y-Richtung hervorgeht.

2013-21

a) Bestimmen Sie einen Funktionsterm von g. Weisen Sie anschließend die Punktsymmetrie von G_f nach, indem Sie zeigen, dass der Graph von g punktsymmetrisch bezüglich des Koordinatenursprungs ist.
$\left[\text{Teilergebnis: } g(x) = \frac{1}{2}x + \frac{8}{x}\right]$ 6

b) Zeigen Sie, dass $\int_0^4 f(x)\,dx = 2 + 8 \cdot \ln 5$ gilt.

Bestimmen Sie nun ohne weitere Integration den Wert des Integrals

$\int_{-6}^{-2} f(x)\,dx;$

veranschaulichen Sie Ihr Vorgehen durch geeignete Eintragungen in Abbildung 2. 8

3. Eine vertikal stehende Getränkedose hat die Form eines geraden Zylinders. Die Lage des gemeinsamen Schwerpunkts S von Dose und enthaltener Flüssigkeit hängt von der Füllhöhe der Flüssigkeit über dem Dosenboden ab. Ist die Dose vollständig gefüllt, so beträgt die Füllhöhe 15 cm.

Die bisher betrachtete Funktion f gibt für $0 \leq x \leq 15$ die Höhe von S über dem Dosenboden in Zentimetern an; dabei ist x die Füllhöhe in Zentimetern (vgl. Abbildung 3).

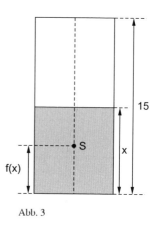

Abb. 3

a) Berechnen Sie f(0) und f(15). Interpretieren Sie die beiden Ergebnisse im Sachzusammenhang. 3

b) Die zunächst leere Dose wird langsam mit Flüssigkeit gefüllt, bis die maximale Füllhöhe von 15 cm erreicht ist. Beschreiben Sie mithilfe von Abbildung 2 die Bewegung des Schwerpunkts S während des Füllvorgangs. Welche Bedeutung im Sachzusammenhang hat die Tatsache, dass x-Koordinate und y-Koordinate des Tiefpunkts von G_f übereinstimmen? 3

c) Für welche Füllhöhen x liegt der Schwerpunkt S höchstens 5 cm hoch? Beantworten Sie diese Frage zunächst näherungsweise mithilfe von Abbildung 2 und anschließend durch Rechnung. 6

40

Tipps und Hinweise

Teil 1

Aufgabe 1

🖉 Welche Werte darf das Argument des Logarithmus (also das was „hinter" dem ln steht) nur annehmen?

🖉 Lösen Sie die Ungleichung nach x auf.

🖉 Der Definitionsbereich lässt sich als Intervall angeben.

🖉 Wie verhält sich das Argument, wenn die x-Werte an die Grenze des Definitionsbereichs streben?

🖉 Beachten Sie: $\lim\limits_{x \to +\infty} \ln x = +\infty$ und $\lim\limits_{x \to 0^+} \ln x = -\infty$

🖉 Es ist nach Schnittpunkten mit der x-Achse und der y-Achse gefragt.

🖉 Für alle Punkte auf der y-Achse gilt $x = 0$.

🖉 Für alle Punkte auf der x-Achse gilt $y = 0$.

Aufgabe 2

🖉 Beachten Sie bei der Berechnung der 1. und 2. Ableitung die Produktregel (siehe Merkhilfe).

🖉 Die Ableitungen von $\sin x$ und $\cos x$ können Sie der Merkhilfe entnehmen.

🖉 Welches Vorzeichen hat $f''(0)$?

🖉 Dieses Vorzeichen ist entscheidend für die Art der Krümmung (siehe Merkhilfe).

Aufgabe 3 a

🖉 Welchen Verlauf hat der Graph der Funktion $f(x) = e^x$?

🖉 Wie entsteht der Graph der Funktion $g(x) = e^{-x}$ aus dem Graphen von e^x?

🖉 Beim Übergang von $f(x)$ zu $f(-x)$ wird der Graph an der y-Achse gespiegelt.

🖉 Der Graph von e^{-x} verläuft im II. und I. Quadranten, der Graph von x^3 im III. und I. Quadranten. Der Schnittpunkt muss also im I. Quadranten liegen.

Aufgabe 3 b

🖉 Stellen Sie den Term der Funktion $d(x)$ auf.

🖉 Sie finden die Formel des Newtonschen Iterationsverfahrens auf der Merkhilfe.

🖉 Sie benötigen gemäß Formel auch $d'(x)$.

🖉 Beachten Sie bei der Ableitung die Kettenregel (nachdifferenzieren) auf Ihrer Merkhilfe.

2013-23

✓ Sie sollen nur den ersten Schritt des Newtonschen Iterationsverfahrens ausführen.

✓ Gesucht ist der Näherungswert x_1, somit ist $n = 0$.

✓ Der Startwert $x_0 = 1$ ist vorgegeben, die Werte von $d(x_0) = d(1)$ und $d'(x_0) = d'(1)$ müssen Sie noch berechnen.

Aufgabe 4 a

✓ Wenn Sie in der Integralfunktion $x = 0$ setzen, so erhalten Sie ein Integral, dessen obere und untere Grenze gleich sind.

✓ Veranschaulichen Sie sich $F(2)$ in der Abbildung.

✓ $F(2)$ stellt die Flächenbilanz des rechten Halbkreises dar.

✓ Wie berechnet sich die Fläche eines Halbkreises? Der Radius ist gegeben.

✓ Veranschaulichen Sie sich $F(-2)$ in der Abbildung.

✓ $F(-2)$ stellt die Flächenbilanz des linken Halbkreises dar.

✓ Beachten Sie die Integrationsrichtung.

Aufgabe 4 b

✓ Tragen Sie die Funktionswerte $F(0)$, $F(2)$ und $F(-2)$ in die Abbildung ein.

✓ $F(x)$ hat den Definitionsbereich $[-2; 2]$ (siehe Angabe). Der Graph darf somit über die eingezeichneten Randpunkte nicht hinausragen.

✓ Beachten Sie, dass sich das Integrationsintervall $[0; 2]$ zwar in vier gleich große Teilintervalle aufteilen lässt, die zugehörigen Flächen aber nicht die gleiche Größe haben.

✓ Der Graph von $F(x)$ kann keine Gerade sein.

Teil 2

Aufgabe 1 a

✓ Welcher Art ist die Funktion $f(x)$?

✓ Welche Arten von Asymptoten können bei einer gebrochen-rationalen Funktion vorkommen?

✓ Senkrechte Asymptoten sind stets durch Definitionslücken vorgegeben.

✓ Der Definitionsbereich ist gegeben.

✓ Viele gebrochen-rationale Funktionen sind in Form eines Bruches gegeben. Warum ist dies hier nicht der Fall?

✓ Der Nebensatz in der Aufgabenstellung verrät, dass eine schräge Asymptote vorhanden sein muss.

2013-24

✔ Die Gleichung der schrägen Asymptote lässt sich unmittelbar aus der Funktionsgleichung ablesen.

✔ Versuchen Sie einen Schnittpunkt von G_f und schräger Asymptote zu errechnen.

✔ Eine Schnittstelle erhält man durch Gleichsetzen der Gleichungen von Funktion und schräger Asymptote.

✔ Diese Gleichung ist nicht lösbar. Was folgt daraus?

✔ Vergessen Sie nicht, die beiden Asymptoten in die Abbildung einzutragen.

Aufgabe 1 b

✔ Bedingung für einen Extrempunkt an der Stelle x_0 ist $f'(x_0) = 0$ (siehe Merkhilfe).

✔ Beachten Sie beim Ableiten die Quotientenregel (siehe Merkhilfe).

✔ Da nach den Extrempunkten gefragt ist, müssen Sie auch die zugehörigen y-Werte bestimmen.

✔ Die Art eines Extrempunkts können Sie entweder mithilfe des Monotonieverhaltens oder mithilfe der 2. Ableitung bestimmen.

✔ Wenn Sie bei einer quadratischen Ungleichung auf beiden Seiten die Wurzel ziehen, hat die negative Lösung der Wurzel ihre Auswirkung auf das Ungleichzeichen.

✔ Wechselt das Vorzeichen von $f'(x)$ vom Positiven (f steigt) zum Negativen (f fällt), so liegt ein Hochpunkt vor.

✔ Wechselt das Vorzeichen von $f'(x)$ vom Negativen (f fällt) zum Positiven (f steigt), so liegt ein Tiefpunkt vor.

✔ Aus $f'(x_0) = 0$ und $f''(x_0) < 0$ folgt: an der Stelle x_0 befindet sich ein Hochpunkt.

✔ Aus $f'(x_0) = 0$ und $f''(x_0) > 0$ folgt: an der Stelle x_0 befindet sich ein Tiefpunkt.

oder:

✔ Falls Sie das Ergebnis der Ableitung zu einem Bruch zusammenfassen, dann gilt: Ein Bruch hat den Wert null, wenn der Zähler null wird.

✔ Eine quadratische Ungleichung lösen Sie am besten, indem Sie den Term, der positiv bzw. negativ sein soll, als Gleichung einer Parabel auffassen.

✔ Im Intervall zwischen den Nullstellen dieser Parabel sind die Parabelwerte
– negativ, falls die Parabel nach oben geöffnet ist.
– positiv, falls die Parabel nach unten geöffnet ist.

Aufgabe 2 a

✔ Der Graph von $h(x + a)$ ist im Vergleich zum Graphen von $h(x)$ um $-a$ in x-Richtung verschoben.
Der Graph von $h(x) + a$ ist im Vergleich zum Graphen von $h(x)$ um $+a$ in y-Richtung verschoben.

2013-25

✒ Der Graph von f(x) soll um +1 in x-Richtung und um +1 in y-Richtung verschoben werden.

✒ Die Gleichung von g(x) entsteht, wenn Sie in der Gleichung von f(x) das x durch (x − 1) ersetzen und den Summanden +1 anfügen.

✒ Vereinfachen Sie die entstehende Funktionsgleichung von g(x).

✒ Bestimmen Sie g(−x) und vergleichen Sie mit dem Funktionsterm g(x).

✒ Ist der Graph von g(x) punktsymmetrisch zum Ursprung, gilt: g(−x) = −g(x)

✒ Wie muss der Graph von g(x) verschoben werden, um den Graphen von f(x) zu erhalten?

✒ Der Symmetriepunkt (0|0) von g(x) wird ebenso verschoben.

✒ Wie lauten somit die Koordinaten des Symmetriepunkts von f(x)?

Aufgabe 2 b

✒ Zeichnen Sie die durch $\int_{0}^{4} f(x)\, dx$ dargestellte Fläche in die Abbildung ein.

✒ Bestimmen Sie zunächst eine Stammfunktion von f(x).

✒ Beachten Sie dabei die Integrationsregel für x^r auf Ihrer Merkhilfe.

✒ Sie benötigen außerdem die Formel $\int \frac{1}{x}\, dx = \ln |x| + C$, in der Sie gemäß $\int f(ax + b)\, dx = \frac{1}{a} F(ax + b) + C$ für a = 1 und für b = 1 verwenden.

✒ Berechnen Sie den Wert des bestimmten Integrals, indem Sie die Integrationsgrenzen einsetzen.

✒ Beachten Sie: $\ln 1 = 0$

✒ Auch $\int_{-6}^{2} f(x)\, dx$ lässt sich darstellen. Veranschaulichen Sie das Integral in der Abbildung.

✒ Der Graph von f(x) liegt im gesamten Intervall [−6; −2] unterhalb der x-Achse. Was lässt sich somit über das Vorzeichen von $\int_{-6}^{-2} f(x)\, dx$ aussagen?

✒ Vergleichen Sie diese unterhalb der x-Achse gelegene Fläche mit der Fläche, die durch $\int_{0}^{4} f(x)\, dx$ gegeben ist.

✒ Die beiden Flächen unterscheiden sich durch ein Rechteck.

✒ Wie lässt sich die Fläche dieses Rechtecks berechnen?

2013-26

Aufgabe 3

Veranschaulichen Sie sich den Text neben der Abbildung 3 mithilfe der Funktion f.

f(x) entspricht der Höhe von S über dem Dosenboden, x entspricht der Füllhöhe.

Aufgabe 3 a

f(0) gibt die Höhe von S an, wenn die Füllhöhe 0 beträgt, die Dose also leer ist.

f(15) gibt die Höhe von S an, wenn die Füllhöhe 15 beträgt, die Dose also voll ist.

Vergleichen Sie die beiden Ergebnisse.

Aufgabe 3 b

Der Graph in Abbildung 2 zeigt nur das Intervall von [0; 12]. Sie haben jedoch f(15) berechnet und wissen, dass der Graph für $x > 3$ steigt.

Beschreiben Sie den Funktionsverlauf im Intervall [0; 15].

Für $x = 0$ befindet sich der Schwerpunkt 7,5 cm über dem Dosenboden (siehe Teilaufgabe 3 a).

Für $x > 0$ fällt die Funktion zunächst. Die Höhe des Schwerpunkts wird also zunächst kleiner. Bis zu welcher Füllhöhe gilt dies?

Für $x > 3$ steigt die Funktion. Die Höhe des Schwerpunkts wird also größer.

Welche Höhe erreicht der Schwerpunkt für die Füllhöhe 15 cm? (siehe Teilaufgabe 3 a)

Gemäß Teilaufgabe 1 b hat der Tiefpunkt die Koordinaten (3|3).

Bei einer Füllhöhe von 3 cm befindet sich der Schwerpunkt also 3 cm über dem Dosenboden. Wo liegt er somit?

Aufgabe 3 c

Der Schwerpunkt liegt höchstens 5 cm hoch, wenn der Funktionsgraph die Parallele zur x-Achse y = 5 nicht übersteigt.

Zeichnen Sie y = 5 in Abbildung 2 ein.

Für welche x (= für welche Füllhöhen) verläuft der Funktionsgraph nicht oberhalb dieser Geraden?

Die Bedingung lautet $f(x) \leq 5$.

Es ergibt sich eine quadratische Ungleichung.

Diese quadratische Ungleichung lösen Sie am besten, indem Sie den Term, der kleiner gleich null sein soll, als Gleichung einer nach oben geöffneten Parabel auffassen.

Im Intervall zwischen den Nullstellen dieser Parabel sind die Parabelwerte negativ.

2013-27

Lösungen

Teil 1

1. $f(x) = \ln(2013 - x)$

   Das Argument des Logarithmus muss positiv sein, daher:

   $2013 - x > 0$

   $\quad 2013 > x$

   $\Rightarrow \ \mathbb{D} = \,]-\infty; \, 2013[$

   Verhalten an den Grenzen:

   $\displaystyle \lim_{x \to -\infty} \ln(2013 - x) = "\ln(+\infty)" = +\infty$

   $\displaystyle \lim_{x \to 2013^-} \ln(2013 - x) = "\ln(0^+)" = -\infty$

   Schnittpunkt mit der y-Achse: $x = 0$

   $f(0) = \ln 2013 \ \Rightarrow \ S_y(0 \,|\, \ln 2013)$

   Schnittpunkt mit der x-Achse: $y = 0$

   $\quad\quad\quad f(x) = 0$

   $\ln(2013 - x) = 0$

   $\quad\quad 2013 - x = e^0$

   $\quad\quad 2013 - x = 1$

   $\quad\quad\quad\quad\quad x = 2012$

   $\Rightarrow \ S_x(2012 \,|\, 0)$

2. $f(x) = x \cdot \sin x$

   $f'(x) = 1 \cdot \sin x + x \cdot \cos x$

   $f''(x) = \cos x + 1 \cdot \cos x + x \cdot (-\sin x) = 2 \cdot \cos x - x \cdot \sin x$

   $f''(0) = 2 \cdot \cos 0 - 0 \cdot \sin 0 = 2 > 0$

   Der Graph von f(x) ist somit in der unmittelbaren Umgebung des Ursprungs linksgekrümmt.

3. a) Der Graph der Funktion $g(x) = e^{-x}$ entsteht aus dem Graphen der Funktion $f(x) = e^x$ durch Spiegelung an der y-Achse.

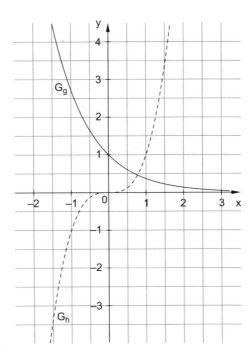

b) $d(x) = g(x) - h(x) = e^{-x} - x^3$

$d'(x) = e^{-x} \cdot (-1) - 3x^2$

Mit der Formel auf der Merkhilfe sowie $x_{n+1} = x_1$ und $x_n = x_0 = 1$ ergibt sich:

$$x_1 = 1 - \frac{d(1)}{d'(1)} = 1 - \frac{e^{-1} - 1^3}{-e^{-1} - 3 \cdot 1^2} = 1 - \frac{e^{-1} - 1}{-e^{-1} - 3} \approx 0{,}8123$$

Anmerkung: Dies ist ein Näherungswert für die x-Koordinate des Schnittpunkts, da aus $g(x) = h(x)$ folgt: $g(x) - h(x) = d(x) = 0$

4. a) $F(x) = \int\limits_0^x f(t)\,dt$

$F(0) = \int\limits_0^0 f(t)\,dt = 0$ \qquad da untere und obere Integrationsgrenze gleich sind

$F(2) = \int\limits_0^2 f(t)\,dt = \frac{1}{2} \cdot 1^2 \cdot \pi = \frac{\pi}{2}$ \qquad da das Integral die Fläche des Halbkreises mit Radius 1 oberhalb der x-Achse angibt

$$F(-2) = \int_0^{-2} f(t)\,dt = -\frac{1}{2} \cdot 1^2 \cdot \pi = -\frac{\pi}{2}$$

da das Integral zwar die Fläche des Halbkreises mit Radius 1 oberhalb der x-Achse angibt, jedoch in negative x-Richtung integriert wird

b) Achten Sie darauf, dass der Graph von F(x) **nicht** durch eine **Gerade** dargestellt wird, da die Flächen über den vier gleich langen Teilintervallen [0; 0,5] bzw. [0,5; 1] bzw. [1; 1,5] bzw. [1,5; 2] zwei unterschiedliche Größen besitzen.
Da der Graph von f(x) achsensymmetrisch zur y-Achse ist, muss der Graph von F(x) punktsymmetrisch zum Ursprung sein.

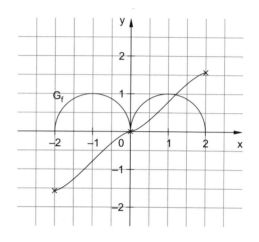

Teil 2

1. $f(x) = \frac{1}{2}x - \frac{1}{2} + \frac{8}{x+1}$ mit $\mathbb{D} = \mathbb{R} \setminus \{-1\}$

a) Senkrechte Asymptote: $x = -1$

   Schräge Asymptote: $y = \frac{1}{2}x - \frac{1}{2}$

Gäbe es einen Schnittpunkt, so ließe sich die Gleichung, die entsteht, wenn man die Gleichungen von Funktion und schräger Asymptote gleichsetzt, lösen. Doch hier führt diese Gleichung zu einem Widerspruch, denn:

$$\frac{1}{2}x - \frac{1}{2} + \frac{8}{x+1} = \frac{1}{2}x - \frac{1}{2}$$

$$\frac{8}{x+1} = 0$$

$$8 = 0 \quad \lightning$$

Somit schneiden sich Funktion und schräge Asymptote nicht.

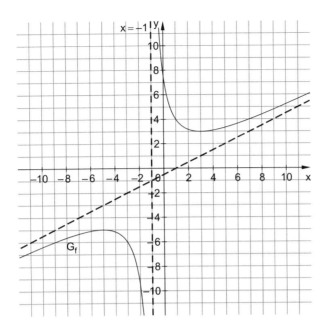

b) $f'(x) = \dfrac{1}{2} - 0 + \dfrac{0 \cdot (x+1) - 8 \cdot 1}{(x+1)^2} = \dfrac{1}{2} - \dfrac{8}{(x+1)^2}$

Nullsetzen der 1. Ableitung:

$f'(x) = 0 \Rightarrow \dfrac{1}{2} - \dfrac{8}{(x+1)^2} = 0$

$ \dfrac{1}{2} = \dfrac{8}{(x+1)^2}$

$ (x+1)^2 = 16$

$ x + 1 = \pm 4$

$\Rightarrow x_1 = 3 \quad \text{und} \quad x_2 = -5$

$f(3) = \dfrac{1}{2} \cdot 3 - \dfrac{1}{2} + \dfrac{8}{3+1} = 3$

$f(-5) = \dfrac{1}{2} \cdot (-5) - \dfrac{1}{2} + \dfrac{8}{-5+1} = -5$

Die Art der Extrempunkte kann mit einer Monotoniebetrachtung oder mithilfe der 2. Ableitung bestimmt werden.

Bestimmung der Art der Extrempunkte über Monotonieverhalten

$f'(x) > 0 \quad \Rightarrow \quad \dfrac{1}{2} - \dfrac{8}{(x+1)^2} > 0$

$$\dfrac{1}{2} > \dfrac{8}{(x+1)^2}$$

$$(x+1)^2 > 16$$

$\Rightarrow \quad x + 1 > +4 \quad$ und $\quad x + 1 < -4$

$\qquad\quad x > +3 \qquad\qquad\quad x < -5$

$\Rightarrow \quad x \in \,]-\infty; -5[\, \cup \,]3; +\infty[$

$f'(x) < 0 \quad \Rightarrow \quad \dfrac{1}{2} - \dfrac{8}{(x+1)^2} < 0$

$$\dfrac{1}{2} < \dfrac{8}{(x+1)^2}$$

$$(x+1)^2 < 16$$

$\Rightarrow \quad x + 1 < +4 \quad$ und $\quad x + 1 > -4$

$\qquad\quad x < +3 \qquad\qquad\quad x > -5$

$\Rightarrow \quad x \in \,]-5; 3[\, \backslash \{-1\}$

	$x \in \,]-\infty; -5[$	$x \in \,]-5; 3[\, \backslash \{-1\}$	$x \in \,]3; +\infty[$
$f'(x)$	> 0	< 0	> 0
$f(x)$	steigt	fällt	steigt

Bestimmung der Art der Extrempunkte über 2. Ableitung

$$f''(x) = 0 - \dfrac{0 \cdot (x+1)^2 - 8 \cdot 2(x+1)}{[(x+1)^2]^2} = \dfrac{16(x+1)}{(x+1)^4} = \dfrac{16}{(x+1)^3}$$

$$f''(3) = \dfrac{16}{(3+1)^3} = \dfrac{16}{(+4)^3} = \dfrac{16}{64} = \dfrac{1}{4} > 0$$

$$f''(-5) = \dfrac{16}{(-5+1)^3} = \dfrac{16}{(-4)^3} = \dfrac{16}{-64} = -\dfrac{1}{4} < 0$$

Ergebnis

Hochpunkt $(-5 \,|-5)$

Tiefpunkt $\;\;(3 \,|\, 3)$

Bemerkung: Man kann den Term der 1. Ableitung auch so umformen, dass alles auf einem Bruchstrich steht. Dann sehen die entsprechenden Rechnungen wie folgt aus:

$$f'(x) = \frac{1}{2} - \frac{8}{(x+1)^2} = \frac{(x+1)^2 - 16}{2(x+1)^2} = \frac{x^2 + 2x + 1 - 16}{2(x+1)^2} = \frac{x^2 + 2x - 15}{2(x+1)^2}$$

$$f'(x) = 0 \;\Rightarrow\; x^2 + 2x - 15 = 0$$

$$\Rightarrow\; x_{1/2} = \frac{-2 \pm \sqrt{2^2 - 4\cdot 1 \cdot (-15)}}{2\cdot 1} = \frac{-2 \pm \sqrt{64}}{2} = \frac{-2 \pm 8}{2}$$

$$\Rightarrow\; x_1 = 3 \;\text{ und }\; x_2 = -5$$

$f'(x) > 0 \;\Rightarrow\; x^2 + 2x - 15 > 0$,   denn der Nenner $2(x+1)^2$ ist für $x \neq -1$ stets positiv

Da $y = x^2 + 2x - 15$ die Gleichung einer nach oben geöffneten Normalparabel mit den Nullstellen 3 und -5 angibt, gilt $x^2 + 2x - 15 > 0$ in den Intervallen $]-\infty; -5[$ und $]3; +\infty[$.

$f'(x) < 0 \;\Rightarrow\; x^2 + 2x - 15 < 0$,   denn der Nenner $2(x+1)^2$ ist für $x \neq -1$ stets positiv

Da $y = x^2 + 2x - 15$ die Gleichung einer nach oben geöffneten Normalparabel mit den Nullstellen 3 und -5 angibt, gilt $x^2 + 2x - 15 < 0$ im Intervall $]-5; 3[\setminus \{-1\}$.

Damit ergibt sich dieselbe Monotonietabelle wie oben.

$$f''(x) = \frac{(2x+2)\cdot 2(x+1)^2 - (x^2 + 2x - 15)\cdot 2 \cdot 2(x+1)}{[2(x+1)^2]^2}$$

$$= \frac{2(x+1)[(2x+2)\cdot(x+1) - (x^2 + 2x - 15)\cdot 2]}{4(x+1)^4}$$

$$= \frac{(2x^2 + 2x + 2x + 2) - (2x^2 + 4x - 30)}{2(x+1)^3}$$

$$= \frac{2x^2 + 4x + 2 - 2x^2 - 4x + 30}{2(x+1)^3} = \frac{16}{(x+1)^3}$$

Auch hier geht es mit $f''(3)$ und $f''(-5)$ wie vorher weiter.

2. a) $g(x) = f(x-1) + 1$

                         Verschiebung um +1 in y-Richtung

     Verschiebung um +1 in x-Richtung

$$g(x) = \frac{1}{2}(x-1) - \frac{1}{2} + \frac{8}{(x-1)+1} + 1 = \frac{1}{2}x - \frac{1}{2} - \frac{1}{2} + \frac{8}{x} + 1 = \frac{1}{2}x + \frac{8}{x}$$

2013-33

$$g(-x) = \frac{1}{2}(-x) + \frac{8}{-x} = -\frac{1}{2}x - \frac{8}{x} = -\left(\frac{1}{2}x + \frac{8}{x}\right) = -g(x)$$

Die Funktion g(x) ist also punktsymmetrisch zum Ursprung.
Zur Veranschaulichung (Zeichnung ist nicht verlangt!):

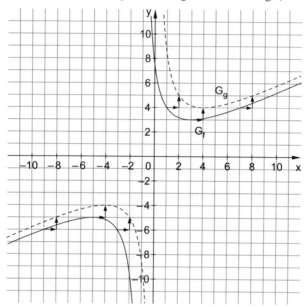

Wegen

f(x) = g(x + 1) − 1

| Verschiebung um −1 in y-Richtung
Verschiebung um −1 in x-Richtung

ist also f(x) punktsymmetrisch zum Punkt P(−1 | −1).

b) $\int_0^4 f(x)\,dx = \int_0^4 \left(\frac{1}{2}x - \frac{1}{2} + \frac{8}{x+1}\right) dx$

$= \left[\frac{1}{4}x^2 - \frac{1}{2}x + 8\cdot \ln|x+1|\right]_0^4$

$= \frac{1}{4}\cdot 4^2 - \frac{1}{2}\cdot 4 + 8\cdot \ln(4+1) - \frac{1}{4}\cdot 0^2 + \frac{1}{2}\cdot 0 - 8\cdot \ln(0+1)$

$= 4 - 2 + 8\ln 5 - 8\ln 1 = 2 + 8\ln 5$

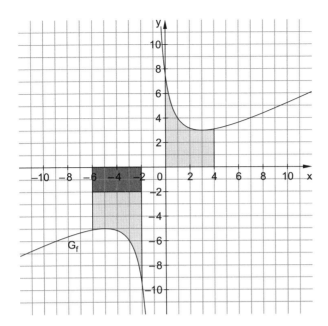

Das gesuchte Integral lässt sich als unterhalb der x-Achse gelegene Fläche veranschaulichen. Diese Fläche setzt sich zusammen aus einer Fläche, die dem gegebenen Integral entspricht (hellgrau) und einem Rechteck mit der Länge 4 und der Breite 2 (dunkelgrau):

$$\underbrace{\int_{-6}^{-2} f(x)\,dx}_{\text{unterhalb der x-Achse}} = -\left[\underbrace{\int_{0}^{4} f(x)\,dx}_{\text{hellgrau}} + \underbrace{4 \cdot 2}_{\text{dunkelgrau}}\right] = -[2 + 8\ln 5 + 8] = -10 - 8\ln 5$$

3. Höhe des Schwerpunkts über dem Dosenboden $= \dfrac{1}{2}$ Füllhöhe $- \dfrac{1}{2} + \dfrac{8}{\text{Füllhöhe}+1}$

   a) f(0) = Höhe des Schwerpunkts über dem Dosenboden bei Füllhöhe 0 cm

   $= \dfrac{1}{2} \cdot 0 - \dfrac{1}{2} + \dfrac{8}{0+1} = -\dfrac{1}{2} + 8 = 7{,}5$

   f(15) = Höhe des Schwerpunkts über dem Dosenboden bei Füllhöhe 15 cm

   $= \dfrac{1}{2} \cdot 15 - \dfrac{1}{2} + \dfrac{8}{15+1} = 7{,}5 - \dfrac{1}{2} + \dfrac{1}{2} = 7{,}5$

   Der Schwerpunkt S liegt bei leerer (Füllhöhe = 0 cm) und bei vollständig gefüllter (Füllhöhe = 15 cm) Dose genau in der Mitte auf einer Höhe von 7,5 cm über dem Dosenboden.

b) Der Kurvenverlauf im Füllhöhen-Intervall [0; 15] beschreibt den Höhenverlauf des Schwerpunkts S.
S befindet sich bei leerer Dose auf einer Höhe von 7,5 cm über dem Dosenboden. Während die Flüssigkeit auf eine Höhe von 3 cm steigt, sinkt S bis auf eine Höhe von 3 cm ab. Wenn weiterhin – bis zur Füllhöhe von 15 cm – Flüssigkeit eingefüllt wird, so steigt der Schwerpunkt S wieder bis auf eine Höhe von 7,5 cm an.

Tiefpunkt (3 | 3)

Beträgt die Füllhöhe 3 cm, so befindet sich S in seiner geringsten Höhe (3 cm).
S liegt also auf der Flüssigkeitsoberfläche.

c)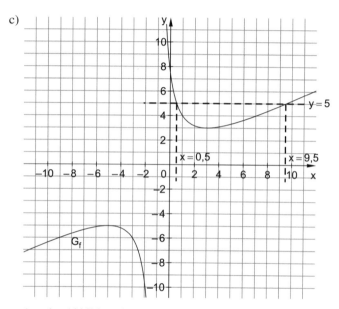

Aus der Abbildung lässt sich das Intervall [0,5; 9,5] ablesen.
Rechnerisch:
$$\frac{1}{2}x - \frac{1}{2} + \frac{8}{x+1} \leq 5$$
$$\frac{1}{2}x + \frac{8}{x+1} \leq 5,5$$
$$x + \frac{16}{x+1} \leq 11$$
$$x(x+1) + 16 \leq 11(x+1)$$
$$x^2 + x + 16 \leq 11x + 11$$
$$x^2 - 10x + 5 \leq 0$$

Da $x^2 - 10x + 5$ durch eine nach oben geöffnete Parabel dargestellt werden kann, verläuft die Parabel im Intervall zwischen den Nullstellen unterhalb der x-Achse.

$x^2 - 10x + 5 = 0$

$$\Rightarrow \quad x_{1/2} = \frac{10 \pm \sqrt{100 - 4 \cdot 1 \cdot 5}}{2 \cdot 1} = \frac{10 \pm \sqrt{80}}{2} = \frac{10 \pm 4\sqrt{5}}{2} = 5 \pm 2\sqrt{5}$$

$$\Rightarrow \quad x_1 = 5 + 2\sqrt{5} \quad \text{und} \quad x_2 = 5 - 2\sqrt{5}$$

Also gilt: $x^2 - 10x + 5 \leq 0$ für $x \in [5 - 2\sqrt{5}; 5 + 2\sqrt{5}]$

Bei Füllhöhen im Bereich $[5 - 2\sqrt{5}; 5 + 2\sqrt{5}]$ liegt der Schwerpunkt höchstens 5 cm über dem Dosenboden.

| | Abitur Mathematik (Bayern): Abiturprüfung 2013 |
| | Stochastik I |

BE

1. Folgende Tabelle gibt die Verteilung der Blutgruppen und der Rhesusfaktoren innerhalb der Bevölkerung Deutschlands wieder:

	0	A	B	AB
Rh+	35 %	37 %	9 %	4 %
Rh−	6 %	6 %	2 %	1 %

In einem Krankenhaus spenden an einem Vormittag 25 Personen Blut. Im Folgenden soll angenommen werden, dass diese 25 Personen eine zufällige Auswahl aus der Bevölkerung darstellen.

a) Bestimmen Sie die Wahrscheinlichkeit dafür, dass genau zehn der Spender die Blutgruppe A haben.　　3

b) Ermitteln Sie die Wahrscheinlichkeit dafür, dass mehr als die Hälfte der Spender die Blutgruppe 0 und den Rhesusfaktor Rh+ besitzt.　　3

Folgende Tabelle gibt für die verschiedenen Empfänger von Spenderblut an, welches Spenderblut für sie jeweils geeignet ist:

		Spender							
		0 Rh−	0 Rh+	A Rh−	A Rh+	B Rh−	B Rh+	AB Rh−	AB Rh+
	AB Rh+	✓	✓	✓	✓	✓	✓	✓	✓
	AB Rh−	✓		✓		✓		✓	
Empfänger	B Rh+	✓	✓			✓	✓		
	B Rh−	✓				✓			
	A Rh+	✓	✓	✓	✓				
	A Rh−	✓		✓					
	0 Rh+	✓	✓						
	0 Rh−	✓							

c) Für einen Patienten mit der Blutgruppe B und dem Rhesusfaktor Rh− wird Spenderblut benötigt. Bestimmen Sie, wie viele zufällig ausgewählte Personen mindestens Blut spenden müssten, damit man mit einer Wahrscheinlichkeit von mehr als 95 % mindestens eine für diesen Patienten geeignete Blutspende erhält.　　5

2013-38

2. Bei 0,074 % der neugeborenen Kinder liegt eine bestimmte Stoffwechselstörung vor. Wird diese Störung frühzeitig erkannt, lässt sich durch eine geeignete Behandlung eine spätere Erkrankung vermeiden. Zur Früherkennung kann zunächst ein einfacher Test durchgeführt werden. Zeigt das Ergebnis des Tests die Stoffwechselstörung an, so bezeichnet man es als positiv.

Liegt bei einem neugeborenen Kind die Stoffwechselstörung vor, so ist das Testergebnis mit einer Wahrscheinlichkeit von 99,5 % positiv. Liegt bei einem neugeborenen Kind die Stoffwechselstörung nicht vor, so beträgt die Wahrscheinlichkeit dafür, dass das Testergebnis irrtümlich positiv ist, 0,78 %.

Bei einem zufällig ausgewählten neugeborenen Kind wird der Test durchgeführt. Betrachtet werden folgende Ereignisse:
S: „Die Stoffwechselstörung liegt vor."
T: „Das Testergebnis ist positiv."

a) Beschreiben Sie das Ereignis $\overline{S \cup T}$ im Sachzusammenhang.   2

b) Berechnen Sie die Wahrscheinlichkeiten $P(T)$ und $P_T(S)$. Interpretieren Sie das Ergebnis für $P_T(S)$ im Sachzusammenhang.

   [zur Kontrolle: $P(T) \approx 0,85\,\%$, $P_T(S) < 0,1$]   8

c) Im Rahmen eines Screenings wird eine sehr große Anzahl zufällig ausgewählter neugeborener Kinder getestet. Ermitteln Sie die pro Million getesteter Kinder im Mittel zu erwartende Anzahl derjenigen Kinder, bei denen die Stoffwechselstörung vorliegt und das Testergebnis negativ ist.   3

3. Um Geld für die Ausstattung des Spielbereichs in der Kinderstation des Krankenhauses einzunehmen, wird ein Gewinnspiel angeboten. Nachdem der Spieler zwei Euro bezahlt hat, werden aus einem Behälter, in dem sich drei rote, drei grüne und drei blaue Kugeln befinden, drei Kugeln ohne Zurücklegen zufällig entnommen. Haben die drei entnommenen Kugeln die gleiche Farbe, so gewinnt der Spieler und bekommt einen bestimmten Geldbetrag ausgezahlt; ansonsten verliert er und erhält keine Auszahlung. Anschließend werden die gezogenen Kugeln in den Behälter zurückgelegt.

a) Zeigen Sie, dass bei einem Spiel die Wahrscheinlichkeit für einen Gewinn
   $\frac{1}{28}$ beträgt.   2

b) Berechnen Sie, welcher Geldbetrag im Fall eines Gewinns ausgezahlt werden muss, damit im Mittel eine Einnahme von 1,25 Euro pro Spiel für die Ausstattung des Spielbereichs erwartet werden kann.   <u>4</u>

                                                                    30

Tipps und Hinweise

Aufgabe 1 a

✏ Blutgruppe A tritt sowohl mit positivem als auch mit negativem Rhesusfaktor auf.

✏ Bestimmen Sie die Wahrscheinlichkeit für Blutgruppe A.

✏ Überlegen Sie, ob es sich um Ziehen mit oder ohne Zurücklegen handelt.

✏ „... diese 25 Personen stellen eine zufällige Auswahl aus der Bevölkerung dar" hilft Ihnen bei dieser Überlegung.

✏ Beachten Sie die Formel auf Ihrer Merkhilfe.

✏ Welche Werte nehmen hier n, p und k an?

✏ Sie können das Ergebnis nicht in der Stochastik-Tabelle ablesen, da $p = 0{,}43$ nicht tabellarisiert ist.

Aufgabe 1 b

✏ Entnehmen Sie die Wahrscheinlichkeit für die Blutgruppe 0 Rh$^+$ der Angabe.

✏ Überlegen Sie, was „mehr als die Hälfte" bei 25 Personen bedeutet.

✏ Gesucht ist die Wahrscheinlichkeit, dass mindestens 13 Personen die Blutgruppe 0 Rh$^+$ besitzen.

✏ Das Tafelwerk lässt sich nur benutzen, wenn Sie mit dem Gegenereignis arbeiten.

✏ Achten Sie darauf, die kumulative Tabelle zu verwenden.

Aufgabe 1 c

✏ Wer kann für einen Patienten mit der Blutgruppe B Rh$^-$ Blut spenden?

✏ Wie groß ist die Wahrscheinlichkeit für geeignetes Spenderblut?

✏ Beachten Sie die Tabelle am Anfang der Angabe.

✏ Formulieren Sie „mindestens ein geeigneter Spender" über das Gegenereignis.

✏ Die Anzahl n der Spender ist gesucht.

✏ Der Lösungsansatz lautet: $1 - 0{,}92^n > 0{,}95$

✏ Beim Auflösen der Ungleichung hilft Logarithmieren.

✏ Bedenken Sie, dass $\ln a < 0$ für $0 < a < 1$ gilt.

✏ n muss eine natürliche Zahl sein.

Aufgabe 2 a

Veranschaulichen Sie sich die Menge $\overline{S \cup T}$ in einem Mengendiagramm.

Wie lässt sich $\overline{S \cup T}$ auch ausdrücken?

Vergleichen Sie $\overline{S \cup T}$ mit der Schnittmenge der beiden Gegenereignisse $\overline{S}$ und $\overline{T}$.

Fassen Sie $\overline{S} \cap \overline{T}$ in Worte.

Aufgabe 2 b

Listen Sie die gegebenen Wahrscheinlichkeiten auf.

Unter den gegebenen Wahrscheinlichkeiten finden Sie zwei bedingte Wahrscheinlichkeiten.

Das Testergebnis kann bei Vorliegen einer Stoffwechselstörung, aber auch ohne Vorliegen einer Stoffwechselstörung positiv ausfallen.

Die Wahrscheinlichkeit $P(T)$ setzt sich aus den beiden Wahrscheinlichkeiten $P(S \cap T)$ und $P(\overline{S} \cap T)$ zusammen.

Beachten Sie die Formel für die bedingte Wahrscheinlichkeit auf Ihrer Merkhilfe.

Umgeformt gilt: $P(A \cap B) = P(A) \cdot P_A(B)$

Zur Berechnung von $P_T(S)$ beachten Sie die Formel auf Ihrer Merkhilfe und verwenden Sie das Ergebnis von $P(T)$.

Geben Sie $P_T(S)$ in Wortform an.

Aufgabe 2 c

Berechnen Sie die Wahrscheinlichkeit, dass eine Stoffwechselstörung vorliegt **und** das Testergebnis negativ ist.

$P(S \cap \overline{T})$ gibt an, mit welcher Wahrscheinlichkeit bei **einem** Neugeborenen eine Stoffwechselstörung vorliegt und das Testergebnis negativ ist.

Gesucht ist die „im Mittel zu erwartende Anzahl", also der Erwartungswert.

Die Formel für den Erwartungswert $E(X) = n \cdot p$ finden Sie auf Ihrer Merkhilfe.

Aufgabe 3 a

Der Angabe ist zu entnehmen, dass es sich um Ziehen ohne Zurücklegen handelt.

Die Merkhilfe bietet eine Formel für Ziehen ohne Zurücklegen.

Aus den insgesamt $N = 9$ Kugeln werden $n = 3$ Kugeln entnommen.

Die insgesamt 9 Kugeln bestehen aus 3 roten und 3 grünen und 3 blauen Kugeln.

Für einen Gewinn dürfen nur die 3 roten oder nur die 3 grünen oder nur die 3 blauen Kugeln gezogen werden.

2013-41

✓ Die Aufgabe kann als Laplace-Wahrscheinlichkeit auch mithilfe des Zählprinzips gelöst werden.

✓ Jede Laplace-Wahrscheinlichkeit berechnet sich als Bruch, dessen Nenner die Anzahl aller möglichen Ergebnisse und dessen Zähler die Anzahl aller günstigen Ergebnisse angibt.

✓ Beachten Sie, dass ohne Zurücklegen gezogen wird, jede Kugel also höchstens einmal gezogen werden kann.

Aufgabe 3 b

✓ Wie groß ist der Einsatz pro Spiel?

✓ Welcher Betrag kann im Mittel pro Spiel ausgezahlt werden, damit im Mittel eine Einnahme von 1,25 € pro Spiel erzielt wird?

✓ Wie viele Spiele müssen gespielt werden, damit ein Gewinn dabei ist? Beachten Sie das Ergebnis von Teilaufgabe a.

✓ Wie groß ist dann der Gewinn bei diesem Spiel?

✓ Das Ergebnis von Teilaufgabe a gibt an, wie groß die Wahrscheinlichkeit ist, bei **einem** Spiel zu gewinnen. Dabei soll der Gewinn pro Spiel im Mittel 0,75 € betragen.

✓ Gemäß der Formel für den Erwartungswert (siehe Merkhilfe) muss gelten: Gewinnbetrag · Gewinnwahrscheinlichkeit = mittlerer Gewinn

Lösungen

1. a) Aus der Angabe ergibt sich:

$$P(A) = P(A \cap Rh^+) + P(A \cap Rh^-) = 37\% + 6\% = 43\%$$

Der Textstelle „diese 25 Personen stellen eine zufällige Auswahl aus der Bevölkerung dar" entnimmt man, dass es sich um ein Ziehen mit Zurücklegen handelt (Bernoulli-Kette).

Einsetzen in die Formel aus der Merkhilfe ergibt:

$$P(k = 10) = \binom{25}{10} \cdot 0,43^{10} \cdot (1 - 0,43)^{25-10} = B(25; 0,43; 10)$$

Da die Trefferwahrscheinlichkeit $p = 0,43$ nicht tabellarisiert ist, verwenden Sie Ihren Taschenrechner.

$$P(k = 10) = \binom{25}{10} \cdot 0,43^{10} \cdot 0,57^{15} \approx 0,15388 = 15,388\%$$

b) Aus der Angabe lässt sich ablesen:

$$P(0 \cap Rh^+) = 35\%$$

Bei 25 Personen bedeutet „mehr als die Hälfte" mindestens 13 Personen.

Die Trefferwahrscheinlichkeit $p = 0,35$ ist in der Stochastik-Tabelle aufgeführt.

$$P(X \geq 13) = \sum_{i=13}^{25} B(25; 0,35; i) = 1 - \sum_{i=0}^{12} B(25; 0,35; i)$$

$$= 1 - 0,93956 = 0,06044 \approx 6\%$$

oder in anderer Schreibweise:

$$P(X \geq 13) = P_{0,35}^{25}(X \geq 13) = 1 - P_{0,35}^{25}(X \leq 12)$$

$$= 1 - 0,93956 = 0,06044 \approx 6\%$$

c) Einem Patienten mit der Blutgruppe B Rh⁻ kann nur Blut von Spendern mit den Blutgruppen 0 Rh⁻ oder B Rh⁻ verabreicht werden.

Aufgrund der Angabe am Anfang der Aufgabe beträgt die Wahrscheinlichkeit für einen geeigneten Spender somit:

$$P(0 \cap Rh^-) + P(B \cap Rh^-) = 6\% + 2\% = 8\%$$

$P(\text{„mindestens ein geeigneter Spender"}) > 95\,\%$

$1 - P(\text{„kein geeigneter Spender"}) > 0{,}95$

$1 - \binom{n}{0} \cdot 0{,}08^0 \cdot 0{,}92^n > 0{,}95$

$1 - 0{,}92^n > 0{,}95$

$-0{,}92^n > -0{,}05$

$0{,}92^n < 0{,}05$

$\ln 0{,}92^n < \ln 0{,}05$

$n \cdot \ln 0{,}92 < \ln 0{,}05$

$n > \dfrac{\ln 0{,}05}{\ln 0{,}92}$ $\quad \ln 0{,}92 < 0 \Rightarrow$ das Ungleichheitszeichen dreht sich um

$n > 35{,}9$

Es müssen mindestens 36 Personen Blut spenden, um mit einer Wahrscheinlichkeit von mehr als 95 % einen geeigneten Spender zu finden.

2. a) Veranschaulicht man $\overline{S \cup T}$ („bei einem Neugeborenen liegt eine Stoffwechselstörung vor oder der Test ist positiv, tritt nicht ein") im Mengendiagramm, so erkennt man:

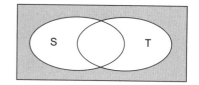

$\overline{S \cup T} = \overline{S} \cap \overline{T}$

In Worten somit:
Bei einem Neugeborenen liegt eine Stoffwechselstörung nicht vor und das Testergebnis ist nicht positiv.

oder:

Bei einem Neugeborenen liegt keine Stoffwechselstörung vor und das Testergebnis ist negativ.

oder:

Bei einem Neugeborenen liegt weder eine Stoffwechselstörung vor, noch ist das Testergebnis positiv.

b) Aus dem Text lassen sich folgende Wahrscheinlichkeiten entnehmen:

$P(S) = 0{,}074\,\% \quad \Rightarrow \quad P(\overline{S}) = 99{,}926\,\%$

$P_S(T) = 99{,}5\,\% \quad \Rightarrow \quad P_S(\overline{T}) = 0{,}5\,\%$

$P_{\overline{S}}(T) = 0{,}78\,\% \quad \Rightarrow \quad P_{\overline{S}}(\overline{T}) = 99{,}22\,\%$

Zur Veranschaulichung eignet sich ein Baumdiagramm (ist aber nicht verlangt!):

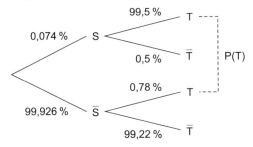

$P(T) = P(S \cap T) + P(\overline{S} \cap T) = P(S) \cdot P_S(T) + P(\overline{S}) \cdot P_{\overline{S}}(T)$
$= 0,00074 \cdot 0,995 + 0,99926 \cdot 0,0078 \approx 0,00853 = 0,85\ \%$

$P_T(S) = \dfrac{P(T \cap S)}{P(T)} = \dfrac{P(S \cap T)}{P(T)} = \dfrac{0,00074 \cdot 0,995}{0,00074 \cdot 0,995 + 0,99926 \cdot 0,0078}$

$\approx 0,0863 = 8,63\ \%$

Wenn der Test positiv ausfällt, beträgt die Wahrscheinlichkeit für eine Stoffwechselstörung lediglich 8,63 %.

oder:

Selbst bei einem positiven Test liegt nur in 8,63 % aller Fälle eine Stoffwechselstörung vor.

c) $P(S \cap \overline{T}) = 0,00074 \cdot 0,005 = 0,0000037 = 3,7 \cdot 10^{-6}$

Die bei 1 Million Neugeborenen im Mittel zu erwartende Anzahl von Neugeborenen, bei denen eine Stoffwechselstörung vorliegt und das Testergebnis negativ ist, beträgt also:
$0,0000037 \cdot 1\,000\,000$ Neugeborene $= 3,7 \cdot 10^{-6} \cdot 10^6 = 3,7$ Neugeborene

3. a) Entsprechend der Formel für ein Ziehen ohne Zurücklegen aus der Merkhilfe ergibt sich:

$P(\text{Gewinn}) = P(3 \text{ rot}) + P(3 \text{ grün}) + P(3 \text{ blau})$

$= \dfrac{\binom{3}{3} \cdot \binom{3}{0} \cdot \binom{3}{0}}{\binom{9}{3}} + \dfrac{\binom{3}{0} \cdot \binom{3}{3} \cdot \binom{3}{0}}{\binom{9}{3}} + \dfrac{\binom{3}{0} \cdot \binom{3}{0} \cdot \binom{3}{3}}{\binom{9}{3}}$

$= 3 \cdot \dfrac{1}{84} = \dfrac{1}{28}$

oder als Laplace-Wahrscheinlichkeit mithilfe des Zählprinzips:

$$P(\text{Gewinn}) = P(\text{immer gleiche Farbe}) = \frac{9 \cdot 2 \cdot 1}{9 \cdot 8 \cdot 7} = \frac{1}{28}$$

Im Nenner ergibt sich die Anzahl aller möglichen Ergebnisse durch $9 \cdot 8 \cdot 7$, da nach jedem Zug eine Kugel weniger im Behälter ist.
Im Zähler ergibt sich die Anzahl der günstigen Ergebnisse durch $9 \cdot 2 \cdot 1$, da beim ersten Zug eine beliebige Kugel gezogen werden kann, dann eine der zwei verbliebenen Kugeln derselben Farbe und dann die letzte Kugel dieser Farbe gezogen werden muss.

b) Damit im Mittel eine Einnahme von 1,25 € pro Spiel bleibt, darf pro Spiel bei 2 € Einsatz nur eine Auszahlung von im Mittel 0,75 € erfolgen.
Da die Auszahlung nach Teilaufgabe a nur bei jedem 28. Spiel erfolgt, ergibt sich als Betrag:
$28 \cdot 0{,}75 \ € = 21 \ €$

oder:

Da die Gewinnchance nach Teilaufgabe a bei jedem Spiel $\frac{1}{28}$ beträgt, muss für den Betrag x gelten:

$$x \cdot \frac{1}{28} = 0{,}75 \ € \quad \Rightarrow \quad x = 28 \cdot 0{,}75 \ € = 21 \ €$$

	BE

Abitur Mathematik (Bayern): Abiturprüfung 2013
Stochastik II

1. In einer Großstadt steht die Wahl des Oberbürgermeisters bevor. 12 % der Wahlberechtigten sind Jungwähler, d. h. Personen im Alter von 18 bis 24 Jahren. Vor Beginn des Wahlkampfs wird eine repräsentative Umfrage unter den Wahlberechtigten durchgeführt. Der Umfrage zufolge haben sich 44 % der befragten Wahlberechtigten bereits für einen Kandidaten entschieden. Jeder Siebte derjenigen Befragten, die sich noch nicht für einen Kandidaten entschieden haben, ist Jungwähler.

   Betrachtet werden folgende Ereignisse:

   J: „Eine aus den Befragten zufällig ausgewählte Person ist Jungwähler."

   K: „Eine aus den Befragten zufällig ausgewählte Person hat sich bereits für einen Kandidaten entschieden."

   a) Erstellen Sie zu dem beschriebenen Sachzusammenhang eine vollständig ausgefüllte Vierfeldertafel.   **4**

   b) Zeigen Sie, dass $P_J(\overline{K}) > P_{\overline{J}}(\overline{K})$ gilt.

   Begründen Sie, dass es trotz der Gültigkeit dieser Ungleichung nicht sinnvoll ist, sich im Wahlkampf vorwiegend auf die Jungwähler zu konzentrieren.   **4**

   c) Der Kandidat der Partei A spricht an einem Tag während seines Wahlkampfs 48 zufällig ausgewählte Wahlberechtigte an.
   Bestimmen Sie die Wahrscheinlichkeit dafür, dass sich darunter genau sechs Jungwähler befinden.   **3**

2. Der Umfrage zufolge hätte der Kandidat der Partei A etwa 50 % aller Stimmen erhalten, wenn die Wahl zum Zeitpunkt der Befragung stattgefunden hätte. Ein Erfolg im ersten Wahlgang, für den mehr als 50 % aller Stimmen erforderlich sind, ist demnach fraglich. Deshalb rät die von der Partei A eingesetzte Wahlkampfberaterin in der Endphase des Wahlkampfs zu einer zusätzlichen Kampagne. Der Schatzmeister der Partei A möchte die hohen Kosten, die mit einer zusätzlichen Kampagne verbunden wären, jedoch möglichst vermeiden.

   a) Um zu einer Entscheidung über die Durchführung einer zusätzlichen Kampagne zu gelangen, soll die Nullhypothese „Der Kandidat der Partei A würde gegenwärtig höchstens 50 % aller Stimmen erhalten." mithilfe einer Stichprobe von 200 Wahlberechtigten auf einem Signifikanzniveau von 5 % getestet werden. Bestimmen Sie die zugehörige Entscheidungsregel.   **5**

2013-47

b) Begründen Sie, dass die Wahl der Nullhypothese für den beschriebenen Test in Einklang mit dem Anliegen der Wahlkampfberaterin steht, einen Erfolg bereits im ersten Wahlgang zu erreichen. 3

3. Nach der Wahl darf die Partei A in einem Ausschuss drei Sitze besetzen. Von den acht Stadträtinnen und vier Stadträten der Partei A, die Interesse an einem Sitz in diesem Ausschuss äußern, werden drei Personen per Losentscheid als Ausschussmitglieder bestimmt.
Die Zufallsgröße X beschreibt die Anzahl der weiblichen Ausschussmitglieder der Partei A. Abbildung 1 zeigt die Wahrscheinlichkeitsverteilung der Zufallsgröße X mit $P(X=0) = \frac{1}{55}$ und $P(X=3) = \frac{14}{55}$.

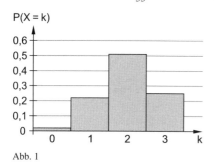

Abb. 1

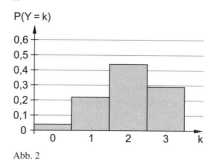

Abb. 2

a) Berechnen Sie die Wahrscheinlichkeiten $P(X=1)$ und $P(X=2)$.
$\left[\text{Ergebnis: } P(X=1) = \frac{12}{55}, \; P(X=2) = \frac{28}{55}\right]$ 4

b) Bestimmen Sie Erwartungswert und Varianz der Zufallsgröße X.
$\left[\text{Ergebnis: } E(X) = 2, \; Var(X) = \frac{6}{11}\right]$ 3

c) Abbildung 2 zeigt die Wahrscheinlichkeitsverteilung einer binomialverteilten Zufallsgröße Y mit den Parametern $n=3$ und $p=\frac{2}{3}$. Zeigen Sie rechnerisch, dass Y den gleichen Erwartungswert wie die Zufallsgröße X, aber eine größere Varianz als X besitzt.
Erläutern Sie, woran man durch Vergleich der Abbildungen 1 und 2 erkennen kann, dass $Var(Y) > Var(X)$ gilt. 4

30

2013-48

Tipps und Hinweise

Aufgabe 1 a

/ Listen Sie die gegebenen Wahrscheinlichkeiten auf.

/ Unter den gegebenen Wahrscheinlichkeiten finden Sie eine bedingte Wahrscheinlichkeit.

/ Für eine Vierfeldertafel benötigen Sie die Wahrscheinlichkeit (mindestens) einer Schnittmenge.

/ Die Merkhilfe bietet eine Formel für die bedingte Wahrscheinlichkeit. Lösen Sie diese nach der Wahrscheinlichkeit der Schnittmenge auf und setzen Sie ein.

/ Sie haben für die Vierfeldertafel nun die Wahrscheinlichkeiten $P(J)$, $P(K)$ und $P(\overline{K} \cap J)$ zur Verfügung.

/ Vervollständigen Sie die Vierfeldertafel durch entsprechende Addition und Subtraktion.

Aufgabe 1 b

/ Verwenden Sie die auf der Merkhilfe angegebene Formel für eine bedingte Wahrscheinlichkeit.

/ Die benötigten Werte können Sie der Vierfeldertafel entnehmen.

/ Vergleichen Sie die Größe der beiden berechneten Wahrscheinlichkeiten.

/ $P_J(\overline{K})$ gibt an, mit welcher Wahrscheinlichkeit ein Jungwähler sich noch nicht für einen Kandidaten entschieden hat.

/ $P_{\overline{J}}(\overline{K})$ gibt an, mit welcher Wahrscheinlichkeit ein „Altwähler" sich noch nicht für einen Kandidaten entschieden hat.

/ Der Größenvergleich der beiden Wahrscheinlichkeiten zeigt, dass es prozentual unter den Jungwählern mehr Unentschlossene gibt als unter den „Altwählern".

/ Wichtig für den Wahlkampf ist aber, dass nur „jeder Siebte derer, die sich noch nicht für einen Kandidaten entschieden haben, Jungwähler ist" (siehe Angabe). Somit sind sechs von sieben noch Unentschlossenen „Altwähler".

Aufgabe 1 c

/ Überlegen Sie, ob es sich um Ziehen mit oder ohne Zurücklegen handelt.

/ „… 48 zufällig ausgewählte Wahlberechtigte" hilft Ihnen bei dieser Überlegung.

/ Beachten Sie die Formel auf Ihrer Merkhilfe.

/ Welche Werte nehmen hier n, p und k an?

2013-49

Sie können das Ergebnis nicht in der Stochastik-Tabelle ablesen, da $n = 48$ nicht tabellarisiert ist.

Aufgabe 2 a

Die Nullhypothese ist gegeben.

Stimmt man für $p_0 \leq 0,5$, wenn möglichst viele oder wenn möglichst wenige der 200 Wahlberechtigten für den Kandidaten der Partei A stimmen?

Die Wahrscheinlichkeit, gegen p_0 zu sein, obwohl $p_0 = 0,5$, soll höchstens 5 % betragen.

Das Tafelwerk lässt sich nur benutzen, wenn Sie mit dem Gegenereignis arbeiten.

Achten Sie darauf, die kumulative Tabelle zu verwenden.

Lesen Sie in der Tabelle das kleinstmögliche k ab.

In welchem Bereich spricht man sich gegen p_0 aus? (Ablehnungsbereich)

Aufgabe 2 b

Das Signifikanzniveau gibt den Wert an, den die Wahrscheinlichkeit, die Nullhypothese irrtümlich abzulehnen, nicht übersteigen darf.

„Nullhypothese irrtümlich ablehnen" bedeutet: man ist gegen p_0, obwohl p_0 richtig ist.

„Nullhypothese irrtümlich ablehnen" bedeutet hier: Man glaubt, der Kandidat der Partei A habe im ersten Wahlgang bereits Erfolg (er erhält mehr als 50 % der Stimmen), obwohl auf ihn tatsächlich höchstens 50 % der Stimmen entfallen.

Die Wahrscheinlichkeit dafür soll maximal 5 % (Signifikanzniveau) betragen.

Die Wahlkampfberaterin ist darauf bedacht, dass die Wahrscheinlichkeit, dass sie keine zusätzliche Kampagne gemacht hat, obwohl der Kandidat dann im ersten Wahlgang höchstens 50 % der Stimmen erzielt, möglichst klein (= maximal 5 %) ist.

Aufgabe 3 a

Aus den 8 weiblichen und 4 männlichen Stadträten sollen 3 Ausschussmitglieder ausgelost werden.

Handelt es sich um ein Ziehen mit oder ohne Zurücklegen?

Auf der Merkhilfe finden Sie die entsprechende Formel.

Die Wahrscheinlichkeiten, dass sich unter den 3 Ausschussmitgliedern genau keine bzw. genau 3 Frauen befinden, sind angegeben. Sie können dennoch zur Kontrolle eine Wahrscheinlichkeit (oder auch beide Wahrscheinlichkeiten) berechnen.

Bestimmen Sie nach derselben Formel die Wahrscheinlichkeiten, dass unter den 3 Ausschussmitgliedern genau eine bzw. genau zwei Frauen sind.

Vergleichen Sie Ihre Ergebnisse mit den angegebenen Werten.

Aufgabe 3 b

Sowohl für den Erwartungswert als auch für die Varianz einer Zufallsgröße X finden Sie die entsprechende Formel auf Ihrer Merkhilfe.

Setzen Sie die Ergebnisse aus Teilaufgabe 3 a ein und vergleichen Sie wiederum mit den gegebenen Werten.

Aufgabe 3 c

Die Zufallsgröße Y ist laut Angabe binomialverteilt.

Die Formeln für Erwartungswert und Varianz einer binomialverteilten Zufallsgröße entnehmen Sie Ihrer Merkhilfe.

Die Varianz einer Zufallsgröße ist umso größer, je mehr die Zufallsgröße um den Erwartungswert „streut".

Zu dieser „Streuung" tragen sowohl die Entfernungen vom Erwartungswert bei (in der Formel: $(x_i - \mu)^2$) als auch die jeweiligen Wahrscheinlichkeiten (in der Formel: p_i).

Da hier beide Zufallsgrößen in ihren Werten (0; 1; 2; 3) und ihrem Erwartungswert (2) übereinstimmen, sind auch die Entfernungen vom Erwartungswert jeweils gleich.

Zu vergleichen sind somit die Wahrscheinlichkeiten der Werte rechts und links des Erwartungswerts.

Lösungen

1. a) Gegeben sind die Wahrscheinlichkeiten:
$P(J) = 12\%$
$P(K) = 44\%$
$P_{\overline{K}}(J) = \dfrac{1}{7}$

Wegen
$$P(\overline{K} \cap J) = P(\overline{K}) \cdot P_{\overline{K}}(J)$$

folgt:
$$P(\overline{K} \cap J) = (1 - 0,44) \cdot \dfrac{1}{7} = 0,08 = 8\%$$

Damit lässt sich die Vierfeldertafel aufstellen:

	J	$\overline{J}$	
K	**4 %**	**40 %**	44 %
$\overline{K}$	8 %	**48 %**	**56 %**
	12 %	**88 %**	100 %

Die in der Vierfeldertafel berechneten Werte sind fett gedruckt.

b) $P_J(\overline{K}) = \dfrac{P(J \cap \overline{K})}{P(J)} = \dfrac{0,08}{0,12} \approx 0,6667 = 66,67\%$

$P_{\overline{J}}(\overline{K}) = \dfrac{P(\overline{J} \cap \overline{K})}{P(\overline{J})} = \dfrac{0,48}{0,88} \approx 0,5455 = 54,55\%$

Somit gilt $P_J(\overline{K}) > P_{\overline{J}}(\overline{K})$.

Unter den Jungwählern gibt es somit prozentual mehr Personen, die sich noch nicht für einen Kandidaten entschieden haben, als unter den älteren Wählern. Allerdings ist unter denen, die sich noch nicht für einen Kandidaten entschieden haben, doch nur jeder 7. ein Jungwähler (siehe Angabe). Daher ist es nicht sinnvoll, sich im Wahlkampf vorwiegend auf die Jungwähler, die nur 12 % aller Wähler ausmachen, zu konzentrieren.

c) Da es sich um zufällig ausgewählte Wahlberechtigte handelt, darf man davon ausgehen, dass es sich um ein Ziehen mit Zurücklegen handelt (Bernoulli-Kette).

Einsetzen in die Formel aus der Merkhilfe ergibt:

$$P(k=6) = \binom{48}{6} \cdot 0{,}12^6 \cdot (1-0{,}12)^{48-6} = B(48; 0{,}12; 6)$$

Da die Länge $n=48$ nicht tabellarisiert ist, verwenden Sie Ihren Taschenrechner.

$$P(k=6) = \binom{48}{6} \cdot 0{,}12^6 \cdot 0{,}88^{42} \approx 0{,}171 = 17{,}1\,\%$$

2. a) $p_0 \leq 50\,\%$

	für p_0 bei 0 … k zusätzliche Kampagne findet statt	gegen p_0 bei k+1 … 200 zusätzliche Kampagne findet nicht statt	Stimmen
$p_0 \leq 50\,\%$		$\leq 5\,\%$	

$$P(X \geq k+1) \leq 0{,}05$$

$$\sum_{i=k+1}^{200} B(200; 0{,}5; i) \leq 0{,}05$$

$$1 - \sum_{i=0}^{k} B(200; 0{,}5; i) \leq 0{,}05$$

$$\sum_{i=0}^{k} B(200; 0{,}5; i) \geq 0{,}95$$

Nachschlagen in der Stochastik-Tabelle ergibt $k=112$ als kleinstmöglichen Wert für k.

oder in anderer Schreibweise:

$$P_{0{,}5}^{200}(X \geq k+1) \leq 0{,}05$$

$$1 - P_{0{,}5}^{200}(X \leq k) \leq 0{,}05$$

$$P_{0{,}5}^{200}(X \leq k) \geq 0{,}95$$

Auch hier ergibt das Nachschlagen in der Stochastik-Tabelle $k=112$ als kleinstmöglichen Wert für k.

Erhält der Kandidat der Partei A mehr als 112 (oder: mindestens 113) Stimmen, so wird die Nullhypothese abgelehnt und es findet keine zusätzliche Kampagne statt.

2013-53

b) Die Nullhypothese „der Kandidat der Partei A erhält höchstens 50 % der Stimmen" wurde so gewählt, dass sie mit maximal 5 % Wahrscheinlichkeit **irrtümlich abgelehnt** wird.
Die Wahrscheinlichkeit, dass **keine** zusätzliche **Kampagne** durchgeführt wird (weil man die Nullhypothese ablehnt), **obwohl** der Kandidat der Partei A nur **höchstens 50 %** der Stimmen erhält, ist also auf maximal 5 % begrenzt. Dies entspricht dem Anliegen der Wahlkampfberaterin, denn sie will das Risiko, irrtümlich keine zusätzliche Kampagne durchzuführen, möglichst gering halten.

3. a) Die Auslosung der 3 Ausschussmitglieder unter den insgesamt $8 + 4 = 12$ Interessenten entspricht einem Ziehen ohne Zurücklegen. Mit der entsprechenden Formel aus der Merkhilfe ergibt sich:

$$P(X = 0) = \frac{\binom{8}{0} \cdot \binom{4}{3}}{\binom{12}{3}} = \frac{4}{220} = \frac{1}{55}$$
Dieser Wert ist vorgegeben!

$$P(X = 1) = \frac{\binom{8}{1} \cdot \binom{4}{2}}{\binom{12}{3}} = \frac{48}{220} = \frac{12}{55}$$
siehe Angabe des Ergebnisses

$$P(X = 2) = \frac{\binom{8}{2} \cdot \binom{4}{1}}{\binom{12}{3}} = \frac{112}{220} = \frac{28}{55}$$
siehe Angabe des Ergebnisses

$$P(X = 3) = \frac{\binom{8}{3} \cdot \binom{4}{0}}{\binom{12}{3}} = \frac{56}{220} = \frac{14}{55}$$
Dieser Wert ist vorgegeben!

b) Die Merkhilfe bietet für Erwartungswert und Varianz die entsprechenden Formeln:

$$E(X) = 0 \cdot \frac{1}{55} + 1 \cdot \frac{12}{55} + 2 \cdot \frac{28}{55} + 3 \cdot \frac{14}{55} = \frac{110}{55} = 2$$

$$Var(X) = (0 - 2)^2 \cdot \frac{1}{55} + (1 - 2)^2 \cdot \frac{12}{55} + (2 - 2)^2 \cdot \frac{28}{55} + (3 - 2)^2 \cdot \frac{14}{55}$$

$$= 4 \cdot \frac{1}{55} + 1 \cdot \frac{12}{55} + 0 \cdot \frac{28}{55} + 1 \cdot \frac{14}{55} = \frac{30}{55} = \frac{6}{11}$$

c) Die Formeln für Erwartungswert und Varianz einer binomialverteilten Zufallsgröße befinden sich ebenfalls auf der Merkhilfe.

$$E(Y) = n \cdot p = 3 \cdot \frac{2}{3} = 2$$

$$Var(Y) = n \cdot p \cdot (1-p) = 3 \cdot \frac{2}{3} \cdot \frac{1}{3} = \frac{2}{3}$$

Somit gilt:

$$Var(Y) \approx 0{,}667 > Var(X) \approx 0{,}545$$

Für beide Zufallsgrößen gilt die Formel:

$$Var(\text{Zufallsgröße}) = (0-2)^2 \cdot p_1 + (1-2)^2 \cdot p_2 + (2-2)^2 \cdot p_3 + (3-2)^2 \cdot p_4$$
$$= 4 \cdot p_1 + 1 \cdot p_2 + 0 \cdot p_3 + 1 \cdot p_4$$

Ausschlaggebend für die Größe der Varianz sind also die Wahrscheinlichkeiten der Werte 0, 1 und 3 (jeweils rechts und links des Erwartungswerts). Die beiden Abbildungen zeigen, dass für die Größen der Wahrscheinlichkeiten gilt:

p_1: $P(Y=0) > P(X=0)$

p_2: $P(Y=1) \approx P(X=1)$

p_4: $P(Y=3) > P(X=3)$

Bei der Zufallsgröße Y sind also die „Randwerte" 0 und 3 wahrscheinlicher als bei Zufallsgröße X, somit muss auch die Varianz von Y größer sein als die Varianz von X.

Abitur Mathematik (Bayern): Abiturprüfung 2013
Geometrie I

BE

Ein auf einer horizontalen Fläche stehendes Kunstwerk besitzt einen Grundkörper aus massivem Beton, der die Form eines Spats hat. Alle Seitenflächen eines Spats sind Parallelogramme.

In einem Modell lässt sich der Grundkörper durch einen Spat ABCDPQRS mit $A(28|0|0)$, $B(28|10|0)$, $D(20|0|6)$ und $P(0|0|0)$ beschreiben (vgl. Abbildung). Die rechteckige Grundfläche ABQP liegt in der x_1-x_2-Ebene. Im Koordinatensystem entspricht eine Längeneinheit 0,1 m, d. h., der Grundkörper ist 0,6 m hoch.

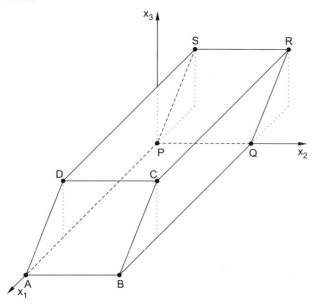

a) Geben Sie die Koordinaten des Punkts C an und zeigen Sie, dass die Seitenfläche ABCD ein Quadrat ist. 5

b) Ermitteln Sie eine Gleichung der Ebene E, in der die Seitenfläche ABCD liegt, in Normalenform.
[mögliches Ergebnis: E: $3x_1 + 4x_3 - 84 = 0$] 3

c) Berechnen Sie die Größe des Winkels, unter dem die Seitenfläche ABCD gegen die x_1-x_2-Ebene geneigt ist. 3

d) Die Seitenfläche PQRS liegt in einer Ebene F. Bestimmen Sie, ohne zu rechnen, eine Gleichung von F in Normalenform; erläutern Sie Ihr Vorgehen.　　2

e) Machen Sie plausibel, dass das Volumen des Spats mithilfe der Formel $V = G \cdot h$ berechnet werden kann, wobei G der Flächeninhalt des Rechtecks ABQP und h die zugehörige Höhe des Spats ist.　　3

f) Ein Kubikmeter des verwendeten Betons besitzt eine Masse von 2,1 t. Berechnen Sie die Masse des Grundkörpers.　　3

Der Grundkörper ist mit einer dünnen geradlinigen Bohrung versehen, die im Modell vom Punkt H(11│3│6) der Deckfläche DCRS aus in Richtung des Schnittpunkts der Diagonalen der Grundfläche verläuft. In der Bohrung ist eine gerade Stahlstange mit einer Länge von 1,4 m so befestigt, dass die Stange zu drei Vierteln ihrer Länge aus der Deckfläche herausragt.

g) Bestimmen Sie im Modell eine Gleichung der Geraden h, entlang derer die Bohrung verläuft, sowie die Koordinaten des Punkts, in dem die Stange in der Bohrung endet.

$$\left[\text{zur Kontrolle: möglicher Richtungsvektor von h:} \begin{pmatrix} 3 \\ 2 \\ -6 \end{pmatrix} \right]$$　　7

h) Auf der Deckfläche des Grundkörpers liegt eine Stahlkugel mit einem Radius von 0,8 m. Im Modell berührt die Kugel die Deckfläche des Spats im Punkt K. Beschreiben Sie, wie man im Modell rechnerisch überprüfen könnte, ob die Stahlkugel die Stange berührt, wenn die Koordinaten von K bekannt wären.　　4

30

2013-57

Tipps und Hinweise

Aufgabe a

✎ Betrachten Sie die Koordinaten von A, B und C.

✎ Wo stimmen die Koordinaten von A und B bzw. A und D überein, wo nicht?

✎ Aus den Koordinaten kann man auf die Lage von [AB] und [AD] schließen.

✎ Alle Seitenflächen des Spats – also auch ABCD – sind Parallelogramme (s. Angabe).

✎ Im Parallelogramm sind gegenüberliegende Seiten parallel und gleich lang.

✎ Das Parallelogramm ABCD ist ein Quadrat, wenn zwei aneinandergrenzende Seiten gleich lang sind und aufeinander senkrecht stehen.

✎ Die Länge einer Seite lässt sich als Länge eines Vektors nach der Formel auf der Merkhilfe berechnen.

✎ Zwei Vektoren stehen aufeinander senkrecht, wenn ihr Skalarprodukt null ergibt (siehe Merkhilfe).

Aufgabe b

✎ Welche Vektoren lassen sich als Richtungsvektoren der Ebene E verwenden?

✎ Sie benötigen einen Normalenvektor der Ebene.

✎ Der Normalenvektor steht auf den Richtungsvektoren senkrecht.

✎ Der Normalenvektor lässt sich mithilfe des Vektorprodukts zweier nicht-paralleler Richtungsvektoren bestimmen (siehe Merkhilfe).

✎ Setzen Sie den Normalenvektor und einen Ebenenpunkt als Aufpunkt in die Formel für die Normalenform der Ebene ein (siehe Merkhilfe).

Aufgabe c

✎ Der Schnittwinkel zweier Ebenen ist gleich dem Schnittwinkel der beiden Normalenvektoren.

✎ Wie lautet die Gleichung der x_1-x_2-Ebene? Welche Koordinaten hat ein Normalenvektor der x_1-x_2-Ebene?

✎ Die Formel für den Winkel zwischen zwei Vektoren finden Sie auf der Merkhilfe.

✎ Achten Sie darauf, dass ein Schnittwinkel nie größer als 90° sein kann (Absolutbetrag in der Formel zum Winkel setzen!).

Aufgabe d

✎ Der Punkt P, durch den die Ebene F verlaufen soll, ist der Koordinatenursprung.

✎ Auf der Merkhilfe finden Sie die Normalenform in Koordinatendarstellung. Welche Besonderheit hat diese Formel, wenn die Ebene den Koordinatenursprung enthält?

2013-58

- Welche Lage besitzt die Ebene F in Bezug auf die Ebene E?
- Welche Eigenschaft besitzen die Normalenvektoren paralleler Ebenen?
- Zwei Vektoren sind parallel, wenn sie Vielfache voneinander sind.

Aufgabe e
- Die Formel V = G · h kennen Sie als Volumenformel für einen Quader.
- Das Rechteck ABQP ist als Grundfläche bereits vorhanden.
- Die dünn gestrichelten Linien in der Darstellung des Körpers können Ihnen bei der Umgestaltung des Spats in einen Quader helfen.
- Ein Parallelogramm lässt sich durch Abschneiden und Ansetzen von Teilflächen in ein Rechteck verwandeln.

- Entsprechendes ist auch bei einem Spat möglich.
- Welcher Teil des Spats befindet sich „hinter" der x_2-x_3-Ebene?
- Schneidet man diesen Teil vom Spat ab, lässt er sich an anderer Stelle wieder anfügen.
- Wie müssen Sie den abgeschnittenen Teil an den Restkörper ansetzen?
- Welcher Körper entsteht nun?

Aufgabe f
- Aus der Masse von einem Kubikmeter kann auf die Masse von x m³ geschlossen werden.
- Sie benötigen das Volumen des Grundkörpers.
- Teilaufgabe e gibt Ihnen dafür eine Formel vor.
- Beachten Sie die vorgegebene Längeneinheit, damit Sie das Volumen mit den entsprechenden Benennungen berechnen können.

Aufgabe g
- Um die Gleichung der Geraden h aufstellen zu können, benötigen Sie neben H einen weiteren Punkt auf der Geraden.
- Bestimmen Sie die Koordinaten des Schnittpunkts G der Diagonalen der Grundfläche ABQP.
- Da ABQP ein Rechteck ist, halbieren sich die Diagonalen gegenseitig. Sie erhalten den Schnittpunkt G also als Mittelpunkt einer der Diagonalen.
- Die Koordinaten der Endpunkte der Diagonalen [BP] sind gegeben.
- Die Gerade h ist durch die Punkte H und G festgelegt.

✓ Die Gerade h ergibt sich aus $\vec{X} = \vec{H} + \kappa \cdot \overrightarrow{HG}$ mit $\kappa \in \mathbb{R}$.

✓ Die Stahlstange verläuft in einer Länge von 1,4 m als Teil der Geraden h.

✓ Nur ein Viertel der Stange befindet sich im Grundkörper, daher endet die Bohrung an einem Punkt L zwischen G und H.

✓ Welche Länge besitzt die Bohrung, also die Strecke [LH]? Beachten Sie den angegebenen Maßstab.

✓ Die Länge der Strecke [LH] ist gleich dem Betrag des Vektors $\overrightarrow{LH}$. Eine Formel für dessen Berechnung finden Sie auf der Merkhilfe.

✓ Sie wissen, dass L auf h liegt, also die Geradengleichung erfüllen muss.

✓ Einsetzen dieser Koordinaten in die Formel für den Betrag eines Vektors liefert eine Gleichung für den Geradenparameter κ. Lösen Sie die Gleichung nach κ auf.

✓ Einsetzen von κ in die Geradengleichung h liefert die Koordinaten von L.

oder:

✓ Geht man auf der Geraden h von H aus 3,5 Einheiten in Richtung G, so gelangt man zum Punkt L.

✓ Der Vektor $\overrightarrow{HL}$ ist ein Vielfaches des Richtungsvektors von h mit der Länge 3,5.

✓ Der Einheitsvektor des Richtungsvektors $\overrightarrow{HG}$ besitzt die Länge 1.

✓ Auf der Merkhilfe finden Sie die Formel zur Berechnung des Einheitsvektors.

✓ Das 3,5-Fache des Einheitsvektors hat die Länge 3,5.

Aufgabe h

✓ Die Kugel liegt im Punkt K auf der Deckfläche des Spats auf. Wie lautet daher die x_3-Koordinate von K?

✓ Was lässt sich über die x_3-Koordinate des Kugelmittelpunkts M aussagen? Beachten Sie den angegebenen Maßstab.

✓ Unter welcher Bedingung berührt eine Gerade eine Kugel?

✓ Eine Gerade h ist nur dann Tangente an eine Kugel mit Mittelpunkt M und Radius r, wenn $d(M; h) = r$ gilt.

✓ Wie erhält man den Abstand des Kugelmittelpunkts M von der Geraden h?

✓ Die Strecke vom Kugelmittelpunkt zum Berührpunkt F auf der Geraden muss auf der Geraden senkrecht stehen.

✓ Die Kugel soll nicht nur die Gerade h, sondern diese auch noch im Bereich der Stange berühren.

✓ Was muss daher für die Lage des Berührpunkts F gelten?

✓ Wie weit darf F höchstens von H entfernt sein, um noch auf der Stange zu liegen?

Lösungen

a) $C(20|10|6)$

Aus der Skizze und den Koordinaten von A, B und D ist ersichtlich, dass [AB] parallel zur x_2-Achse verläuft und [AD] in der x_1-x_2-Ebene liegt.
Da ABCD als Seitenfläche des Spats ein Parallelogramm ist, muss auch [DC] parallel zur x_2-Achse verlaufen. Somit müssen die x_1- und die x_3-Koordinate von C mit der x_1- und der x_3-Koordinate von D übereinstimmen.
Da [AB] und [DC] außerdem gleich lang sein müssen, muss die x_2-Koordinate von C mit der x_2-Koordinate von B übereinstimmen.

ABCD ist als eine Seitenfläche des Spats ein Parallelogramm (siehe Angabe).

$$\overrightarrow{AB} = \vec{B} - \vec{A} = \begin{pmatrix} 28 \\ 10 \\ 0 \end{pmatrix} - \begin{pmatrix} 28 \\ 0 \\ 0 \end{pmatrix} = \begin{pmatrix} 0 \\ 10 \\ 0 \end{pmatrix} \quad \Rightarrow \quad |\overrightarrow{AB}| = \sqrt{0^2 + 10^2 + 0^2} = \sqrt{100} = 10$$

$$\overrightarrow{AD} = \vec{D} - \vec{A} = \begin{pmatrix} 20 \\ 0 \\ 6 \end{pmatrix} - \begin{pmatrix} 28 \\ 0 \\ 0 \end{pmatrix} = \begin{pmatrix} -8 \\ 0 \\ 6 \end{pmatrix} \quad \Rightarrow \quad |\overrightarrow{AD}| = \sqrt{(-8)^2 + 0^2 + 6^2} = \sqrt{100} = 10$$

$$\overrightarrow{AB} \circ \overrightarrow{AD} = \begin{pmatrix} 0 \\ 10 \\ 0 \end{pmatrix} \circ \begin{pmatrix} -8 \\ 0 \\ 6 \end{pmatrix} = 0 + 0 + 0 = 0$$

Die beiden aneinandergrenzenden Seiten [AB] und [AD] sind gleich lang und stehen aufeinander senkrecht. Somit ist das Parallelogramm ABCD ein Quadrat.

b) Mit A als Aufpunkt und $\overrightarrow{AB}$ und $\overrightarrow{AD}$ als Richtungsvektoren der Ebene E ergibt sich:

$$\vec{n}_E = \overrightarrow{AB} \times \overrightarrow{AD} = \begin{pmatrix} 0 \\ 10 \\ 0 \end{pmatrix} \times \begin{pmatrix} -8 \\ 0 \\ 6 \end{pmatrix} = \begin{pmatrix} 60 - 0 \\ 0 - 0 \\ 0 + 80 \end{pmatrix} = \begin{pmatrix} 60 \\ 0 \\ 80 \end{pmatrix} = 20 \cdot \begin{pmatrix} 3 \\ 0 \\ 4 \end{pmatrix}$$

$$E: \begin{pmatrix} 3 \\ 0 \\ 4 \end{pmatrix} \circ \left[\vec{X} - \begin{pmatrix} 28 \\ 0 \\ 0 \end{pmatrix} \right] = 0$$

$$3x_1 + 4x_3 - 3 \cdot 28 = 0$$
$$3x_1 + 4x_3 - 84 = 0$$

c) Der Winkel, den die Ebene E mit der x_1-x_2-Ebene bildet, entspricht dem Winkel zwischen den beiden Normalenvektoren. Die Gleichung der x_1-x_2-Ebene lautet $x_3 = 0$.
Ein Normalenvektor der x_1-x_2-Ebene ist somit $\begin{pmatrix} 0 \\ 0 \\ 1 \end{pmatrix}$.

2013-61

Eingesetzt in die Formel auf der Merkhilfe (mit Absolutstrichen, da der spitze Winkel gesucht ist) ergibt sich:

$$\cos\varphi = \frac{\left|\begin{pmatrix}3\\0\\4\end{pmatrix}\circ\begin{pmatrix}0\\0\\1\end{pmatrix}\right|}{\sqrt{3^2+0^2+4^2}\cdot\sqrt{0^2+0^2+1^2}} = \frac{4}{5} = 0{,}8 \quad\Rightarrow\quad \varphi \approx 36{,}87°$$

d) Die Seitenfläche PQRS verläuft durch den Koordinatenursprung P(0|0|0), daher muss in der Darstellung F: $n_1x_1 + n_2x_2 + n_3x_3 + n_0 = 0$ gelten: $n_0 = 0$
Da PQRS parallel zur Seitenfläche ABCD ist, gilt $\vec{n}_F \parallel \vec{n}_E$, also $\vec{n}_F = a\cdot\vec{n}_E$.
Wählt man $a=1$, ergibt sich:
F: $3x_1 + 4x_3 = 0$

e) Auf der Merkhilfe findet sich die Formel $V = G\cdot h$ für das Volumen eines Prismas. Diese Formel gilt sowohl für gerade als auch für schiefe Prismen. Da bei einem Spat Grund- und Deckfläche kongruent und die Verbindungsstrecken entsprechender Punkte der Grund- und Deckfläche parallel und gleich lang sind, ist ein Spat ein schiefes Prisma. Damit wäre die Aufgabe bereits gelöst.

Da im Lehrplan (der Jahrgangsstufe 9) jedoch nur gerade Prismen aufgelistet sind (also Prismen, bei denen die Verbindungsstrecken entsprechender Punkte der Grund- und Deckfläche zusätzlich auf der Grundfläche senkrecht stehen), ist die Aufgabe wohl so gedacht, dass gezeigt werden soll, dass sich der Spat (= das schiefe Prisma) in ein gerades Prisma (hier einen Quader, da die Grundfläche ein Rechteck ist) verwandeln lässt.

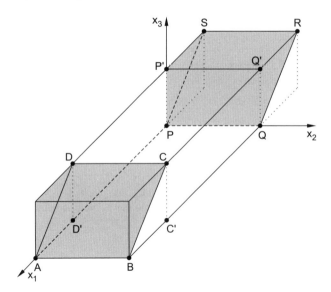

Durch einen senkrechten (entlang der x_2-x_3-Ebene) Schnitt durch die Punkte P und Q wird das dreiseitige Prisma PSP'QRQ' vom Spat abgetrennt. Dieses dreiseitige Prisma PSP'QRQ' ist kongruent zum dreiseitigen Prisma AD'DBC'C, das durch einen senkrechten Schnitt (parallel zur x_2-x_3-Ebene) durch C und D entstehen würde.

Entfernt man das Prisma PSP'QRQ' hinten vom Spat und setzt es vorn so auf, dass die beiden Quadrate ABCD und PQRS aufeinander liegen, so entsteht ein Quader mit der Grundfläche ABQP und der Spathöhe [C'C]. Für das Volumen eines Quaders gilt:

$\text{Volumen}_{\text{Quader}} = \text{Grundfläche} \cdot \text{Höhe}$

f) Das Volumen des Spats ist identisch mit dem Volumen des Quaders und berechnet sich gemäß Teilaufgabe e nach der Formel:

$V = G \cdot h = \overline{AP} \cdot \overline{AB} \cdot \overline{C'C} = 28 \cdot 10 \cdot 6 \stackrel{\wedge}{=} 2{,}8 \text{ m} \cdot 1{,}0 \text{ m} \cdot 0{,}6 \text{ m} = 1{,}68 \text{ m}^3$

$\text{Masse} = m = 1{,}68 \text{ m}^3 \cdot 2{,}1 \dfrac{t}{m^3} = 3{,}528 \text{ t}$

g)

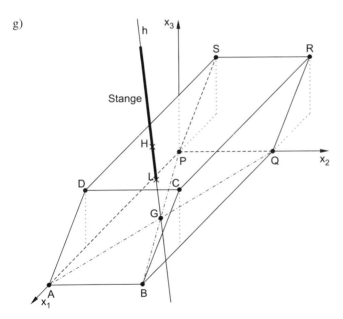

Die Diagonalen der Grundfläche ABQP halbieren sich gegenseitig. Der Schnittpunkt G ist also der Mittelpunkt der Diagonalen.

$\vec{G} = \vec{M}_{BP} = \dfrac{1}{2} \cdot \left(\begin{pmatrix} 28 \\ 10 \\ 0 \end{pmatrix} + \begin{pmatrix} 0 \\ 0 \\ 0 \end{pmatrix} \right) = \begin{pmatrix} 14 \\ 5 \\ 0 \end{pmatrix}$

$\overrightarrow{HG}$ entspricht dem Richtungsvektor der Geraden h.

$$\overrightarrow{HG} = \begin{pmatrix} 14 \\ 5 \\ 0 \end{pmatrix} - \begin{pmatrix} 11 \\ 3 \\ 6 \end{pmatrix} = \begin{pmatrix} 3 \\ 2 \\ -6 \end{pmatrix}$$

h: $\vec{X} = \vec{H} + \kappa \cdot \overrightarrow{HG}$ mit $\kappa \in \mathbb{R}$

h: $\vec{X} = \begin{pmatrix} 11 \\ 3 \\ 6 \end{pmatrix} + \kappa \cdot \begin{pmatrix} 3 \\ 2 \\ -6 \end{pmatrix}$ mit $\kappa \in \mathbb{R}$

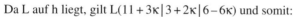

In der Seitenansicht kann das wie in der nebenstehenden Abbildung veranschaulicht werden.

Die Länge der Strecke [LH] muss ein Viertel von 1,4 m, also 0,35 m, betragen. Aufgrund des Maßstabs muss also gelten:

$\overline{LH} = 3,5$

Da L auf h liegt, gilt $L(11+3\kappa | 3+2\kappa | 6-6\kappa)$ und somit:

$$\overline{LH} = |\overrightarrow{LH}| = \left| \begin{pmatrix} 11 \\ 3 \\ 6 \end{pmatrix} - \begin{pmatrix} 11+3\kappa \\ 3+2\kappa \\ 6-6\kappa \end{pmatrix} \right| = \left| \begin{pmatrix} -3\kappa \\ -2\kappa \\ 6\kappa \end{pmatrix} \right|$$

$$= \sqrt{(-3\kappa)^2 + (-2\kappa)^2 + (6\kappa)^2} = \sqrt{49\kappa^2} = 7\kappa$$

$\Rightarrow \quad 7\kappa = 3,5$

$\kappa = 0,5$

$L(11+3\cdot 0,5 | 3+2\cdot 0,5 | 6-6\cdot 0,5) \quad \Rightarrow \quad L(12,5 | 4 | 3)$

oder:

$\vec{L} = \vec{H} + 3,5 \cdot \overrightarrow{HG}^0$

Der Einheitsvektor $\overrightarrow{HG}^0$ ergibt sich durch Division durch die Länge von $\overrightarrow{HG}$:

$|\overrightarrow{HG}| = \left| \begin{pmatrix} 3 \\ 2 \\ -6 \end{pmatrix} \right| = \sqrt{3^2 + 2^2 + (-6)^2} = \sqrt{49} = 7 \quad \Rightarrow \quad \overrightarrow{HG}^0 = \frac{1}{7} \cdot \begin{pmatrix} 3 \\ 2 \\ -6 \end{pmatrix}$

Somit:

$\vec{L} = \begin{pmatrix} 11 \\ 3 \\ 6 \end{pmatrix} + 3,5 \cdot \frac{1}{7} \cdot \begin{pmatrix} 3 \\ 2 \\ -6 \end{pmatrix} = \begin{pmatrix} 11 \\ 3 \\ 6 \end{pmatrix} + \begin{pmatrix} 1,5 \\ 1 \\ -3 \end{pmatrix} = \begin{pmatrix} 12,5 \\ 4 \\ 3 \end{pmatrix} \quad \Rightarrow \quad L(12,5 | 4 | 3)$

h) Da der Radius der Kugel 0,8 m beträgt, muss der Mittelpunkt M der Kugel 8 Einheiten „senkrecht über" K liegen. K liegt in der Deckfläche und hat die Koordinaten $(k_1 | k_2 | 6)$, also muss M die Koordinaten $(k_1 | k_2 | 6+8) = (k_1 | k_2 | 14)$ besitzen.

Man berechnet den Abstand d(M; h) des Kugelmittelpunkts M zur Geraden h. Dafür bestimmt man den Berührpunkt der Kugel mit der Geraden. Da Radius und Gerade aufeinander senkrecht stehen müssen, ist der Berührpunkt der Fußpunkt F des Lots von M auf die Gerade h. Es gilt:

$d(M; h) = |\overrightarrow{FM}|$

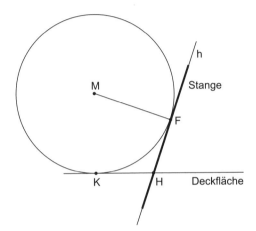

Falls
$d(M; h) = |\overrightarrow{FM}| = 8$
und
$|\overrightarrow{FH}| \leq$ drei Viertel von 1,4 m
und somit
$|\overrightarrow{FH}| \leq 1,05$ m,
so berührt die Kugel die Stange.

Bemerkung: Von weiteren Lagen der Kugel auf der Deckfläche des Spats (die Kugel liegt z. B. in obiger Abbildung rechts von der Stange) wird hier aufgrund des Erwartungshorizonts abgesehen.

Abitur Mathematik (Bayern): Abiturprüfung 2013
Geometrie II

BE

1. Die Abbildung zeigt modellhaft einen Ausstellungspavillon, der die Form einer geraden vierseitigen Pyramide mit quadratischer Grundfläche hat und auf einer horizontalen Fläche steht. Das Dreieck BCS beschreibt im Modell die südliche Außenwand des Pavillons. Im Koordinatensystem entspricht eine Längeneinheit 1 m, d. h., die Grundfläche des Pavillons hat eine Seitenlänge von 12 m.

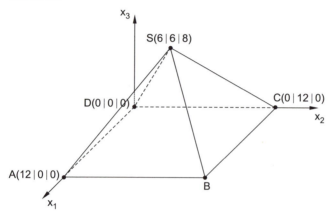

a) Geben Sie die Koordinaten des Punkts B an und bestimmen Sie das Volumen des Pavillons. 3

b) Die südliche Außenwand des Pavillons liegt im Modell in einer Ebene E. Bestimmen Sie eine Gleichung von E in Normalenform.
[mögliches Ergebnis: E: $4x_2 + 3x_3 - 48 = 0$] 4

c) Der Innenausbau des Pavillons erfordert eine möglichst kurze, dünne Strebe zwischen dem Mittelpunkt der Grundfläche und der südlichen Außenwand. Ermitteln Sie, in welcher Höhe über der Grundfläche die Strebe an der Außenwand befestigt ist. 5

An einem Teil der südlichen Außenwand sind Solarmodule flächenbündig montiert. Die Solarmodule bedecken im Modell eine dreieckige Fläche, deren Eckpunkte die Spitze S sowie die Mittelpunkte der Kanten [SB] und [SC] sind.

d) Ermitteln Sie den Inhalt der von den Solarmodulen bedeckten Fläche. 4

e) Die von Solarmodulen abgegebene elektrische Leistung hängt unter anderem von der Größe ihres Neigungswinkels gegen die Horizontale ab. Die Tabelle gibt den Anteil der abgegebenen Leistung an der maximal möglichen Leistung in Abhängigkeit von der Größe des Neigungswinkels an. Schätzen Sie diesen Anteil für die Solarmodule des Pavillons – nach Berechnung des Neigungswinkels – unter Verwendung der Tabelle ab.

Neigungswinkel	0°	10°	20°	30°	40°
Anteil an der maximalen Leistung	87 %	93 %	97 %	100 %	100 %

Neigungswinkel	50°	60°	70°	80°	90°
Anteil an der maximalen Leistung	98 %	94 %	88 %	80 %	69 %

4

2. In einem kartesischen Koordinatensystem sind die Geraden

$$g: \vec{X} = \begin{pmatrix} 8 \\ 1 \\ 7 \end{pmatrix} + \lambda \cdot \begin{pmatrix} 3 \\ 1 \\ 2 \end{pmatrix}, \lambda \in \mathbb{R}, \text{ und h: } \vec{X} = \begin{pmatrix} -1 \\ 5 \\ -9 \end{pmatrix} + \mu \cdot \begin{pmatrix} 1 \\ -2 \\ 4 \end{pmatrix}, \mu \in \mathbb{R},$$

gegeben. Die Geraden g und h schneiden sich im Punkt T.

a) Bestimmen Sie die Koordinaten von T.
[Ergebnis: T(2|−1|3)]

4

b) Geben Sie die Koordinaten zweier Punkte P und Q an, die auf g liegen und von T gleich weit entfernt sind.

2

c) Zwei Punkte U und V der Geraden h bilden zusammen mit P und Q das Rechteck PUQV. Beschreiben Sie einen Weg zur Ermittlung der Koordinaten von U und V.

4
30

Tipps und Hinweise

Aufgabe 1 a

✔ Die Angabe besagt, dass ABCD ein Quadrat ist.

✔ A bzw. C bestimmen die x_1- bzw. x_2-Koordinate von B.

✔ Da die Pyramide auf einer horizontalen Fläche steht (siehe Angabe) und A, C und D in der x_1-x_2-Ebene liegen, muss die gesamte Grundfläche (und damit auch B) in der x_1-x_2-Ebene liegen.

✔ Das Volumen der geraden Pyramide kann sowohl elementargeometrisch als auch vektoriell bestimmt werden.

✔ Die Formel für die elementargeometrische Volumenberechnung finden Sie auf der Merkhilfe.

✔ Die Seitenlänge des Grundflächenquadrats beträgt 12 m (siehe Angabe).

✔ Die Höhe einer geraden Pyramide verbindet den Mittelpunkt der Grundfläche mit der Spitze.

✔ Da die Grundfläche in der x_1-x_2-Ebene liegt, lässt sich die Höhe unmittelbar aus den Koordinaten der Spitze S ablesen.

✔ Auf der Merkhilfe finden Sie die Formel für die vektorielle Berechnung des Volumens einer dreiseitigen Pyramide. Das Volumen einer entsprechenden vierseitigen Pyramide ist doppelt so groß.

✔ Achten Sie darauf, dass die drei aufspannenden Vektoren alle im selben Punkt (z. B. A) beginnen.

Aufgabe 1 b

✔ Die südliche Außenwand ist laut Angabe durch das Dreieck BCS beschrieben.

✔ Gesucht ist somit die Normalenform einer Ebene durch drei Punkte.

✔ Gemäß Merkhilfe benötigen Sie einen Normalenvektor und einen Ebenenpunkt.

✔ Der Normalenvektor steht auf den Richtungsvektoren senkrecht.

✔ Welche Vektoren lassen sich als Richtungsvektoren der Ebene E verwenden?

✔ Der Normalenvektor lässt sich mithilfe des Vektorprodukts zweier nicht-paralleler Richtungsvektoren bestimmen (siehe Merkhilfe).

✔ Setzen Sie den Normalenvektor und einen Ebenenpunkt (B oder C oder S) in die Formel für die Normalenform der Ebene ein (siehe Merkhilfe).

Aufgabe 1 c

✔ Der Mittelpunkt der quadratischen Grundfläche ist der Schnittpunkt der Diagonalen, die sich gegenseitig halbieren.

2013-68

◢ Der Mittelpunkt der Grundfläche ist der Mittelpunkt einer der beiden Diagonalen.

◢ Der Mittelpunkt der Grundfläche liegt bei einer geraden Pyramide senkrecht unter der Spitze S.

◢ Der Mittelpunkt der Grundfläche entspricht der senkrechten Projektion der Spitze S in die x_1-x_2-Ebene.

◢ Die Strebe zwischen Mittelpunkt und Außenwand ist dann möglichst kurz, wenn die Strebe auf der Außenwand senkrecht steht.

◢ Die Strebe liegt also auf einer Geraden durch M, die auf der Außenwand (der Ebene E) senkrecht steht.

◢ Eine auf E senkrecht stehende Gerade ist ein Lot zu E.

◢ Welchen Richtungsvektor hat ein Lot zu E?

◢ Bestimmen Sie den Schnittpunkt des Lots durch M mit der Ebene E.

◢ Die x_3-Koordinate des Schnittpunkts gibt die Höhe über der Grundfläche (in der x_1-x_2-Ebene) an.

oder:

◢ Sie können die gesuchte Höhe auch elementargeometrisch bestimmen.

◢ Verwenden Sie dazu das rechtwinklige Dreieck MNF, wobei M der Mittelpunkt der Grundfläche, N der Mittelpunkt der Strecke [BC] und F der Punkt ist, in dem die Strebe auf die Außenwand trifft.

◢ Ist K der Lotfußpunkt von F auf [MN], so gibt die Länge der Strecke [FK] die gesuchte Höhe an.

◢ Die Strecke [MN] ist halb so lang wie die Quadratseite.

◢ Die Länge der Strecke [FM] ist der Abstand des Punktes M von der Ebene E.

◢ Verwenden Sie die Formel $d(M; E) = \dfrac{|n_1 m_1 + n_2 m_2 + n_3 m_3 + n_0|}{|\vec{n}|}$.

◢ Die Länge der Strecke [NF] ergibt sich mithilfe von Pythagoras im Dreieck MNF.

◢ Sowohl MNF als auch NFK sind rechtwinklige Dreiecke, die den Winkel bei N gemeinsam haben.

◢ MNF und NFK sind somit ähnliche Dreiecke.

◢ In ähnlichen Dreiecken stehen entsprechende Seiten im selben Verhältnis.

◢ Stellen Sie mit den Längen der Strecken [MN], [FM], [NF] und [FK] eine Verhältnisgleichung auf.

◢ Lösen Sie nach $\overline{FK}$ auf.

Aufgabe 1 d

Die von den Solarmodulen bedeckte Fläche lässt sich elementargeometrisch oder vektoriell bestimmen.

Zeichnen Sie die Mittelpunkte der beiden Kanten ein und schraffieren Sie die von den Solarmodulen bedeckte Fläche.

Diese Zeichnung erinnert an „Strahlensatz".

Mithilfe der Formel auf der Merkhilfe können Sie das Verhältnis bestimmen, in dem entsprechende Seiten der Dreiecke BCS bzw. GHS zueinander stehen.

Nicht nur die Seiten, auch die Höhen der beiden Dreiecke stehen in diesem Verhältnis.

Beide Dreiecke sind gleichschenklig. Die Höhe halbiert also die Basis.

Die Höhe lässt sich mit Pythagoras berechnen.

Die Fläche eines Dreiecks berechnet sich aus $A_\Delta = \frac{1}{2} \cdot$ Grundlinie $\cdot$ Höhe.

Für eine vektorielle Berechnung der Dreiecksfläche benötigen Sie die Koordinaten der Mittelpunkte der Kanten [SB] und [SC].

Benutzen Sie die Formel für den Mittelpunkt einer Strecke auf Ihrer Merkhilfe.

Auch für den Flächeninhalt eines Dreiecks findet sich eine Formel auf der Merkhilfe.

Beachten Sie bei der Angabe der Fläche den angegebenen Maßstab.

Aufgabe 1 e

Der Schnittwinkel zweier Ebenen ist gleich dem Schnittwinkel der beiden Normalenvektoren.

Wie lautet die Gleichung der x_1-x_2-Ebene? Welche Koordinaten hat ein Normalenvektor der x_1-x_2-Ebene?

Die Formel für den Winkel zwischen zwei Vektoren finden Sie auf der Merkhilfe.

Achten Sie darauf, dass ein Schnittwinkel nie größer als 90° sein kann (Absolutbetrag in der Formel zum Winkel setzen!).

In der Tabelle ist dieser Winkel nicht zu finden. Zwischen welchen angegebenen Werten liegt er?

Sie können damit das Intervall bestimmen, das den entsprechenden Anteil der abgegebenen Leistung angibt.

Welche Prozentzahl aus dem Intervall von 98 % bis 94 % ist daher als Näherungswert für den berechneten Neigungswinkel anzusetzen?

Aufgabe 2 a

Den Schnittpunkt zweier Geraden erhält man durch Gleichsetzen der beiden Geradengleichungen.

Es ergibt sich ein Gleichungssystem aus 3 Gleichungen mit 2 Unbekannten.

Berechnen Sie mithilfe von zwei dieser Gleichungen die beiden Unbekannten.

Achten Sie darauf, dass die beiden von Ihnen berechneten Parameter alle drei Gleichungen erfüllen müssen (Probe!).

Einsetzen eines dieser Parameter in die entsprechende Geradengleichung liefert die Koordinaten des Schnittpunkts.

Aufgabe 2 b

Zeichnen Sie sich eine beliebige Geradenkreuzung mit dem Schnittpunkt T.

Zu einem Punkt P gelangen Sie, indem Sie im Punkt T ein beliebiges Vielfaches des Richtungsvektors von g anfügen.

Was müssen Sie im Punkt T anfügen, um zum gleich weit entfernten Punkt Q auf g zu gelangen?

Aufgabe 2 c

Im Rechteck PUQV bilden die Strecken [PQ] und [UV] die Diagonalen.

Welche Eigenschaften haben die Diagonalen eines Rechtecks?

Gehört ein Rechteck zu den Vierecken, die einen Umkreis besitzen?

Was gilt für die Entfernung von U (bzw. V) zu T im Vergleich zur Entfernung von P (bzw. Q) zu T?

Diese Entfernung lässt sich mithilfe der Formel für die Länge eines Vektors (siehe Merkhilfe) berechnen.

Diese Entfernung ist zugleich die Länge des Radius r des Umkreises des Rechtecks PUQV.

Da U und V auf h liegen, gelangt man zu ihnen, indem man im Punkt T einen Richtungsvektor von h anfügt, der die Länge r besitzt.

Der Einheitsvektor des Richtungsvektors besitzt die Länge 1.

Auf der Merkhilfe finden Sie die Formel zur Berechnung des Einheitsvektors.

Multipliziert man den Einheitsvektor des Richtungsvektors von h mit dem Radius r des Umkreises, so entsteht ein Richtungsvektor der Länge r.

2013-71

Lösungen

1. a) B(12|12|0)

Die x_1-Koordinate von B ist gleich der x_1-Koordinate von A, die x_2-Koordinate von B ist gleich der x_2-Koordinate von C, die x_3-Koordinate von B ist (wie bei allen Punkten der Grundfläche) gleich 0.

Das Volumen lässt sich mithilfe der entsprechenden Formeln auf der Merkhilfe elementargeometrisch oder vektoriell bestimmen.

elementargeometrisch:

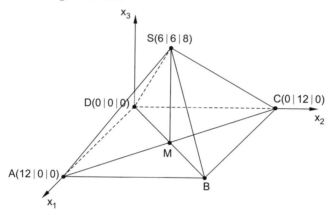

Die Grundfläche ist ein Quadrat der Seitenlänge 12 m (siehe Angabe). Bei einer geraden Pyramide befindet sich die Spitze S senkrecht über dem Mittelpunkt M der Grundfläche. Die Pyramidenhöhe ist somit gleich $\overline{MS}$. $\overline{MS}$ entspricht der x_3-Koordinate von S, da M (wie die gesamte Grundfläche) in der x_1-x_2-Ebene liegt. Somit gilt h = 8 m.

$$V = \frac{1}{3} G \cdot h = \frac{1}{3} \cdot (12 \text{ m})^2 \cdot 8 \text{ m} = 384 \text{ m}^3$$

vektoriell:

$$V = \frac{1}{3} \cdot |\overrightarrow{AB} \circ (\overrightarrow{AD} \times \overrightarrow{AS})|$$

mit $\overrightarrow{AB} = \vec{B} - \vec{A} = \begin{pmatrix} 12 \\ 12 \\ 0 \end{pmatrix} - \begin{pmatrix} 12 \\ 0 \\ 0 \end{pmatrix} = \begin{pmatrix} 0 \\ 12 \\ 0 \end{pmatrix}$

$\overrightarrow{AD} = \vec{D} - \vec{A} = \begin{pmatrix} 0 \\ 0 \\ 0 \end{pmatrix} - \begin{pmatrix} 12 \\ 0 \\ 0 \end{pmatrix} = \begin{pmatrix} -12 \\ 0 \\ 0 \end{pmatrix}$

$$\overrightarrow{AS} = \vec{S} - \vec{A} = \begin{pmatrix} 6 \\ 6 \\ 8 \end{pmatrix} - \begin{pmatrix} 12 \\ 0 \\ 0 \end{pmatrix} = \begin{pmatrix} -6 \\ 6 \\ 8 \end{pmatrix}$$

ergibt sich:

$$V = \frac{1}{3} \cdot \left| \overrightarrow{AB} \circ (\overrightarrow{AD} \times \overrightarrow{AS}) \right| = \frac{1}{3} \cdot \left| \begin{pmatrix} 0 \\ 12 \\ 0 \end{pmatrix} \circ \left(\begin{pmatrix} -12 \\ 0 \\ 0 \end{pmatrix} \times \begin{pmatrix} -6 \\ 6 \\ 8 \end{pmatrix} \right) \right| = \frac{1}{3} \cdot \left| \begin{pmatrix} 0 \\ 12 \\ 0 \end{pmatrix} \circ \begin{pmatrix} 0-0 \\ 0+96 \\ -72-0 \end{pmatrix} \right|$$

$$= \frac{1}{3} \cdot 1152 = 384$$

Aufgrund des angegebenen Maßstabs beträgt das Pyramidenvolumen 384 m³.

b) Die südliche Außenwand ist durch das Dreieck BCS festgelegt. Als Richtungs-vektoren der Ebene E können somit z. B. die Vektoren $\overrightarrow{BC}$ und $\overrightarrow{BS}$ verwendet werden.

$$\overrightarrow{BC} = \vec{C} - \vec{B} = \begin{pmatrix} 0 \\ 12 \\ 0 \end{pmatrix} - \begin{pmatrix} 12 \\ 12 \\ 0 \end{pmatrix} = \begin{pmatrix} -12 \\ 0 \\ 0 \end{pmatrix}$$

$$\overrightarrow{BS} = \vec{S} - \vec{B} = \begin{pmatrix} 6 \\ 6 \\ 8 \end{pmatrix} - \begin{pmatrix} 12 \\ 12 \\ 0 \end{pmatrix} = \begin{pmatrix} -6 \\ -6 \\ 8 \end{pmatrix}$$

Daraus ergibt sich der Normalenvektor der Ebene E:

$$\vec{n}_E = \begin{pmatrix} -12 \\ 0 \\ 0 \end{pmatrix} \times \begin{pmatrix} -6 \\ -6 \\ 8 \end{pmatrix} = \begin{pmatrix} 0-0 \\ 0+96 \\ 72-0 \end{pmatrix} = 24 \cdot \begin{pmatrix} 0 \\ 4 \\ 3 \end{pmatrix}$$

Zusammen mit dem Aufpunkt B erhält man eine Gleichung der Ebene E:

$$E: \begin{pmatrix} 0 \\ 4 \\ 3 \end{pmatrix} \circ \left[\vec{X} - \begin{pmatrix} 12 \\ 12 \\ 0 \end{pmatrix} \right] = 0$$

$$4x_2 + 3x_3 - 48 = 0$$

c) Der Mittelpunkt der Grundfläche ist der Schnittpunkt der Diagonalen. Diese halbieren sich gegenseitig.

$$\vec{M} = \overrightarrow{M}_{BD} = \frac{1}{2} \cdot (\vec{B} + \vec{D}) = \frac{1}{2} \cdot \left(\begin{pmatrix} 12 \\ 12 \\ 0 \end{pmatrix} + \begin{pmatrix} 0 \\ 0 \\ 0 \end{pmatrix} \right) = \begin{pmatrix} 6 \\ 6 \\ 0 \end{pmatrix}$$

oder:

$$\vec{M} = \overrightarrow{M}_{AC} = \frac{1}{2} \cdot (\vec{A} + \vec{C}) = \frac{1}{2} \cdot \left(\begin{pmatrix} 12 \\ 0 \\ 0 \end{pmatrix} + \begin{pmatrix} 0 \\ 12 \\ 0 \end{pmatrix} \right) = \begin{pmatrix} 6 \\ 6 \\ 0 \end{pmatrix}$$

oder:

Da es sich um eine gerade Pyramide handelt, deren Grundfläche in der x_1-x_2-Ebene liegt, ist M die senkrechte Projektion von S in die x_1-x_2-Ebene. Daher hat M dieselbe x_1- und dieselbe x_2-Koordinate wie S und als x_3-Koordinate Null: M(6|6|0)

Die Strebe ist dann möglichst kurz, wenn sie auf der südlichen Außenwand (der Ebene E) senkrecht steht. M muss also auf dem Lot ℓ zu E liegen. Der Richtungsvektor des Lots entspricht dem Normalenvektor der Ebene E.

$\ell: \vec{X} = \begin{pmatrix} 6 \\ 6 \\ 0 \end{pmatrix} + \kappa \cdot \begin{pmatrix} 0 \\ 4 \\ 3 \end{pmatrix}$ mit $\kappa \in \mathbb{R}$

$\ell \cap E$: $4 \cdot (6 + 4\kappa) + 3 \cdot (0 + 3\kappa) - 48 = 0$
$24 + 16\kappa + 9\kappa - 48 = 0$
$25\kappa - 24 = 0$
$\kappa = 0{,}96$

$\vec{F} = \begin{pmatrix} 6 \\ 6 \\ 0 \end{pmatrix} + 0{,}96 \cdot \begin{pmatrix} 0 \\ 4 \\ 3 \end{pmatrix} = \begin{pmatrix} 6 \\ 9{,}84 \\ 2{,}88 \end{pmatrix}$

Die Strebe trifft also im Punkt F(6|9,84|2,88) und somit in einer Höhe von 2,88 m auf die südliche Außenwand.

oder:

Die Aufgabe kann auch elementargeometrisch gelöst werden.

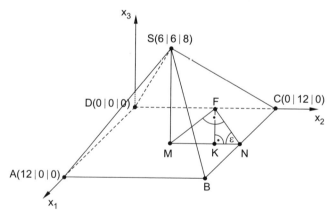

Das Dreieck MNF besitzt einen rechten Winkel bei F, das Dreieck NFK einen rechten Winkel bei K. Da außerdem der Winkel ε beiden Dreiecken angehört, sind die beiden Dreiecke ähnlich, entsprechende Seiten stehen also im selben Verhältnis:

$$\frac{\overline{FK}}{\overline{NF}} = \frac{\overline{FM}}{\overline{MN}} \qquad \text{jeweils } \frac{\text{Kathete gegenüber } \varepsilon}{\text{Hypotenuse}}$$

Dabei gilt:

- $\overline{FK}$ ist die gesuchte Höhe

- $\overline{MN} = \frac{1}{2}\overline{AB} = 6$

- $\overline{FM}$ ist der Abstand von M zur Ebene E, also:
$$\overline{FM} = d(M; E) = \frac{|4 \cdot 6 + 3 \cdot 0 - 48|}{\sqrt{4^2 + 3^2}} = \frac{24}{5} = 4{,}8$$

- $\overline{NF}$ lässt sich als Kathete im Dreieck MNF mit Pythagoras berechnen:
$$\overline{NF}^2 + \overline{FM}^2 = \overline{MN}^2$$
$$\overline{NF}^2 = 6^2 - 4{,}8^2$$
$$\overline{NF} = 3{,}6$$

Eingesetzt ergibt sich:

$$\frac{\overline{FK}}{\overline{NF}} = \frac{\overline{FM}}{\overline{MN}}$$

$$\frac{\overline{FK}}{3{,}6} = \frac{4{,}8}{6}$$

$$\overline{FK} = 2{,}88$$

d)

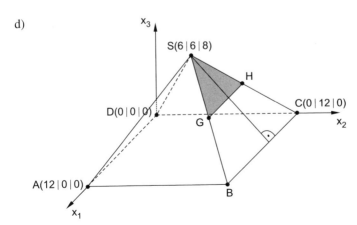

2013-75

Die Fläche des Dreiecks GHS lässt sich elementargeometrisch oder vektoriell bestimmen.

elementargeometrisch:
Die Figur der südlichen Außenwand entspricht der rechten Zeichnung zum Stichwort „Strahlensatz" auf Ihrer Merkhilfe. Für entsprechende Seiten gilt:

$$\frac{\overline{SG}}{\overline{SB}} = \frac{\frac{1}{2}\overline{SB}}{\overline{SB}} = \frac{1}{2}$$

und

$$\frac{\overline{SH}}{\overline{SC}} = \frac{1}{2} \text{ bzw. } \frac{\overline{GH}}{\overline{BC}} = \frac{1}{2}$$

und:

$$\frac{h_{\Delta GHS}}{h_{\Delta BCS}} = \frac{1}{2}$$

Die Höhe des gleichschenkligen Dreiecks BCS lässt sich mit Pythagoras berechnen:

$$(h_{\Delta BCS})^2 + \left(\frac{1}{2}|\overrightarrow{BC}|\right)^2 = |\overrightarrow{SC}|^2$$

$$(h_{\Delta BCS})^2 = \left|\begin{pmatrix} -6 \\ 6 \\ -8 \end{pmatrix}\right|^2 - 6^2$$

$$(h_{\Delta BCS})^2 = \sqrt{136}^2 - 6^2 = 136 - 36 = 100$$

$$h_{\Delta BCS} = 10$$

Unter Berücksichtigung des angegebenen Maßstabs erhält man:

$$A_{GHS} = \frac{1}{2} \cdot \overline{GH} \cdot h_{\Delta GHS} = \frac{1}{2} \cdot \left(\frac{1}{2}\overline{BC}\right) \cdot \left(\frac{1}{2}h_{\Delta BCS}\right) = \frac{1}{2} \cdot 6\,\text{m} \cdot 5\,\text{m} = 15\,\text{m}^2$$

vektoriell:
Die beiden Mittelpunkte berechnen sich zu:

$$\vec{G} = \overrightarrow{M_{SB}} = \frac{1}{2} \cdot (\vec{S} + \vec{B}) = \frac{1}{2} \cdot \left(\begin{pmatrix} 6 \\ 6 \\ 8 \end{pmatrix} + \begin{pmatrix} 12 \\ 12 \\ 0 \end{pmatrix}\right) = \begin{pmatrix} 9 \\ 9 \\ 4 \end{pmatrix}$$

$$\vec{H} = \overrightarrow{M_{SC}} = \frac{1}{2} \cdot (\vec{S} + \vec{C}) = \frac{1}{2} \cdot \left(\begin{pmatrix} 6 \\ 6 \\ 8 \end{pmatrix} + \begin{pmatrix} 0 \\ 12 \\ 0 \end{pmatrix}\right) = \begin{pmatrix} 3 \\ 9 \\ 4 \end{pmatrix}$$

Für die von den Solarmodulen bedeckte Fläche gilt somit:

$$A_{GHS} = \frac{1}{2} \cdot |\overrightarrow{GH} \times \overrightarrow{GS}| = \frac{1}{2} \cdot \left| \begin{pmatrix} 3-9 \\ 9-9 \\ 4-4 \end{pmatrix} \times \begin{pmatrix} 6-9 \\ 6-9 \\ 8-4 \end{pmatrix} \right| = \frac{1}{2} \cdot \left| \begin{pmatrix} -6 \\ 0 \\ 0 \end{pmatrix} \times \begin{pmatrix} -3 \\ -3 \\ 4 \end{pmatrix} \right| = \frac{1}{2} \cdot \left| \begin{pmatrix} 0-0 \\ 0+24 \\ 18-0 \end{pmatrix} \right|$$

$$= \frac{1}{2} \cdot \sqrt{0^2 + 24^2 + 18^2} = 15$$

Die Solarmodule bedecken eine Fläche von 15 m².

e) Der Neigungswinkel der Solarmodule gegen die Horizontale ist der Winkel zwischen der Ebene E und der x_1-x_2-Ebene. Er entspricht dem Winkel zwischen den Normalenvektoren der beiden Ebenen. Die Gleichung der x_1-x_2-Ebene lautet $x_3 = 0$.

Ein Normalenvektor der x_1-x_2-Ebene ist somit $\begin{pmatrix} 0 \\ 0 \\ 1 \end{pmatrix}$.

Eingesetzt in die Formel auf der Merkhilfe (mit Absolutstrichen, da der spitze Winkel gesucht ist) ergibt sich:

$$\cos \varphi = \frac{\left| \begin{pmatrix} 0 \\ 4 \\ 3 \end{pmatrix} \circ \begin{pmatrix} 0 \\ 0 \\ 1 \end{pmatrix} \right|}{\sqrt{0^2 + 4^2 + 3^2} \cdot \sqrt{0^2 + 0^2 + 1^2}} = \frac{3}{5} = 0,6 \quad \Rightarrow \quad \varphi = 53,13°$$

In der Tabelle aufgeführt sind die beiden Winkel 50° (mit 98 %) und 60° (mit 94 %). Der Anteil der von den Solarmodulen des Pavillons abgegebenen Leistung liegt also zwischen 94 % und 98 %.

Die Angabe dieses Intervalls reicht als Lösung bereits aus. Möchte man einen genaueren Schätzwert angeben, bietet sich folgende Überlegung an: 53,13° liegt deutlich näher an 50°. Zwischen 98 % und 94 % liegen 4 % Prozentpunkte. Diese verteilen sich auf eine Differenz von 60° − 50° = 10°. Von 98 % (bei 50°) muss also etwa 1° abgezogen werden. Der Schätzwert ist somit etwa 97 %.

2. a) $g \cap h = \{T\}$

$$\begin{pmatrix} 8 \\ 1 \\ 7 \end{pmatrix} + \lambda \cdot \begin{pmatrix} 3 \\ 1 \\ 2 \end{pmatrix} = \begin{pmatrix} -1 \\ 5 \\ -9 \end{pmatrix} + \mu \cdot \begin{pmatrix} 1 \\ -2 \\ 4 \end{pmatrix}$$

$$\begin{aligned} 8 + 3\lambda &= -1 + \mu \\ 1 + \lambda &= 5 - 2\mu \quad \Rightarrow \quad \lambda = 4 - 2\mu \\ 7 + 2\lambda &= -9 + 4\mu \end{aligned}$$

2013-77

λ eingesetzt in die erste Gleichung liefert:

$8 + 3 \cdot (4 - 2\mu) = -1 + \mu$
$8 + 12 - 6\mu = -1 + \mu$
$21 = 7\mu$
$\mu = 3 \qquad \Rightarrow \quad \lambda = 4 - 2 \cdot 3 = -2$

Probe in der dritten Gleichung:
$7 + 2 \cdot (-2) = -9 + 4 \cdot 3$
$3 = 3$ ✓

Man erhält den Schnittpunkt T durch Einsetzen von $\lambda = -2$ in g oder von $\mu = 3$ in h:

$$\vec{T} = \begin{pmatrix} 8 \\ 1 \\ 7 \end{pmatrix} - 2 \cdot \begin{pmatrix} 3 \\ 1 \\ 2 \end{pmatrix} = \begin{pmatrix} -1 \\ 5 \\ -9 \end{pmatrix} + 3 \cdot \begin{pmatrix} 1 \\ -2 \\ 4 \end{pmatrix} = \begin{pmatrix} 2 \\ -1 \\ 3 \end{pmatrix} \quad \Rightarrow \quad T(2 \mid -1 \mid 3)$$

b)

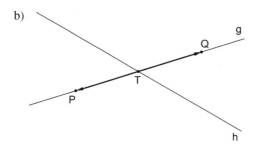

Statt des Aufpunkts (8 | 1 | 7) lässt sich für g auch der Aufpunkt T wählen:

$$g: \vec{X} = \begin{pmatrix} 2 \\ -1 \\ 3 \end{pmatrix} + v \cdot \begin{pmatrix} 3 \\ 1 \\ 2 \end{pmatrix} \quad \text{mit } v \in \mathbb{R}$$

Wählt man für v zwei Werte, die dem Betrag nach gleich sind, also z. B. +1 und −1 (oder +2 und −2 usw.), so ergeben sich zwei Punkte, die von T die gleiche Entfernung haben (nämlich einmal bzw. zweimal die Länge des Richtungsvektors).

$$\vec{P} = \begin{pmatrix} 2 \\ -1 \\ 3 \end{pmatrix} + 1 \cdot \begin{pmatrix} 3 \\ 1 \\ 2 \end{pmatrix} = \begin{pmatrix} 5 \\ 0 \\ 5 \end{pmatrix}$$

$$\vec{Q} = \begin{pmatrix} 2 \\ -1 \\ 3 \end{pmatrix} - 1 \cdot \begin{pmatrix} 3 \\ 1 \\ 2 \end{pmatrix} = \begin{pmatrix} -1 \\ -2 \\ 1 \end{pmatrix}$$

oder:

$$\vec{P} = \begin{pmatrix} 2 \\ -1 \\ 3 \end{pmatrix} + 2 \cdot \begin{pmatrix} 3 \\ 1 \\ 2 \end{pmatrix} = \begin{pmatrix} 8 \\ 1 \\ 7 \end{pmatrix}$$

$$\vec{Q} = \begin{pmatrix} 2 \\ -1 \\ 3 \end{pmatrix} - 2 \cdot \begin{pmatrix} 3 \\ 1 \\ 2 \end{pmatrix} = \begin{pmatrix} -4 \\ -3 \\ -1 \end{pmatrix}$$

c)
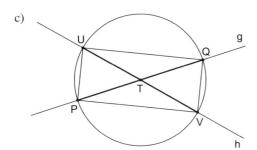

In einem Rechteck sind die Diagonalen gleich lang und halbieren sich gegenseitig.

oder:

Jedes Rechteck besitzt einen Umkreis. Es muss also gelten:

$|\overrightarrow{TP}| = |\overrightarrow{TQ}| = |\overrightarrow{TU}| = |\overrightarrow{TV}| = r$

Man berechnet diese Länge r, die zugleich der Radius des Umkreises ist.
Bei der Geraden h tauscht man nicht nur den Aufpunkt (–1|5|–9) durch T aus, sondern verwendet statt des gegebenen Richtungsvektors den entsprechenden Einheitsvektor:

h: $\vec{X} = \begin{pmatrix} 2 \\ -1 \\ 3 \end{pmatrix} + \rho \cdot \dfrac{1}{\sqrt{1^2 + (-2)^2 + 4^2}} \begin{pmatrix} 1 \\ -2 \\ 4 \end{pmatrix}$ mit $\rho \in \mathbb{R}$

$\vec{X} = \begin{pmatrix} 2 \\ -1 \\ 3 \end{pmatrix} + \rho \cdot \dfrac{1}{\sqrt{21}} \begin{pmatrix} 1 \\ -2 \\ 4 \end{pmatrix}$ mit $\rho \in \mathbb{R}$

Setzt man nun für ρ die Werte +r und –r ein, so erhält man die Koordinaten von U und V.

Ihre Meinung ist uns wichtig!

Ihre Anregungen sind uns immer willkommen. Bitte informieren Sie uns mit diesem Schein über Ihre Verbesserungsvorschläge!

Titel-Nr.	Seite	Vorschlag

Lernen • Wissen • Zukunft

23_VM9

Bitte ausfüllen und im frankierten Umschlag
an uns einsenden. Für Fensterkuverts geeignet.

Zutreffendes bitte ankreuzen!
Die Absenderin/der Absender ist:

☐ Lehrer/in in den Klassenstufen:

☐ Fachbetreuer/in
  Fächer:

☐ Seminarlehrer/in
  Fächer:

☐ Regierungsfachberater/in
  Fächer:

☐ Oberstufenbetreuer/in

☐ Schulleiter/in

☐ Referendar/in, Termin 2. Staats-
  examen:

☐ Leiter/in Lehrerbibliothek

☐ Leiter/in Schülerbibliothek

☐ Sekretariat

☐ Eltern

☐ Schüler/in, Klasse:

☐ Sonstiges:

Unterrichtsfächer: (Bei Lehrkräften!)

STARK Verlag
Postfach 1852
85318 Freising

Kennen Sie Ihre Kundennummer?
Bitte hier eintragen.

Absender (Bitte in Druckbuchstaben!)

Name/Vorname

Straße/Nr.

PLZ/Ort/Ortsteil

Telefon privat   Geburtsjahr

E-Mail

Schule/Schulstempel (Bitte immer angeben!)

Bitte hier abtrennen ✂

Sicher durch das Abitur!

Klare Fakten, systematische Methoden, prägnante Beispiele, Übungs- sowie Abitur-Prüfungsaufgaben mit erklärenden Lösungen zur Selbstkontrolle.

Mathematik

Analysis	Best.-Nr. 9400218
Analytische Geometrie	Best.-Nr. 940051
Stochastik	Best.-Nr. 94009
Klausuren Mathematik Oberstufe	Best.-Nr. 900461
Stark in Klausuren Funktionen ableiten Oberstufe	Best.-Nr. 940012
Kompakt-Wissen Abitur Kompendium Mathematik Analysis · Stochastik · Geometrie	Best.-Nr. 900152

Physik

Physik 1 – Elektromagnetisches Feld und Relativitätstheorie	Best.-Nr. 943028
Physik 2 – Aufbau der Materie	Best.-Nr. 943038
Mechanik	Best.-Nr. 94307
Abitur-Wissen Elektrodynamik	Best.-Nr. 94331
Abitur-Wissen Aufbau der Materie	Best.-Nr. 94332
Klausuren Physik Oberstufe	Best.-Nr. 103011
Kompakt-Wissen Abitur Physik 1 – Mechanik, Thermodynamik, Relativitätstheorie	Best.-Nr. 943012
Kompakt-Wissen Abitur Physik 2 – Elektrizitätslehre, Magnetismus, Elektrodynamik, Wellenoptik	Best.-Nr. 943013
Kompakt-Wissen Abitur Physik 3 Atom-, Kern- und Teilchenphysik	Best.-Nr. 943011

Chemie

Chemie 1 – Bayern Aromatische Kohlenwasserstoffe, Farbstoffe, Kunststoffe, Biomoleküle, Reaktionskinetik	Best.-Nr. 947418
Rechnen in der Chemie	Best.-Nr. 84735
Methodentraining Chemie	Best.-Nr. 947308
Abitur-Wissen Protonen und Elektronen	Best.-Nr. 947301
Abitur-Wissen Stoffklassen organischer Verbindungen	Best.-Nr. 947304
Abitur-Wissen Biomoleküle	Best.-Nr. 947305
Abitur-Wissen Chemie am Menschen – Chemie im Menschen	Best.-Nr. 947307
Klausuren Chemie Oberstufe	Best.-Nr. 107311
Kompakt-Wissen Abitur Chemie Organische Stoffklassen · Natur-, Kunst- und Farbstoffe	Best.-Nr. 947309
Kompakt-Wissen Abitur Chemie – Anorganische Chemie · Energetik · Kinetik · Kernchemie	Best.-Nr. 947310

Biologie

Biologie 1 – Strukturelle und energetische Grundlagen des Lebens · Genetik und Gentechnik · Der Mensch als Umweltfaktor – Populationsdynamik und Biodiversität	Best.-Nr. 947038
Biologie 2 – Evolution · Neuronale Informationsverarbeitung · Verhaltensbiologie	Best.-Nr. 947048
Grundlagen, Arbeitstechniken und Methoden – Biologie	Best.-Nr. 94710
Abitur-Wissen Genetik	Best.-Nr. 94703
Abitur-Wissen Neurobiologie	Best.-Nr. 94705
Abitur-Wissen Verhaltensbiologie	Best.-Nr. 94706
Abitur-Wissen Evolution	Best.-Nr. 94707
Abitur-Wissen Ökologie	Best.-Nr. 94708
Abitur-Wissen Zell- und Entwicklungsbiologie	Best.-Nr. 94709
Klausuren Biologie Oberstufe	Best.-Nr. 907011
Kompakt-Wissen Abitur Biologie Zellen und Stoffwechsel · Nerven, Sinne und Hormone · Ökologie	Best.-Nr. 94712
Kompakt-Wissen Abitur Biologie Genetik und Entwicklung · Immunbiologie · Evolution · Verhalten	Best.-Nr. 94713
Kompakt-Wissen Abitur Biologie Fachbegriffe der Biologie	Best.-Nr. 94714

Wirtschaft und Recht

Wirtschaft	Best.-Nr. 94852
Recht	Best.-Nr. 94853
Abitur-Wissen Volkswirtschaft	Best.-Nr. 94881
Abitur-Wissen Rechtslehre	Best.-Nr. 94882
Kompakt-Wissen Abitur Volkswirtschaft	Best.-Nr. 948501

Sport

Bewegungslehre · Sportpsychologie	Best.-Nr. 94981
Trainingslehre	Best.-Nr. 94982
Arbeitsheft Sport Trainingslehre	Best.-Nr. 9559803
Arbeitsheft Sport Bewegungslehre	Best.-Nr. 9559805
Arbeitsheft Sport Gesundheitliche, psychologische und soziale Aspekte im Sport	Best.-Nr. 9559801
Kompakt-Wissen Abitur Sport	Best.-Nr. 949801

 Alle so gekennzeichneten Titel sind auch als eBook über **www.stark-verlag.de** erhältlich.

(Bitte blättern Sie um)

Geographie

Geographie 1	Best.-Nr. 94911
Geographie 2	Best.-Nr. 94912
Abitur-Wissen Entwicklungsländer	Best.-Nr. 94902
Abitur-Wissen Europa	Best.-Nr. 94905
Abitur-Wissen Der asiatisch-pazifische Raum	Best.-Nr. 94906
Kompakt-Wissen Abitur Geographie Q11/Q12	Best.-Nr. 949010S

Sozialkunde

Abitur-Wissen Demokratie	Best.-Nr. 94803
Abitur-Wissen Sozialpolitik	Best.-Nr. 94804
Abitur-Wissen Die Europäische Einigung	Best.-Nr. 94805
Abitur-Wissen Politische Theorie	Best.-Nr. 94806
Abitur-Wissen Internationale Beziehungen	Best.-Nr. 94807
Abitur-Wissen Volkswirtschaft	Best.-Nr. 94881
Kompakt-Wissen Abitur Grundlagen der nationalen und internationalen Politik	Best.-Nr. 948001
Kompakt-Wissen Abitur Grundbegriffe Politik	Best.-Nr. 948002
Klausuren Politik Oberstufe	Best.-Nr. 108011

 Alle so gekennzeichneten Titel sind auch als eBook über **www.stark-verlag.de** erhältlich.

Abiturprüfung 2014

Optimale Unterstützung für Schülerinnen und Schüler bei der selbstständigen Vorbereitung auf die **Abiturprüfung in Bayern:**

– Wertvolle **Hinweise** zum Ablauf des Abiturs.
– **Original-Prüfungsaufgaben und Übungsaufgaben im Stil des Abiturs** machen mit den Inhalten vertraut und geben Gelegenheit zum selbstständigen Üben unter Prüfungsbedingungen.
– Ausführliche, **schülergerechte Lösungen** sowie hilfreiche Tipps und Hinweise zum Lösen der Aufgaben.

Abitur Mathematik mit CD-ROM – Bayern	Best.-Nr. 95001
Abitur Physik – Bayern	Best.-Nr. 95301
Abitur Biologie – Bayern	Best.-Nr. 95701
Abitur Chemie – Bayern	Best.-Nr. 95731
Abitur Geschichte – Bayern	Best.-Nr. 95761
Abitur Sozialkunde – Bayern	Best.-Nr. 95801
Abitur Geographie – Bayern	Best.-Nr. 95901
Abitur Wirtschaft und Recht – Bayern	Best.-Nr. 95851
Abitur Deutsch – Bayern	Best.-Nr. 95401
Abitur Englisch mit MP3-CD – Bayern	Best.-Nr. 95461
Abitur Französisch mit MP3-CD – Bayern	Best.-Nr. 95501
Abitur Latein – Bayern	Best.-Nr. 95601
Abitur Sport – Bayern	Best.-Nr. 95980
Abitur Kunst – Bayern	Best.-Nr. 95961

Abitur-Skript

Systematischer Leitfaden durch alle prüfungsrelevanten Inhalte aus Analysis, Geometrie und Stochastik. Der ideale Begleiter für eine zeitnahe und gezielte Abiturvorbereitung. Beispiele verdeutlichen die verständlich formulierte Theorie.

Abitur-Skript Mathematik – Bayern .... Best.-Nr. 95000S1

Bundesabitur 2014

Relevant in Bayern, Hamburg, Niedersachsen, Schleswig-Holstein, Mecklenburg-Vorpommern und Sachsen

Bundesabitur Mathematik	Best.-Nr. 105000
Bundesabitur Deutsch	Best.-Nr. 105400
Bundesabitur Englisch mit MP3-CD	Best.-Nr. 105460

Best.-Nr. E10485   Best.-Nr. E10484   Best.-Nr. E10479

Was kommt nach dem Abitur?

Die STARK Ratgeber helfen weiter!
Weitere STARK Fachbücher zur Studien- und Berufswahl finden Sie unter
www.berufundkarriere.de

Bestellungen bitte direkt an:
STARK Verlagsgesellschaft mbH & Co. KG · Postfach 1852 · 85318 Freising
Tel. 0180 3 179000* · Fax 0180 3 179001* · www.stark-verlag.de · info@stark-verlag.de
*9 Cent pro Min. aus dem deutschen Festnetz, Mobilfunk bis 42 Cent pro Min.
Aus dem Mobilfunknetz wählen Sie die Festnetznummer: 08167 9573-0

Lernen · Wissen · Zukunft